职场智慧
管理实务

主编 陈清清 虞华君

上海交通大学出版社
SHANGHAI JIAO TONG UNIVERSITY PRESS

内容提要

在职场中,随着个人能力和经验的积累,有许多人会迎来一个新的阶段,即从员工晋升为管理者。这是一个新的角色和挑战,需要管理者具备不同的技能和思维方式。本书围绕管理与沟通相关知识开展教学与知识分享,具体内容包括 8 个章节,涵盖目标管理、管理提升、高效团队、人才管理、绩效飞轮、"言值"担当、员工管理、领导力提升等方面内容。通过这些知识的传授,期望提升读者在管理与沟通方面的整体能力与水平。本书适合高等院校管理学学科相关专业的教学,也适用于各类企事业单位承担管理职责,需要提升管理沟通能力的各类人员。

图书在版编目(CIP)数据

职场智慧管理实务 / 陈清清,虞华君主编. -- 上海：
上海交通大学出版社,2025. 8. -- ISBN 978-7-313
-32168-8

Ⅰ. F272

中国国家版本馆 CIP 数据核字第 20254HS340 号

职场智慧管理实务

ZHICHANG ZHIHUI GUANLI SHIWU

主　　编：陈清清　虞华君
出版发行：上海交通大学出版社　　　　　　　地　　址：上海市番禺路 951 号
邮政编码：200030　　　　　　　　　　　　　电　　话：021 - 64071208
印　　制：上海新艺印刷有限公司　　　　　　经　　销：全国新华书店
开　　本：787 mm×1092 mm　1/16　　　　　印　　张：18.25
字　　数：383 千字
版　　次：2025 年 8 月第 1 版　　　　　　　　印　　次：2025 年 8 月第 1 次印刷
书　　号：ISBN 978 - 7 - 313 - 32168 - 8
定　　价：78.00 元

《职场智慧管理实务》编委会

前言
FOREWORD

　　在当今这个快速变化的商业环境中，企业管理的重要性日益凸显。一个企业的成功不仅取决于其产品或服务的质量，还取决于管理团队的能力和效率。因此，培养和提升管理技能成了每一个企业家和管理者的必修课。

　　俗语说"职场就是战场"，虽不闻金戈铁马，也不见硝烟弥漫，却同样险象环生。如果把企业比作一个人，企业的高层管理者就是人的"大脑"，要把握企业前进的方向、运筹企业战略目标；而中层管理者就是人的"脊梁"，在决策层与执行层之间起着桥梁作用，是企业中重要的中枢系统，既要撑起整个身体的稳定运作，也要协助好"大脑"传达指令给"四肢"，让下属员工拥护与信服，其重要性不言而喻。

　　一匹狼领导的羊群，可以打败一只羊领导的狼群。一个管理者只有具备较高的管理才能，才能带出一支强劲的工作团队，推动企业的持续发展。无论是高层管理者还是普通的部门管理者，都必须强化自己的管理能力，只有这样才能在激烈的职场上纵横驰骋。现在有些管理者虽然身处管理层，却不具有独当一面的能力，尤其一些管理者只注重应付上级的任务，而忽视了对下级的责任，造成员工质疑管理者的能力，缺乏相关经验与激励，导致团队工作效率下降，从而影响整个企业的运作。作为管理者，要积极学习管理学的知识，竭力促进企业的发展。如果不懂管理学，管理者会使组织失去灵魂和生命。正如彼得·德鲁克所说：在每个企业中，管理者都要赋予企业生命，为企业注入活力。如果管理者不能与时俱进，不能在管理知识和技能上得到提升，管理者将难以对企业提供有效指导，从而使企业走向衰落。管理的终极目标在于实践。管理是一种实践，其本质不仅在于知，更在于行；其验证不在于逻辑，而在于成果。

　　本书《职场智慧管理实务》从企业实际出发，紧紧围绕目标管理、团队管理、人才管理、绩效管理、沟通管理、员工管理、领导力和执行力提升等管理者必备能力，通过实际案例，以浅显易懂的表述形式进行阐述，旨在为企业管理者以及对企业管理感兴趣的专业人士提供一个全面、系统的学习资源。

编　者

2025 年 6 月

目录
CONTENTS

第一章

目标管理篇

第一节　跨越"目标置换"的障碍

目标并不是为了达到它,而是为了追求它途中所获得的东西。

——(英国)奥利弗·高尔德史密斯

目标置换
目标达成的关键因素

一、案例导读

　　第一次世界大战结束之后,很多美国人在精神上极度空虚,失去了正视现实的勇气,在当时,指间夹着一支香烟,表情失落,是很多美国年轻人的写照,很多商家从这一现象中看到了商机,于是都开始争先恐后地进入到香烟市场,菲利普·莫里斯烟草公司也不例外。

　　1924 年,菲利普·莫里斯烟草公司开始推广自己的香烟品牌——万宝路。在初期,万宝路被定位为女士香烟,因此在品牌推广时,广告画面是一个瑰丽妩媚的女郎,正在悠然自得地吞云吐雾。菲利普·莫里斯公司所有的人都认为这种广告宣传肯定会获得巨大的利润。可是,事与愿违,万宝路香烟的销量始终没有起色。

　　一些管理者错误地认为,是香烟的颜色影响了销量,因为女士都喜欢涂抹口红,当抽烟时,鲜红的口红会染在白色的香烟上,给人一种极不雅观的印象。于是,菲利普·莫里斯公司把万宝路的烟嘴换成了红色,但万宝路的销量依然没有任何起色。

　　在漫长的摸索中,菲利普·莫里斯公司结识了著名的营销策划大师李奥·贝纳,并让他策划提高万宝路香烟销量的方案。经过对香烟市场的深入调查和再三思考,李奥·贝纳认为要想提高万宝路的销量,就要对万宝路进行一次"变性手术",对万宝路进行重新定位,由原来的女士香烟改成男士香烟,并在外包装上用阳刚之气的西部牛仔替换了瑰丽女郎的形象。1954 年,全新的万宝路香烟正式上市,不久就赢得了众多消费者的喜爱和好评。在

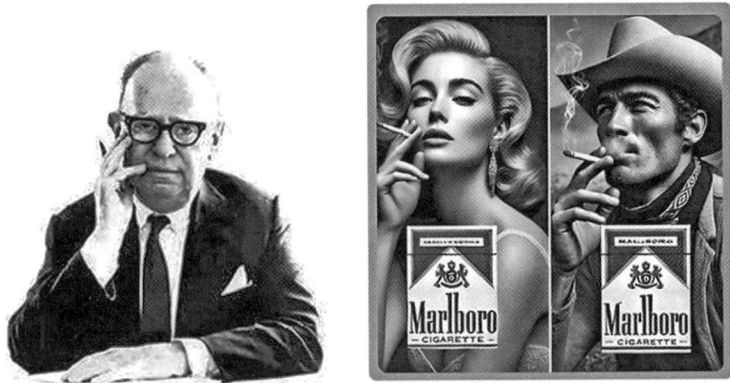

图 1.1 李奥·贝纳与万宝路香烟广告

短短一年的时间,万宝路从不知名的香烟品牌,一举成名,跃居美国香烟销量的前十名。

(资料来源:纪鹏.当代广告设计解读[M].北京:北京联合出版社,2015.)

思考:

1. 为什么万宝路的女士香烟定位未能成功?

2. 李奥·贝纳为什么选择将万宝路转向男士市场?

3. 万宝路香烟案例,给了你哪些启示?

二、案例延伸

失败的管理者无法确定自己的方向,总是在盲目的寻找中失去良机,或者在错误的决策中茫然行事,最终只是南辕北辙,离自己的目标越来越远。[①]

(一)"目标置换"的概念

目标置换是一种心理策略,这种策略帮助个体在面对困难、挑战或意外变化时保持积极的心态和行动力,通常用于在原有目标或期望无法实现时,通过重新设定目标或期望来达到更合理或更可行的目标。表现为因过分追求手段的完美,而忽略了目标的实现,或者被短期的利益或紧急事务吸引,忘记了长期目标。

(二)"目标置换"产生的原因

目标置换效应[②]:对于工作如何完成的关切,致使渐渐地让方法、技巧、程序的问题占据了一个人的心思,反而忘了整个目标的追求。换言之"工作如何完成"逐渐代替了"工作完成了没有"。

——(美国)约翰·卡那

根据美国管理学专家约翰·卡那的研究,造成"目标置换"产生的因素包含客观因素和主观因素。

[①] 王辉.影响世界 500 强企业的 101 个经典管理定律[M].北京:中国商业出版社,2018.

[②] 谭小芳.超实用管理学[M].北京:中国铁道出版社,2013.

1. 客观因素

造成"目标置换"的客观因素包括目标不明确、目标过高或过低、目标实现周期长及突发事件的干扰。在影响目标达成的众多客观因素中,目标不明确会导致执行者在实施过程中感到迷茫,无法准确地把握方向;目标设定过高,会使员工感到难以企及,产生挫败感;目标过低,则缺乏挑战性,无法有效激发员工的积极性和创造力;在实现长期目标的过程中,往往伴随着市场环境、企业内部条件的变化,增加了不确定性和风险;而突发事件的干扰也会打乱企业的既定计划。因此,要求企业应具备高度的应变能力。

2. 主观因素

目标理解偏差是"目标置换"中主观因素的首要表现,员工对目标的理解与企业设定目标的初衷存在偏差,导致执行过程中的行为与目标要求不符,影响目标的顺利实现。此外,思维僵化也是导致"目标置换"的重要原因,员工如果在执行过程中因循守旧,缺乏创新思维和灵活性,也将无法适应环境变化和目标调整的需要。

(三) 跨越"目标置换"的障碍

1. 构建灵活动态的目标网络

在目标的规划、细化及责任分配的流程中,应构建一个相互依存、协同共进的目标系统。总目标作为引领方向的灯塔,引导各分目标自动对齐,形成合力。同时,赋予目标体系一定的灵活性,确保在面临新挑战时,能够迅速调整策略,优化目标设置,以适应实际需求。

2. 推行参与式目标管理体系

目标的设定要建立在充分沟通和上下共识的基础上,切忌单向指令的"硬摊派"。通过协商机制,确保目标的制定既符合组织战略,又兼顾执行者的实际情况和意愿,减轻目标实施过程中的抵触情绪;通过协商机制,使目标的制定既符合企业战略,又符合执行者的实际情况;加强各分目标之间的协同效应,推动团队成员之间主动配合,激发团队的内在潜力。

3. 优化信息流通与反馈机制

在企业管理中,作为信息媒介的管理者必须扮演好桥梁的角色,向目标责任人提供全方位、及时的信息支持,建立经常性的沟通渠道,及时发现问题、解决问题;通过定期的目标进度考核与反馈制度,保证执行者对自身目标完成情况的了解,并对行动进行优化和调整,从而提高目标的达成率。

正如鲁迅所言:"凡事以理想为因,行动为果"[①]。企业要想跨越"目标置换"的障碍,就必须重视目标的科学设定与管理,并通过构建灵活的目标体系,实施全面的目标管理和监督等措施,确保每一位员工都能清晰地理解目标并付诸实践。只有这样,企业才能在激烈的市场竞争中保持领先地位,实现可持续发展。

---

① 王培元.鲁迅杂文精选[M].北京:人民文学出版社,2018.

第二节　目标执行"四步法"

一个明确的目标是成功的第一步。

——（美国）亨特·S·汤普森

一、案例导读

《"十四五"可再生能源发展规划》提出，优化近海海上风电布局，开展深远海海上风电规划。大力发展海上风电是我国构建新型电力系统的关键路径。随着海上风电开发向深远海迈进，如何保障电力稳定送出成为重要的研究课题。向深远海挺进，就意味着更远的输电距离，风电大规模并网成了难题。传统交流传输方式受到电缆充电功率的限制，仅适用于近海小容量风电并网，而远海大容量海上风电需要采用柔性直流并网技术。但远海风电柔直并网技术长期被国外严密封锁，没有任何经验可供借鉴，为攻克该难题，达成预期目标，国家电网某下属公司组建了远海风电并网技术攻关团队，相继攻克高压大容量远海风电"源—网—直"交互协同、直流系统构建、成套装备研发和工程设计实施等重大技术难题，完成高压大容量远海风电柔性直流系列创新，研发出具有完全自主知识产权的全套技术解决方案，达成了预期目标。

（资料来源：国家能源局：柔直技术支撑风电走向深远海，2023 年 6 月 6 日，https://baijiahao.baidu.com/s?id=1767941461175174461&wfr=spider&for=pc）

思考：

1. 在远海风电并网技术攻关项目中是如何运用目标执行"四步法"的？

2. 目标执行"四步法"在该项目中起到了怎样的作用？

3. 从这个案例中，你对目标执行有了哪些新的认识？

二、案例延伸

在企业管理的浩瀚海洋中，目标执行犹如一艘巨轮的航行，它指引着企业驶向成功的彼岸。而目标执行"四步法"则如同精准的导航仪,帮助企业在复杂多变的市场环境中稳步前行。

英国有句俗语说得好:"无目标的努力,犹如在黑暗中远征。"在企业管理的实践中,目标执行往往面临诸多挑战,许多企业因未能有效执行目标而陷入困境。[①]

(一)目标执行"四步法"的概念

目标执行"四步法"是企业管理中的重要方法论,指通过设定明确的目标、制定详尽的计划、采取统一的行动以及定期检查和调整,来保障目标的有效达成。

(二)目标执行"四步法"的步骤详解

图 1.2　目标执行四步法

1. 设目标

目标是行动的方向灯塔,若没有明确的目标,行动就会缺失方向和动力。设定目标需符合 SMART 原则,即目标必须是具体的(Specific)、可衡量的(Measurable)、可实现的(Achievable)、相关的(Relevant)和有时限的(Time-bound)。不管是制定团队的工作目标,还是员工的绩效目标,都要符合上述原则,缺一不可。

(1)具体的(Specific):目标必须清晰明确、具体详细,明确具体的目标有利于制定详尽的计划和采取行动。

(2)可衡量的(Measurable):目标需要有清晰的衡量标准,以便能够追踪进度和评估结果。

(3)可实现的(Achievable):目标应当切实可行,不可过于理想化,不然会致使士气低落。

(4)相关的(Relevant):目标应与整体战略和任务相互关联,确保目标的达成能够推

---

① 德鲁克.德鲁克管理思想精要[M].北京:机械工业出版社,2019.

动整体目标的实现。

（5）有时限的（Time-bound）：目标应该设有明确的时间限制，以保证按时完成。

2. 控进度

控制进度能够保证行动依照计划进行，及时察觉问题并予以调整，从而避免偏离目标。

（1）制定详细的计划：将大目标拆解为更小的、便于管理的任务和步骤，保证每一步都能够逐步完成。

（2）定期跟踪任务进展：通过定期检查和评估，确保任务按计划推进，及时发现并解决问题。

（3）保持沟通：保持与团队的交流，提供必要的支持和指导，保证团队成员清楚自己的任务和目标。

（4）准备应急预案：制定应急预案，以应对可能出现的突发状况，确保目标能够按时达成。

3. 抓考评

考评是对目标执行效果的评价，能够协助发现问题、解决问题，保障目标的达成。

（1）制定明确的考评标准和时间表：明确考评的标准和时间节点，保证考评的公正性和及时性。

（2）对照业务进行复盘：考评时对照业务进行回顾总结，分析得失，总结经验教训，找出改进的方向。

（3）及时反馈考评结果：及时将考评结果反馈给团队成员，表扬成绩，指出不足，提出改进建议。

（4）根据考评结果进行调整：依据考评结果，及时调整计划和策略，保证目标更加有效地达成。

4. 理规范

规范化管理有助于提高工作效率，保证各项工作有序开展，推动目标的实现。

（1）建立和完善各项管理制度和流程：制定并完善公司的各项管理制度和工作流程，确保每一项工作都有章可循。

（2）提供相应的管理工具：为员工提供必要的管理工具，例如表格、模板和操作流程图等，帮助他们更好地完成工作。

（3）定期检查和优化管理规范：定期检查管理制度和流程，发现问题后及时调整和优化，确保管理规范的有效性和适用性。

（4）加强培训和教育：定期对员工进行培训和教育，提升他们的管理能力和工作效率，保证他们能够有效地执行目标。

目标执行"四步法"是每个子企业、部门经理乃至项目小组长在工作中必须遵循的四个原则，这四个原则形成一个按月或按季度循环的闭环。管理者需要处理纷繁复杂的事务，遵循的管理原则也多种多样,若能切实贯彻目标执行"四步法",管理将会变得更加高效。

第三节　目标管理"山高有攀头,路远有奔头"

目标要远大,不达目的决不罢休。

——(美国)波·杰克逊

一、案例导读

费罗伦丝·查德威克是世界著名的游泳健将,她一生参加过无数次渡海游泳,从来没有半途而废过,她还是世界上第一个游过英吉利海峡的女性。1952 年 7 月 4 日,她向一个新的纪录发起挑战。她打算游过美国加利福尼亚和卡塔林纳岛之间 21 英里的卡塔林纳海峡。如果她成功了,她将是世界上第一个游过这一海峡的女性。当日的清晨,加利福尼亚海岸被浓重的雾气所笼罩。在距离海岸 21 英里的卡塔林纳岛上,43 岁的费罗伦丝·查德威克踏入太平洋的海域,开始朝着加州海岸奋力游去。海水冰冷刺骨,冻得她身体发麻,浓重的雾气使她几乎难以看清护送她的船只。随着时间缓缓流逝,她的体力逐渐消耗殆尽,鲨鱼也曾向她靠近,所幸被开枪驱离。15 个小时过后,查德威克因寒冷难耐而无法继续游动,只能请求上船。尽管她的母亲和教练在另一艘船上不断地鼓励她,告知她距离海岸已经很

图 1.3　费罗伦丝·查德威克

近。但她朝加州海岸望去,除了浓雾,什么也看不到……

人们拉她上船的地点,离加州海岸只有半英里!后来她说,令她半途而废的不是疲劳,也不是寒冷,而是因为她在浓雾中看不到目标。查德威克一生中只有这一次没有坚持到底。

(资料来源:江上萧.横渡海峡的女人[J].环球人物.2016(19):30.)

思考：

1. 查德威克为什么没有达到目标？

2. 目标的明确性对成功有多大影响？

3. 如何在面对挑战时保持目标的可见性？

二、案例延伸

透过查德威克的这个案例，我们知道，拥有一个清晰可见的目标，是能否成功的关键因素。目标的明确性对成功有决定性作用，模糊的目标会影响行动的持续性和动力，尤其在面对挑战时，保持目标的可见性至关重要。

（一）目标管理

目标管理这一概念由管理学家彼得·德鲁克（Peter Drucker）于1954年提出，其核心要义在于：将企业的使命与任务转化为具体的目标，并借由这些目标来引导、激励以及掌控组织及其成员的行为，以达成企业的总体目标。目标管理是一种以人为本，注重目标成果的管理方式，也被称作"成果管理"或"责任制"。它强调自我管理，需要员工的参与，通过目标分解让各级人员承担起相应责任，进而调动他们的工作积极性。

目标管理的主要内容：

1. 明确目标

设定清晰、具体且能够衡量的目标，以有效评估进展与成果。例如，将"提高销售额"具体化为"在第三季度将销售额提高10%"。

2. 参与制定目标

保证所有相关人员参与到目标的设定之中，从而增强目标的可行性以及员工的承诺。比如，销售团队和管理层共同探讨，设定出能够实现的销售目标。

3. 自我管理

员工进行自我管理，依照计划推进目标，可有效增强其责任感与自主性。例如，销售人员每周检查自身的销售进展，确保依照计划推进。

4. 绩效评估

定期对员工的工作绩效进行评估，并依据目标达成的情况进行反馈与调整。比如，每月举行一次绩效评估会议，检查目标达成的情况，并给予反馈。

5. 持续沟通

保证持续的沟通与反馈，让所有相关人员对目标的理解保持一致，并根据实际状况进行调整。比如，在每周的团队会议上讨论进展，解决问题。

（二）为什么要进行目标管理？

目标管理在企业运作中的重要性不言而喻。

1. 提高工作效率

目标管理可以有效明确工作的方向和重点，避免在工作中浪费时间和精力。通过科学的目标管理,可以更好地帮助员工规划工作内容、合理安排工作进度,从而提高工作效率。

2. 激发动力

明确的目标可以有效激发员工的积极性和动力。当员工清晰地知道自己的目标时,会更加努力地去实现目标。

3. 促进团队合作

目标管理能帮助团队成员明确各自的职责,统一行动方向。通过共同制定和实现目标,团队成员间可以更好地相互配合,实现团队的整体绩效最大化。

4. 促进员工个人成长

通过目标管理,员工个人可以不断挑战自己,实现自我成长与提升,激发员工的潜能和创造力。同时,通过与目标的对比,员工可以更加客观地评估个人的工作表现,对于发现的问题及时改进。

(三) 如何进行目标管理?

1. 目标设定

目标必须是具体的(Specific)、可衡量的(Measurable)、可实现的(Achievable)、相关的(Relevant)和有时限的(Time-bound)。例如,"在年底前将全国主要城市的电网智能化覆盖率提高到80％"就是一个符合 SMART 原则的目标。

确保在目标设定的过程中有员工的参与,通过上下沟通,制定出切实可行的目标。比如,国家电网公司总部与各地分公司共同制定年度电力供应和升级计划。

2. 明确行动计划

目标并非孤立存在,而是与计划相互依存的。目标指引计划,而计划的有效性影响着目标的达成。例如,为了实现电网智能化目标,制定详尽的设备升级和技术培训计划。

3. 自我管理与反馈

员工需要在目标达成的过程中进行自我管理,而管理者应定期开展绩效评估,并提供反馈和指导。例如,电力技术人员每天记录自己的工作进展,管理者每周进行检查并提供反馈。

4. 持续改进

在执行目标的过程中,通过反馈和沟通不断调整和优化目标,推动持续改进,定期审视和调整目标,以应对变化和挑战。

目标管理作为一种有效的管理方法,通过明确目标与行动计划、自我管理与反馈、持续改进等手段,能够显著提升组织和个人的绩效。合理的目标设定与执行,不仅能够激发员工的工作热情,还能促进个人与组织的共同发展。通过不断的评估和调整,目标管理能够实现持续改进,助推企业的发展。

第四节 SMART 原则：高效目标管理的秘诀

成功的秘密在于设定清晰的目标，并坚定不移地追求它们。

——（美国）布莱恩·崔西

一、案例导读

某公司的销售部门在年初制定的年度目标为"提高销售业绩"。然而，在具体实施过程中，团队成员发现这个目标过于笼统，缺乏明确的指导意义。例如，团队成员不清楚具体要提高多少销售额，以及通过哪些具体的途径来实现这一目标。由于目标不明确，大家在工作中感到迷茫，缺乏针对性的行动，导致上半年的销售业绩并没有明显提升。

面对这种情况，销售经理意识到需要重新审视和制定目标。他召集团队成员进行讨论，试图找出问题的根源并寻找解决方案。经过深入分析，他发现目标不明确是导致问题的关键所在。

于是销售经理决定运用 SMART 原则制定目标，"在接下来的三个月内，将销售额提高 20%，通过拓展新客户和提高客户满意度来实现，每周进行销售数据分析和反馈。"在实施过程中，团队成员明确各自的任务和方向，积极采取行动。他们制定了详细的客户拓展计划，加强与客户的沟通和服务，提高客户满意度。同时，每周通过销售数据分析，及时发现问题并调整策略。最终，他们成功实现了目标，销售额比上一季度提高了 25%。

（资料来源：陈西川，杜贺亮，孙东坡. 管理学经典案例[M]. 北京：知识产权出版社，2010.）

思考：

1. 什么是 SMART 原则？

2. 你认为的高效目标管理是什么？

3. 笼统的目标对于企业的影响有哪些？

二、案例延伸

SMART 原则强调目标应具备具体性、可衡量性、可实现性、相关性和时限性,是企业提升目标管理效率的关键方法。[①]

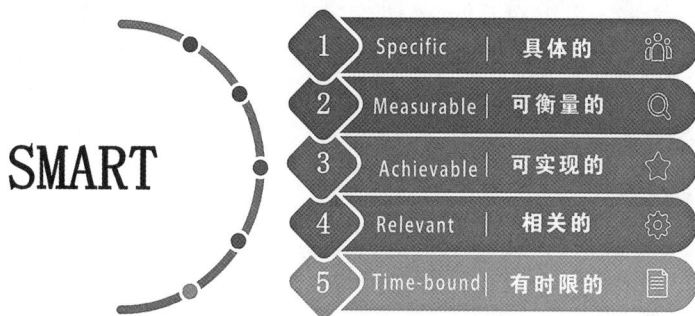

图 1.4 SMART 原则简要图

(一) SMART 原则的概念

SMART 原则是一种目标设定方法,帮助管理者和员工设定具体、可衡量、可实现、相关且有时限的目标。它旨在提高目标设定的清晰度和可操作性,确保目标的实际可行性和相关性,从而提升整体效率和绩效。它包括以下五个方面。

Specific(具体的):目标应该明确、具体,避免模糊和笼统。一个具体的目标能够清晰地指出要做什么,达到什么程度,以及针对的具体对象或领域。这样的目标有助于消除误解和歧义,确保所有人对目标的理解一致,从而更容易实施和监控。

Measurable(可衡量的):目标应该能够用具体的指标或标准进行衡量。通过设定可衡量的目标,人们可以清楚地看到自己的进展,及时发现问题并进行调整,从而确保目标能够按计划实现。

Achievable(可实现的):目标应该在实际可行的范围内,既具有挑战性,又能够实现。在制定目标时,需要充分考虑团队的能力、资源、时间等限制因素,确保目标是切实可行的。

Relevant(相关的):目标应该与组织或个人的战略方向、价值观等相关联。通过设定相关的目标,可以确保所有努力都是朝着同一个方向前进的,避免了资源浪费和无效努力。同时,这也使得目标的实现更具有意义和价值。

Time-bound(有时限的):目标应该有明确的时间限制,以便于跟踪和评估进展,时限性有助于人们及时评估目标的完成情况,并根据需要进行调整或改进。

(二) 高效目标管理的基本要求

1. 目标明确

确保目标具体、可衡量、可实现、相关且有时限(SMART 原则)。例如,在设定生产目

---

① 友荣方略. SMART 目标管理法:明确目标找准方向[M]. 北京:人民邮电出版社,2022.

标时,应具体说明生产周期缩短的具体天数和所需的时间框架。明确的目标设定有助于团队成员理解任务的具体要求,避免执行过程中出现偏差。具体目标能够让每个人都清楚自己需要做什么,从而提高整体效率。

2. 配置合理

合理分配人力、物力和财力资源,确保每项任务都得到充分支持。例如,分配足够的技术人员进行生产流程的优化,并提供必要的设备升级资金。有效的资源配置能够确保每个环节都有足够的支持,避免因资源不足导致的延误和低效。通过合理配置资源,可以最大化利用现有资源,提高生产效率。

3. 不断优化流程

通过不断优化工作流程,减少浪费,提高效率。例如,采用先进的生产管理软件,对生产线进行全面监控和调整,发现并解决瓶颈问题。科学的流程优化能够显著提高生产效率,减少资源浪费。通过不断优化流程,可以发现并解决生产中的瓶颈问题,确保生产线的高效运作。

4. 定期持续反馈

定期监控工作进展,及时反馈和调整策略,确保目标按计划达成。例如,每周进行一次生产进度会议,分析当前进展并提出改进建议。持续的监控与反馈能够及时发现和解决问题,确保生产计划顺利进行。

5. 有效的激励和团队建设

通过有效的激励机制和团队建设,增强员工的积极性和合作精神。例如,设立生产效率奖,对在生产流程优化中表现突出的员工进行奖励,并组织团队建设活动,提高团队凝聚力。激励和团队建设能够增强员工的积极性和合作精神,提高整体生产效率。通过建立激励机制,鼓励员工积极参与生产流程优化,提高工作效率。

(三) 高效目标管理实施步骤

1. 明确具体的目标

在设定目标时,确保目标具体明确,避免含糊不清,这也是目标管理的基础。例如,将"提高销售额"具体化为"在 2024 年上半年,将北美市场的销售额提高 15％"。

2. 设定可衡量的标准

通过可衡量的标准,管理者可以清楚地追踪目标的进展情况,制定详细的计划,确定目标的具体实施方法、时间安排和资源分配等。例如,使用销售数据分析和客户满意度调查,量化和评估目标的实现情况。

3. 分解目标和任务

分解目标和任务是目标管理的关键一步。通过将总目标分解为更小的可控目标,再将可控目标进一步分解为细化的具体任务,可以使目标实施更加具体和可操作,从而提高目标的可实现性。

4. 执行和监控目标的实施情况

在实施目标管理的过程中,需要确保团队成员理解目标,并按照计划执行任务。同时,需要不断监控目标的实施,及时发现和解决问题。

5. 设定明确的时限

明确的时间框架有助于集中资源和精力,确保目标在特定时间段内达成。在设定目标时,明确具体的完成时间,并通过阶段性检查和反馈,确保目标的顺利实现。

通过引入 SMART 原则,企业可以显著提高目标管理的效率和效果。在现代竞争激烈的商业环境中,明确的目标设定和系统的管理方法是企业成功的关键之一。希望通过本节的介绍,企业管理者和员工能够更好地理解和应用 SMART 原则,在目标管理中取得更大的成功。

第五节　目标管理在团队中的应用

目标的力量在于它能够激发团队的热情,点燃每一个人的创造力。

——(美国)约翰·肯尼迪

一、案例导读

IBM 公司在开发新一代超级计算机"Summit"项目时,通过目标管理提升了团队的协作效率和项目进展。团队设定的目标是"在两年内开发出计算速度达到每秒 1 000 万亿次运算的新型超级计算机"。为实现这一目标,公司将项目分解为多个阶段,每个阶段都有明确的任务和期限。

在项目启动阶段,公司成立了包含硬件工程师、软件开发人员、项目经理和测试人员等跨部门的项目团队,团队进行了市场调研和技术可行性分析,并设定了详细的项目计划和时间表。

在项目执行过程中,公司定期召开项目进度会议,通过透明的沟通和反馈机制,及时解决遇到的问题。项目团队还设置了多个里程碑节点,每个节点达成后都进行总结和评估,确保项目按计划推进。

最终,该团队按时完成了开发任务,新型超级计算机"Summit"问世,并成功应用于多个高科技领域,包括气候模拟、基因组学研究和物理实验等,获得了业界的高度评价。

(资料来源:IBM商业价值研究院.IBM商业价值报告-创新的范式[M].北京:东方出版社,2017.)

思考:

1. 为什么明确的团队目标能够提高工作效率?

2. 如何在团队中实施有效的目标管理?

3. 从案例中你学到了哪些关于团队目标管理的经验?

图1.5　IBM超级计算机"Summit"超算本体

二、案例延伸

团队目标管理有助于提升整体协作效率,确保所有成员对目标的理解和执行一致,从而实现高效的团队运作。[①]成功的团队管理者往往能精准设定目标,清晰分工,并在关键节点上进行有效的反馈和调整。

(一)团队目标管理的概念

团队目标管理是一种将团队的整体目标巧妙地转化为每个成员的个人目标,并借助一系列行之有效的管理策略和方法来保障目标得以顺利实现的管理方式。它不仅仅是简单地设定目标,更在于通过科学的规划、合理的资源分配、持续的监督和及时的调整,推动团队朝着预定的方向前进。

---

① 翁亮然,刘晓飞.团队管理艺术[M].北京:中国石化出版社,2010.

（二）团队目标管理的特点

1. 团队目标明确

团队目标务必清晰、具体、毫不含糊。只有这样，团队成员才能精准地理解和牢牢把握目标的核心要义，避免因模糊不清而产生误解和偏差。例如，如果团队的目标是"提高产品质量"，这就显得过于笼统。而明确的目标应该是"在本季度末，将产品不合格率降低至 2% 以内，通过优化生产流程和加强质量检测来实现"。

2. 团队目标一致性

团队目标应当与组织的宏观战略目标紧密契合、无缝衔接。与此同时，每一位成员的个人目标也必须与团队目标保持高度一致，相互呼应、相辅相成，共同构建一个有机统一的整体。这意味着团队目标的设定需要充分考虑组织的长期发展规划和短期业务需求，而成员个人目标的制定则要以团队目标为基准，确保所有努力都朝着共同的方向汇聚。

3. 团队目标具有挑战性

团队目标应当具备一定的难度和挑战性，适度超越团队当前的能力水平，这种挑战能够有效地激发团队成员内心的积极性、主动性和创造性，促使他们突破自我、勇于探索，充分挖掘自身的潜力。但需要注意的是，挑战性也要把握好度，不能过于遥不可及，否则可能会让团队成员感到沮丧和无力。

4. 团队目标具有时限性

团队目标必须有一个明确的时间限制，让团队成员清楚完成目标的时间节点。这样能够保证团队工作的高效性和计划性。

（三）团队目标管理的实施要点

1. 制定清晰的团队章程

明确阐述团队的使命、愿景和价值观。使命定义了团队存在的根本原因和价值所在，愿景描绘了团队未来的理想状态和宏伟蓝图，价值观则规定了团队成员在工作中应当遵循的基本原则和行为准则。这三者共同为团队目标的设定和实现提供了明确的指导方向和有力的约束保障。

2. 细化任务与责任分配

将大目标分解为具体的可执行任务，并明确每个任务的负责人和完成时间，可以确保每个团队成员都有明确的工作方向和责任。通过这种方式，使团队每个阶段的工作都能够有条不紊地进行，并且每个团队成员都知道自己在整个项目中的角色和贡献。

3. 定期进行团队建设活动

通过多样化的形式，如充满挑战和趣味的拓展训练、轻松愉快的团队聚餐、深度的文化交流等，增进团队成员之间的了解和信任，强化彼此之间的默契与协作，营造积极向上、团结和谐的团队氛围。拓展训练可以帮助团队成员突破自我、增强团队意识；团队聚餐能够让成员在轻松的环境中交流感情、缓解工作压力；文化交流活动则有助于促进成员之间的思想碰撞和文化融合，丰富团队的内涵。

4. 建立公平合理的激励机制

设立明确、公正的奖励标准,对为团队目标做出显著贡献的成员给予及时、恰当的奖励。奖励形式可以包括物质奖励,如奖金、奖品、晋升等,也可以包括精神奖励,如表扬、荣誉证书、提供更多的发展机会等。这样的激励机制能够充分调动团队成员的积极性和主动性,激发他们为实现团队目标全力以赴、奋勇拼搏的热情和动力。

"一朵鲜花打扮不出美丽的春天,众人先进才能移山填海。"雷锋的这句名言生动地强调了团队合作的重要性。企业管理者应积极学习和应用团队目标管理这一工具,为企业的团队建设提供强大动力,推动企业的进一步发展。

第六节 目标管理:实现持续改进和创新的关键

管理的艺术在于鼓励持续改进和创新。

——(美国)托马斯·彼得斯

一、案例导读

字节跳动在短时间内崛起成为全球知名科技公司,旗下拥有抖音、今日头条等爆款产品,在互联网领域成就瞩目。互联网行业发展迅猛,技术更新快,竞争激烈,用户需求多变,新对手不断涌现,行业格局易变。字节跳动面临在众多强手竞争中突围、精准把握用户多样个性化需求、应对创新不确定性等挑战。

其解决方案包括明确以持续创新为核心目标并细化到各团队产品线,如抖音推新滤镜等活动,今日头条优化算法;营造鼓励创新文化,建立激励和容错机制;大力引培跨领域人才,组建多元化团队,提供培训学习机会。

字节跳动凭借持续创新和出色产品服务,吸引亿级用户,用户量爆发增长,全球影响力扩大,品牌知名度和美誉度提升,成为行业领军企业,还积累丰富技术和运营经验,为未来发展奠基。

(资料来源:刘勇军.字节跳动:从0到1的秘密[M].长沙:湖南文艺出版社,2021.)

思考:

1. 字节跳动是如何将持续改进和创新的目标落实到具体业务中的?

2. 在目标管理中,如何平衡短期成果和长期创新的需求?

3. 从这个案例中,我们可以吸取哪些经验来推动组织的持续创新?

图 1.6 北京字节跳动科技有限公司

二、案例延伸

字节跳动凭借其持续的创新能力和出色的产品服务,吸引了数以亿计的用户,用户数量呈现爆发式增长,其在全球市场的影响力不断扩大,品牌知名度和美誉度大幅提升,成为互联网行业的领军企业之一。同时,通过不断的创新实践,字节跳动积累了丰富的技术和运营经验,为未来的持续发展奠定了坚实的基础。

(一) 持续改进和创新的概念与关系

持续改进是一种基于现有基础,通过不断地分析、评估和调整,以渐进的方式实现优化和提升的过程。它强调对日常工作中的各个环节进行细致的观察和反思,发现潜在的问题和可优化的空间,然后采取针对性的措施进行改进。这种改进不是一次性的、大规模的变革,而是持续的、小幅度的调整和完善。

创新则是引入全新的理念、方法、技术或模式,从而创造出显著的价值和竞争优势。创新往往意味着打破传统的思维定式和常规做法,开拓新的领域和市场。它可能是产品的创新,如开发出具有独特功能的新产品;也可能是流程的创新,如优化业务流程以提高效率;还可能是商业模式的创新,如开创全新的盈利方式。

在目标管理中,持续改进和创新是相辅相成的关系。持续改进为创新提供了坚实的基础和积累,通过不断地解决小问题、优化小环节,为更大规模的创新创造了条件。同时,创新为持续改进指明了方向和突破点,带来了新的思路和方法,推动持续改进向更高层次发展。

（二）持续改进和创新的特点

1. 动态性

持续改进和创新不是一劳永逸的静态过程,而是随着内外部环境的变化而不断调整和演变的动态过程。市场需求在变、技术在进步、竞争对手在行动,组织必须时刻保持敏锐的洞察力,及时捕捉这些变化,并迅速做出相应的改进和创新举措,以适应新的形势。

2. 系统性

它们涉及组织的各个方面,包括战略规划、组织结构、人力资源、技术研发、市场营销等。一个环节的改进或创新可能会影响到其他环节,因此需要从系统的角度进行整体考虑和协调,确保各个部分相互配合、协同推进,以实现组织的整体优化和创新。

3. 风险性

由于创新往往是对未知领域的探索和尝试,因此存在失败的可能性。投入大量的资源进行创新,可能无法获得预期的回报,甚至可能导致损失。然而,正是这种风险也带来了潜在的高回报,如果创新成功,组织可能会获得巨大的竞争优势和市场份额。

4. 全员参与性

持续改进和创新不是少数高层领导或专业团队的专属任务,而是需要组织内全体成员的共同参与和努力。从一线员工到管理层,每个人都能够从自己的工作岗位和角度出发,发现问题、提出改进建议、参与创新项目。只有充分调动全体员工的积极性和创造力,才能汇聚成强大的创新力量。

（三）实现持续改进和创新的关键

1. 建立开放包容的创新文化

营造一种宽松自由的氛围,让创新的种子在每一个角落都能生根发芽。鼓励员工敢于挑战权威,勇于提出独特的见解,积极分享自己的经验和想法。领导者要以身作则,成为创新的倡导者和推动者,让创新成为组织的灵魂和基因。

2. 优化组织架构和流程

打破传统的层级束缚,构建扁平化、网络化的组织架构,让信息流通更加顺畅,决策更加迅速高效。对繁琐的业务流程进行大刀阔斧的改革,去除不必要的环节和障碍,为创新活动开辟一条绿色通道,让创意能够快速转化为实际行动。

3. 定期回顾和评估

企业需要定期回顾和评估目标管理的实施效果,总结经验教训,不断优化策略布局,推动企业管理工作的持续改进和创新。同时,根据评估数据,在目标管理的框架下,为创新提供必要的资源支持,推动创新项目的顺利进行和落地。

4. 设立创新基金和奖励机制

专门设立一笔充足的创新基金,为那些具有潜力和前景的创新项目提供充足的资金支持。同时,建立一套科学合理的奖励机制,对在创新方面表现卓越的团队和个人给予重奖,包括丰厚的奖金、晋升机会、荣誉表彰等。让创新者得到应有的回报和尊重,激发更多人的创新热情。

在实际工作中,我们必须全力营造充满活力和创意的创新环境,充分激发全体员工的创新热情和潜能,积极推动组织不断发展和进步,以灵活敏捷的姿态适应复杂多变的市场环境,从而实现企业的可持续发展。正如亨利·福特所说:"不创新,就灭亡。"

第七节 计划职能中的目标与目标管理

一个人如果没有明确的目标,就像船没有了罗盘。

——(美国)托马斯·卡莱尔

一、案例导读

A 公司,决定在公司内部实施目标管理。事实上,他们之前在为销售部门制定奖金系统时已经试用了这种方法。公司通过对比实际销售额与目标销售额,支付给销售人员相应的奖金。这样销售人员的实际薪资就包括基本工资和阶梯式比例的个人销售奖金两部分,销售部员工的工作热情高涨,销售额大幅提升。因此,管理层信心满满,决定为公司其他部门都实施该奖金系统,并据此重新设计了新的绩效评估系统,管理层期待着很快能够提高所有部门的绩效。然而,绩效不但没有上升,部门间的矛盾反而加剧,生产部埋怨销售部销售预测准确性太差,而销售部埋怨生产部无法按时交货,客户满意度下降,利润也在下滑。

(资料来源:案例四,原创力文档,https://max.book118.com/html/2024/0521/7104132003006112.shtm)

思考:

1. 你认为的目标管理是什么?

2. A公司为什么没有达到预期的目标管理效果?

3. 从这个案例中,能反映出目标设定需要考虑哪些关键因素?

二、案例延伸

目标的合理性和可操作性至关重要,过于理想化的目标会导致无法实现的结果,反而增加了挫败感。[①] 目标不仅要有宏伟的愿景,更需脚踏实地的策略与行动,方能在岁月的长河中逐步实现心中所想,避免陷入虚幻的空想与无尽的迷茫。

（一）明确目标的意义

明确的目标能够为组织提供清晰的方向,使员工明白自己的工作意义和价值,从而激发他们的工作积极性和创造力。同时,明确的目标有助于提高组织的效率和绩效,使资源得到合理配置,避免浪费。具体如下:

1. 增强团队凝聚力

当员工清楚地知道组织的目标时,他们会更有归属感和使命感,愿意为实现共同目标而努力合作。

2. 提高决策效率

在明确目标的指引下,管理者能够更快速地做出决策,避免因方向不明确而导致的犹豫不决。

3. 便于评估和监控

明确的目标可以用具体的指标来衡量,使得组织能够更容易地评估进展情况,及时发现问题并进行调整。

（二）目标不明确的后果

如果目标不明确,员工会感到迷茫和困惑,不知道自己应该做什么,从而导致工作效率低下。此外,目标不明确还会导致组织内部的协调困难,各部门之间可能会出现工作重叠或脱节的情况,影响组织的整体运行。具体表现为:

1. 员工缺乏动力

由于不知道工作的重点和意义,员工可能会缺乏工作的积极性和主动性,只是被动地完成任务。

2. 资源浪费

没有明确的目标,组织可能会在一些无关紧要的事情上浪费资源,而无法将资源集中用于关键领域。

3. 错失机会

目标不明确会使组织无法及时抓住市场机会,或者在机会出现时无法做出有效的响应。

---

① 戴蒙.目标感[M].北京:国际文化出版公司,2022.

（三）如何明确目标?

1. 与组织战略相结合

目标的设定应与组织的战略规划相一致,确保目标的实现能够推动组织的发展。在制定目标时,要充分考虑组织的长期愿景和短期目标,以及市场环境和竞争对手的情况。

2. 具体、可衡量

目标应该具体明确,能够用具体的指标来衡量,以便于员工理解和执行。例如,目标可以设定为"在未来一年内,将产品市场份额提高10％",而不是"提高产品市场份额"。

3. 具有挑战性

目标应该具有一定的挑战性,能够激发员工的潜力,促使他们不断努力。但同时,目标也应该是可实现的,避免过高或过低的目标设定。

4. 可实现

目标应该是在合理的时间和资源范围内可以实现的,避免过高或过低的目标设定。在制定目标时,要充分考虑组织的实际情况和能力,确保目标具有可行性。

5. 与员工沟通

目标的设定应该与员工进行充分的沟通,让他们理解目标的意义和重要性,提高他们的认同感和参与度。同时,员工也可以提出自己的意见和建议,使目标更加合理和完善。

（四）确保目标的贯彻执行

1. 制定详细的计划

（1）目标分解:将总体目标逐层分解为具体的子目标,确保每个子目标都明确、可衡量且与总体目标紧密相关。例如,将"提高产品市场份额"的目标分解为"增加产品销售量""拓展新市场""提高客户满意度"等子目标。

（2）任务细化:针对每个子目标,制定详细的任务清单,明确具体的行动步骤和执行要求。比如,为了实现"增加产品销售量"的子目标,可以制定"开展促销活动""加强市场推广""优化产品包装"等具体任务。

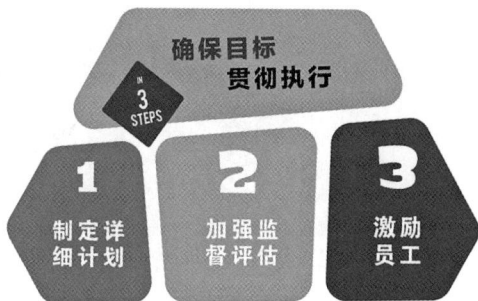

图1.7　目标贯彻执行三步骤

（3）责任人明确:确定每个任务的责任人,确保每项工作都有专人负责,避免因责任不明而导致的推诿现象。同时,明确责任人的权力和职责,使其能够有效地组织和协调资源。

（4）时间节点设定:为每个任务设定合理的时间节点,以便跟踪和评估进度。时间节点应具有可行性,既不过于紧张,也不过于宽松,以保证任务能够按时完成。

（5）资源配置计划:根据任务的需求,制定相应的资源配置计划,包括人力、物力、财力等方面。确保资源的充足和合理利用,避免资源短缺或浪费的情况发生。例如,根据生产需求合理安排原材料的采购,根据项目进度调配人力资源等。

2. 加强监督和评估

建立有效的监督和评估机制,及时跟踪目标的进展情况,发现问题及时解决,确保目标的顺利实现。可以通过定期的会议、报告等方式进行监督和评估。

3. 激励员工

通过合理的激励机制,鼓励员工积极参与目标的实现,提高他们的工作积极性和主动性。激励机制可以包括物质奖励、精神奖励、职业发展机会等。

目标并不决定未来,而是为了创造未来而动员企业资源和力量的手段。企业要想实现可持续发展,就必须明确目标,并确保目标的贯彻执行。只有这样,企业才能在激烈的市场竞争中立于不败之地。

第八节　目标与计划管理

目标是你想要到达的地方,而计划是你如何到达那里的地图。

——(美国)哈罗德·孔茨

一、案例导读

苹果公司一直以来都以创新和卓越的产品设计为目标。例如,在推出 iPhone 时,他们的目标是打造一款颠覆传统手机市场的智能设备,提供简洁、易用且功能强大的用户体验。

为了实现这个目标,苹果公司制定了详细的计划,他们投入大量资源进行研发,专注于操作系统的优化、硬件设计的创新以及用户界面的友好性。在产品开发过程中,他们严格把控每一个环节,确保产品质量和性能达到高标准。

同时,苹果公司还制定了精准的营销策略,通过精心策划的发布会、广告宣传和零售渠道布局,将 iPhone 推向市场。他们注重品牌建设,营造出高端、时尚的品牌形象,吸引了众多消费者的关注和喜爱。

然而,在实现目标的过程中,苹果公司也遇到了一些挑战。例如,竞争对手的激烈竞争、技术难题的攻克以及市场需求的变化等。

(资料来源:埃德森.苹果产品设计之道:创建优秀产品、服务和用户体验的七个原则[M].北京:机械工业出版社,2013.)

思考:

1. 苹果公司在目标与计划管理方面的成功之处有哪些?

2. 你认为目标与计划管理的难点是什么?

3. 这个案例给了你哪些关于目标与计划管理的启示?

图 1.8　苹果公司创始人史蒂夫·乔布斯与第一代 iPhone 手机

二、案例延伸

目标与计划如同鸟之双翼、车之两轮,相辅相成,缺一不可,在实现目标的道路上,计划是具体的行动指南,而目标则是指引方向的灯塔。

(一) 目标与计划的关系

目标是计划的核心,计划是实现目标的手段。目标为计划提供了方向和指导,而计划则是将目标具体化、可操作化的过程。没有目标,计划就失去了意义;没有计划,目标就难以实现。

目标就像是远方的灯塔,它为我们指明了前进的方向。而计划则是我们通往灯塔的道路,它规划了我们每一步的行动,确保我们能够朝着目标稳步前进。例如,苹果公司的目标是打造一款创新的智能设备,这个目标就为他们的计划提供了明确的方向。他们的计划包括了研发、设计、生产、营销等各个环节,都是为了实现这个目标而制定的。

（二）目标对计划的作用

1. 明确方向

目标明确了组织或个人想要达到的结果，为计划的制定提供了明确的方向。例如，企业的目标是提高产品质量，那么计划就会围绕质量管理、工艺改进、原材料控制等方面展开。

2. 激励作用

具有挑战性的目标能够激发人们的积极性和创造力，促使他们更加努力地工作。当员工看到明确的目标时，会更有动力去努力实现它，从而提高工作效率和质量。

3. 评估标准

目标可以作为评估计划执行效果的标准，通过对比实际结果与目标的差距，能够及时发现问题并进行调整。如果计划的执行结果与目标相差较大，就需要反思计划的合理性和执行过程中的问题，以便及时进行改进。

（三）计划对目标的作用

1. 细化步骤

计划将目标分解为具体的任务和行动步骤，使目标的实现更加可行。通过详细的计划，企业可以将大目标分解成小目标，再将小目标分解成具体的任务，明确每个任务的责任人、时间节点和资源需求，从而确保目标的逐步实现。

2. 资源配置

计划有助于合理分配资源，确保资源能够有效地支持目标的实现，企业可以根据计划的需求，合理调配人力、物力、财力等资源，避免资源的浪费和闲置，提高资源的利用效率。

3. 风险管理

计划可以预测可能出现的问题和风险，并制定相应的应对措施，降低不确定性对目标实现的影响。在制定计划时，企业应考虑各种可能的风险因素，如市场变化、竞争对手的行动、自然灾害等，并制定相应的预案，以减少风险对目标实现的威胁。

（四）目标与计划管理中常见的问题及应对措施

1. 常见问题

1）目标不明确或不合理

目标过于模糊、抽象，或者不切实际，导致计划无法有效制定和执行。

2）计划缺乏灵活性

计划过于僵化，不能及时根据内外部环境的变化进行调整，影响目标的实现。

3）执行不力

计划制定得很好，但在执行过程中存在各种问题，如责任心不强、协调配合不好等，导致计划无法落实。

4）监控和评估不到位

对目标和计划的执行情况缺乏有效的监控和评估，不能及时发现问题并进行调整。

2. 应对措施

1）明确目标

确保目标具体、明确、可衡量、具有挑战性且与组织战略相符。在制定目标时，要充分考虑内外部环境的变化，确保目标的合理性和可行性。

2）制定合理计划

计划应具有可行性、灵活性和针对性，充分考虑内外部环境的变化和资源的限制，制定计划时，要广泛征求各方意见，确保计划的科学性和有效性。

3）加强执行力度

明确责任分工，加强沟通协调，提高员工的执行力和责任心，在执行计划时，要加强监督和检查，确保计划的顺利实施。

4）建立监控和评估机制

定期对目标和计划的执行情况进行监控和评估，及时发现问题并采取措施进行调整，在监控和评估过程中，要注重数据的收集和分析，确保评估结果的准确性和可靠性。

同时，根据监控和评估的结果，及时总结经验教训，对目标和计划进行优化和改进。在持续改进过程中，要鼓励员工提出意见和建议，共同推动企业的发展。

正如美国管理学家彼得·德鲁克所说："并不是有了工作才有目标，而是相反，有了目标才能确定每个人的工作。"目标与计划管理是组织管理的重要组成部分，只有将目标与计划有机结合，加强管理，才能确保组织的高效运行和目标的顺利实现。

第九节　目标管理在企业中的实践

没有目标的管理是盲目的管理。

——（美国）彼得·德鲁克

"管理学之父"——
彼得·德鲁克

一、案例导读

在全球市场竞争日益激烈的背景下,戴尔公司为了实现业务的快速扩展和市场份额的提升,制定了详细的目标管理计划。公司设定了"在三年内将全球市场份额提高到20％"的目标,并将整体目标分解为销售、市场拓展、客户服务等多个具体目标。在目标实施过程中,戴尔公司通过设立销售目标、市场拓展计划和客户服务标准,不断优化业务流程。公司还建立了有效的反馈和激励机制,激发员工的工作热情和创造力。结果,戴尔公司不仅在市场份额上取得了显著提升,还增强了客户满意度和品牌忠诚度,成为业内的领先者。

(资料来源:迈克尔·戴尔.戴尔战略[M].上海:上海远东出版社,2004.)

思考:

1. 戴尔公司是如何将整体目标分解为各部门的具体目标的?

2. 在目标实施过程中,戴尔公司是如何确保各部门协同工作的?

3. 目标管理在戴尔公司的市场拓展中起到了哪些关键作用?

二、案例延伸

成功的管理者总是能够明确方向,制定清晰的目标,引导企业的战略方向,激发员工的积极性和创造力,并通过持续的评估和反馈,确保目标的实现。

(一) 目标管理的概念

目标管理(Management by Objectives,MBO)是美国彼得·德鲁克 1954 年在《管理实践》中最先提出的,是指在企业个体职工的积极参与下,自上而下地确定工作目标,并在工作中实行"自我控制",自下而上地保证目标实现的一种管理办法。

(二) 目标管理的特点

1. 参与管理

在目标管理中,员工积极参与目标的制定过程。这种参与不仅提高了员工的责任感和工作积极性,还确保目标的现实性和可行性。通过集思广益,企业能够制定出更为有效和贴近实际的目标。

2. 自我控制

目标管理强调自我控制,员工在目标实现过程中有较大的自主权和灵活性,员工可以根据实际情况调整工作方法和策略,以最有效的方式实现目标。

3. 下放权力

目标管理促使下级发挥更大的权利,使其在目标实现过程中拥有更多的决策权,这种放权不仅提高了员工的主动性和创造力,还减少了管理层的压力,使企业运营更为高效。

4. 注重成果

目标管理注重成果第一的方针,强调实际的工作效果和绩效,通过明确的目标和绩效评估,企业可以更好地衡量员工的工作表现和贡献。

(三)目标管理的作用

1. 落实目标和规划

目标管理能够将企业的中、长期目标和发展规划具体化,并层层分解到各个部门和岗位,确保每个层级都有明确的方向和任务,从而有效落实企业的战略目标。

2. 优化组织结构

通过明确各部门和岗位的目标与责任,目标管理可以优化公司的组织结构,消除职能重叠和职责不清的问题,促进各部门之间的协同合作,提高整体运作效率。

3. 提升效率和生产力

目标管理通过清晰的目标和责任分配,提高了员工的工作积极性和自主性,员工知道自己的工作目标,并能够根据目标调整工作方法,从而提高工作效率和生产力。

4. 促进沟通和参与

目标管理要求上下级之间以及各部门之间保持良好的沟通和协调,通过目标的制定和实施过程,促进全员参与和信息共享,增强团队凝聚力和协作精神。

5. 发挥员工潜力

目标管理能够识别和挖掘员工的潜力,提供相应的培训和发展机会,使每个员工都能发挥自己的特长和才干,实现个人与企业的共同成长。

(四)目标管理在企业中的应用流程

1. 建立目标体系

企业首先需要建立一个全面的目标体系,包括短期、中期和长期目标,这个目标体系应涵盖企业的各个层级和部门,确保每个部门和员工都有明确的工作目标和任务。每个层级的目标应当与企业的整体战略相一致,形成一个有机的目标体系。

2. 制定目标

在建立目标体系的基础上,企业通过上下级沟通和讨论,制定出符合 SMART 原则(具体、可衡量、可实现、相关、有时间限制)的目标,确保目标的明确性和可操作性。

图 1.9 目标管理在企业中的应用流程

3. 组织实施

制定好目标后,企业需要组织实施。具体步骤包括分配资源、制定计划、分解任务,确保每个部门和员工都有实现目标所需的资源,包括资金、设备和人力资源;为每个目标制定详细的行动计划,明确每一步的时间节点和责任人;将整体目标分解为具体的任务,分配给相关员工,确保每个人都知道自己的职责和任务,并能够按照计划推进工作。

4. 检查和评价

通过设定评估指标,定期评估每个部门和员工的目标完成情况,并建立及时的反馈机制,确保员工能够迅速了解自己的绩效情况,并根据反馈进行调整,及时发现和解决在目标实现过程中出现的问题,确保目标的顺利实现。

如艾尔伯特·哈伯德所言:"成功的秘诀在于目标的明确",企业要想在市场竞争中保持领先地位并实现可持续发展,就必须重视目标的科学设定与管理。通过构建清晰的目标体系、推行全面的目标管理和持续的监督措施,确保每一位员工都能明确理解目标并积极付诸实践。只有这样,企业才能在不断变化的市场环境中取得长足的发展和成功。

第十节　实现企业目标的关键：员工激励与约束

没有激励的管理如同没有灵魂的躯壳。

——（美国）沃伦·本尼斯

一、案例导读

丰田汽车公司以其卓越的管理体系和高效的运营模式闻名于世,而其中员工的激励与约束机制更是其成功的关键因素之一。为了提升生产效率和产品质量,丰田公司建立了一套完善的激励与约束机制。

丰田公司实行的"丰田生产方式"(TPS)(如图 1.10 所示)不仅注重生产流程的精细化管理,还强调员工的自主性和责任感。在 TPS 中,丰田公司通过设立明确的绩效目标和考核标准,激发员工的工作热情。同时,公司还推行"建议制度",鼓励员工提出改进生产流程和产品质量的建议,并给予一定的奖励。这种激励机制不仅提高了员工的积极性和创造力,还使得生产效率和产品质量得到了显著提升。

　　丰田公司也十分重视员工的约束机制,公司通过严格的规章制度和操作规范,确保生产流程的标准化和一致性。对于违反规定的员工,公司会采取相应的处罚措施,以维护企业的纪律和秩序。这种激励与约束并重的管理方式,使得丰田公司在全球汽车市场中保持了领先地位。

　　(资料来源:大野耐一.丰田生产方式[M].北京:中信出版集团,2024.)

　　思考:

　　1. 丰田公司是如何通过激励机制提升员工积极性和创造力的?

　　2. 丰田公司的约束机制对企业运营有何重要影响?

　　3. 丰田公司的案例对其他企业在员工管理方面有何启示?

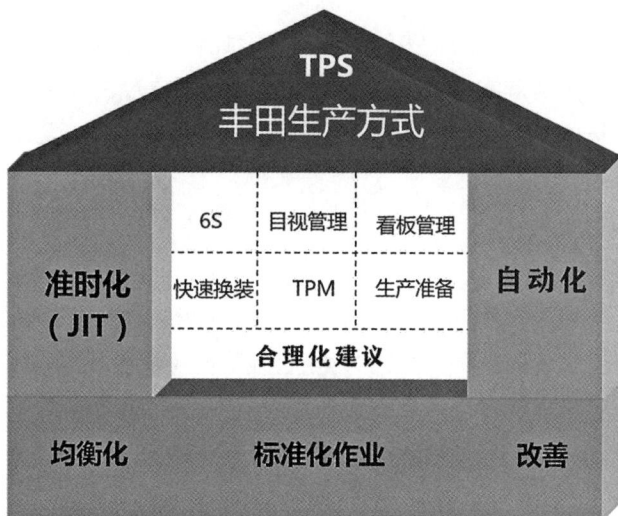

图 1.10　丰田公司的"丰田生产方式"(TPS)

二、案例延伸

　　员工激励与约束机制是实现企业目标的重要手段,合理的激励机制能够激发员工的潜力,推动企业发展。[①] 成功的管理者总是能够通过有效的激励和约束机制,充分激发员工的潜力,确保企业目标的实现。

　　(一)激励与约束的概念

　　激励是指通过一定的手段和方法,激发员工的工作积极性和创造力,使其朝着企业目标努力工作。约束则是通过制定规章制度和考核标准,对员工的行为进行规范和限制,以确保企业目标的实现。

---

① 阿吉斯.绩效管理[M].北京:中国人民大学出版社,2021.

（二）激励与约束的作用

1. 提高员工效率，减少错误发生

激励能够激发员工的潜能，使他们更加努力地工作，从而提高工作绩效。当员工感到自己的工作得到了认可和奖励时，他们会更加投入工作，追求更高的工作质量和效率。约束则能够规范员工的行为，确保他们按照企业的要求完成工作任务。通过明确的规章制度和考核标准，员工知道自己应该做什么，不应该做什么，从而避免了不必要的错误和失误。

2. 增强企业凝聚力

合理的激励与约束措施能够让员工感受到企业的公平和关爱，增强员工对企业的认同感和归属感，从而提高企业的凝聚力。当员工觉得自己在企业中得到了公平的对待，并且能够看到自己的努力和贡献得到了回报时，他们会更加愿意为企业付出，与企业共同发展。

3. 促进企业发展

激励与约束能够引导员工的行为和努力方向，使他们与企业的目标保持一致，从而促进企业的发展。通过激励措施，企业能够吸引和留住优秀的人才，为企业的发展提供有力的支持。通过约束措施，企业能够规范员工的行为，确保企业的运营秩序和效率，从而实现企业的战略目标。

（三）激励的方法

1. 物质激励

薪酬是员工最基本的物质需求，提供具有竞争力的薪酬待遇，以吸引和留住优秀的人才。奖金是对员工工作表现的一种奖励，设立合理的奖金制度，激励员工为企业做出更大的贡献。福利是企业为员工提供的额外待遇，如医疗保险、住房补贴、带薪休假等，能够提高员工的生活质量，增强员工的归属感。

2. 精神激励

表扬是对员工工作表现的一种肯定，能够让员工感到自己的努力得到了认可，从而增强自信心和工作动力。认可包括对员工的能力、贡献、团队合作等方面的认可，能够让员工感到自己在企业中得到了尊重和重视。荣誉是对员工工作表现的一种高度评价，如优秀员工奖、杰出贡献奖等，能够让员工感到自己的工作具有重要意义，从而激发他们的工作热情。

3. 职业发展激励

培训是提高员工技能和能力的重要途径，为员工提供丰富的培训课程和机会，帮助员工提升自己的竞争力。晋升是员工职业发展的重要目标，建立公平透明的晋升机制，让有能力的员工能够得到晋升的机会。通过轮岗，让员工在不同的岗位上工作，拓宽员工的视野和经验，提高员工的综合素质。

（四）约束的方法

1. 规章制度约束

规章制度应该包括员工的工作职责、工作流程、考勤制度、保密制度等方面的内容，确保员工能够清楚地知道自己应该做什么,不应该做什么。同时,规章制度应该具有可操作性和执行性,确保能够得到有效的执行。

2. 绩效考核约束

绩效考核体系应该包括考核指标、考核标准、考核方法、考核周期等方面的内容,确保考核的公平性和公正性。通过绩效考核,企业能够及时发现员工的问题和不足,并给予相应的反馈和指导,促使员工改进自己的工作表现。

3. 道德约束

企业文化和价值观是企业的灵魂,能够影响员工的思想和行为。企业应该倡导积极向上的企业文化和价值观,让员工在潜移默化中受到影响,自觉遵守职业道德和行为准则。

(五) 实现企业目标的关键

1. 合理制定激励与约束措施

根据企业的实际情况和员工的需求,制定合理的激励与约束措施。激励措施应该具有针对性和有效性,能够满足员工的不同需求。约束措施应该具有合理性和公正性,能够得到员工的认可和遵守。

2. 加强沟通与反馈

绩效考核体系应该包括考核指标、考核标准、考核方法、考核周期等方面的内容,确保考核的公平性和公正性。通过绩效考核,企业能够及时发现员工的问题和不足,并给予相应的反馈和指导,促使员工改进自己的工作表现。

3. 营造良好的企业文化

企业文化是企业的软实力,能够影响员工的行为和态度,营造积极向上、公平公正的企业文化,让员工在良好的氛围中工作,增强他们的工作积极性和创造力。

"员工的成长是企业发展的真正动力。"企业要想在市场竞争中保持领先地位并实现可持续发展,就必须重视员工的激励与约束。通过建立科学的激励与约束机制,确保每一位员工都能发挥最大的潜力,并为企业的成功贡献力量。只有这样,企业才能在不断变化的市场环境中取得长足的发展和成功。

第二章

管理提升篇

第一节　"猴子管理法则"在企业管理中的应用

责任是一只猴子,应该由该负责的人来照顾。

——(美国) 比尔·翁肯

一、案例导读

某公司的部门经理王经理经常遇到这样的情况:每天一上班,就有员工来找他汇报工作中遇到的问题,请求他给出解决方案。比如,员工小张说:"王经理,我负责的项目遇到了一些技术难题,我不知道该怎么解决,您能帮我想想办法吗?"王经理听后,觉得这个问题需要仔细考虑,就说:"我先了解一下情况,再给你答复。"于是,小张的"猴子"就跳到了王经理的背上。

接下来的时间里,王经理不断被各种下属的问题打扰,原本计划好的工作无法按时完成,而小张则时不时地来询问王经理:"那个问题您考虑得怎么样了?"王经理感到压力很大,工作效率也受到了影响。

(资料来源:威廉·安肯三世.别让猴子跳回背上[M].杭州:浙江教育出版社,2022.)

思考:

1. 王经理在管理中存在什么问题?

2. 小张的行为是否合适? 为什么?

3. 这个案例给我们带来了哪些启示?

二、案例延伸

"有效的管理者坚持把重要的事放在前面做,每次只做好一件事。"彼得·德鲁克的这句名言提醒我们,管理者在工作中需要明确重点,避免被琐事分散精力。在企业管理中,许多管理者常常会像王经理一样,不经意间承担了下属的"猴子",导致自己陷入忙碌,而下属的能力却未能得到充分发挥。正如这句名言所说,我们需要思考如何更好地运用"猴子管理法则",确保管理者能够专注于重要事务,提高管理效率。

（一）"猴子管理法则"的概念

"猴子管理法则"[①]是由比尔·翁肯发明的一个理论,它将工作任务比作"猴子",管理者和下属在处理问题时的态度决定了"猴子"的位置。如果下属将自己的"猴子"交给管理者,管理者就会承担过多的责任,导致自己的时间和精力不足,无法专注于更重要的工作。

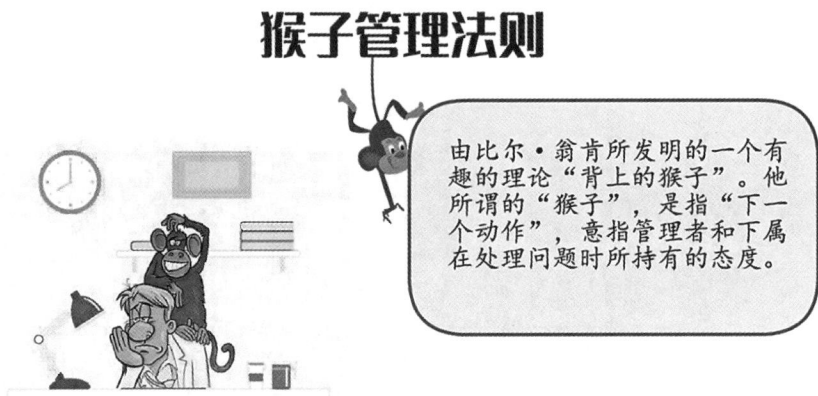

图2.1　比尔·翁肯"猴子管理法则"

例如,在上述案例中,小张将项目中的技术难题这只"猴子"交给了王经理,而自己则变成了监督者,等待王经理给出解决方案。这样一来,王经理不仅要处理自己的工作,还要承担小张的工作,压力自然增大。

（二）"猴子管理法则"的作用

1. 明确责任

让下属清楚地知道自己的工作职责和任务,避免推诿和依赖。通过明确"猴子"的归属,每个员工都能明白自己应该照顾哪些"猴子",从而增强责任感。

2. 提高效率

管理者能够将更多的时间和精力用于规划、协调和创新等重要工作,提高团队的整体效率。当管理者不再被下属的"猴子"困扰时,可以更好地专注于战略决策和团队发展。

3. 培养下属

促使下属学会独立思考和解决问题的能力,提升他们的综合素质和能力水平。当下属不得不自己面对和解决问题时,他们会逐渐成长,变得更加独立和能干。

---

① 王辉.影响世界500强企业的101个经典管理定律[M].北京:中国商业出版社,2018.

4. 增强团队协作

各负其责,减少内耗,增强团队的协作和凝聚力。每个员工都照顾好自己的"猴子",团队就能更加高效地运转,实现共同的目标。

(三)如何应用"猴子管理法则"

1. 明确任务归属

在分配工作任务时,要明确下属的责任和权限,让他们知道哪些"猴子"是自己的,应该自己负责照顾。管理者可以与下属进行沟通,确保他们清楚自己的工作职责和目标。

2. 引导下属思考

当下属遇到问题时,管理者不要直接给出答案,而是要引导他们分析问题,提出自己的解决方案。例如,管理者可以问下属:"你认为这个问题的关键在哪里?你有什么想法来解决它?"

3. 设定时间节点

对于下属的问题,管理者可以设定一个时间节点,让下属在规定的时间内给出解决方案或进展情况。这样可以促使下属积极主动地解决问题,避免拖延。

4. 监督和反馈

管理者要定期监督下属的工作进展情况,及时给予反馈和指导。如果下属的解决方案有效,要给予肯定和鼓励;如果存在问题,要提出改进意见。

5. 激励和奖励

对于能够独立完成工作任务、表现出色的下属,管理者要给予及时的激励和奖励,增强他们的自信心和工作积极性。例如,可以给予表扬、晋升、奖金等奖励。

(四)应用"猴子管理法则"的注意事项

1. 不要过度干预

管理者要给下属足够的空间和自由,让他们能够发挥自己的能力。不要在下属解决问题的过程中过度干预,否则会削弱下属的主动性和创造力。

2. 提供必要的支持

当下属遇到困难时,管理者要提供必要的支持和资源,帮助他们解决问题。例如,可以提供培训、指导、信息等支持。

3. 建立良好的沟通机制

管理者要与下属保持良好的沟通,及时了解他们的工作情况和需求。通过沟通,管理者可以更好地指导下属,下属也可以及时向管理者反馈问题。

4. 不断培训和提升下属

管理者要定期对下属进行培训和提升,提高他们的能力和素质。这样,下属才能更好地照顾自己的"猴子",为团队做出更大的贡献。

在企业管理的实践中,管理者需要明白应该照看哪些"猴子",以及如何照看好它们,不要试图把自己的"猴子"托付给别人照顾。明确下属的责任和权限,保持良好的沟通,为下属提供必要的支持和资源,不断增强员工的自信心和工作积极性,推动企业管理绩效的提升。

第二节 "十二原则六步法"在管理中的应用

效率是智能的灵魂,浪费是愚蠢的精髓。

——(美国)托马斯·杰斐逊

一、案例导读

某公司团队计划召开一个会议,讨论是选择开发独立的 APP 还是继续进行微信运营。开发独立 APP 成本高、风险大,但能掌握自主命运;微信运营成本低,但存在的不安全风险较高。

在会议开始时,团队成员们纷纷发表自己的观点,场面一度混乱。有人主张开发独立 APP,认为这是未来的发展趋势;有人则认为微信运营已经取得了一定的成果,继续优化即可。讨论过程中,话题时不时偏离主题,会议时间延长,却仍未得出明确的结论。

(资料来源:何飞.罗伯特议事规则实践指南:如何进行高效沟通和科学决策[M].南昌:百花洲文艺出版社,2018.)

思考:

1. 这个会议存在哪些问题?

2. 如何运用"十二原则六步法"来改进这个会议?

3. 开好一个会议的要点有哪些?

二、案例延伸

一个混乱无序的会议不仅浪费时间和资源,还可能导致决策失误。罗伯特议事规则中的"十二原则六步法"①为我们提供了一种有效的解决方案,能够帮助我们开好一个会议,提高管理效率。

(一)"十二原则六步法"的概念

罗伯特议事规则是一种被广泛应用于会议管理的方法,其精华可归纳为"十二原则六步法"。

"十二原则"包括:动议中心原则、主持中立原则、机会均等原则、立场明确原则、发言完整原则、面对主持原则、限时限次原则、一时一件原则、遵守裁判原则、文明表达原则、充分辩论原则和多数裁决原则。

"六步法"包括:动议、附议、陈述议题、辩论、表决、宣布结果。

(二)"十二原则六步法"的作用

1. 提高会议效率

通过明确的规则和流程,确保会议讨论有序进行,避免话题偏离和时间浪费,从而提高会议效率。

2. 促进公平决策

保证每个人都有平等的发言机会,避免少数人的意见主导会议,促进公平决策。

3. 增强团队协作

在有序的讨论中,团队成员能够更好地理解彼此的观点,促进沟通和协作。

4. 提升管理效果

有效的会议管理有助于及时解决问题,制定合理的决策,从而提升企业管理效果。

(三)如何应用"十二原则六步法"

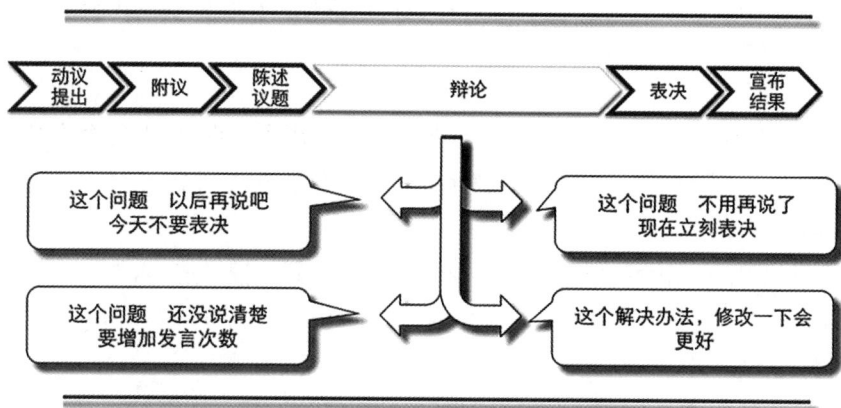

图2.2 罗伯特议事规则"六步法"简要图

1. 动议

动议是行动的建议,必须包括时间、地点、人员、资源、行动、结果等具体信息。例如,

---

① 罗伯特.罗伯特议事规则[M].上海:格致出版社,2024.

"我动议投入 50 万,调拨 12 人,3 个月内开发独立 APP。建议在杭州开展,由开发总监牵头。"

2. 附议

只要有一个人表示"我附议",动议即可进入议事流程。主持人不得参与附议。

3. 陈述议题

主持人清楚地陈述议题,确保大家明确讨论的内容。

4. 辩论

主持人宣布辩论开始后,遵循机会均等原则,先举手者优先发言,未发言者优先。同时,尽量让正反双方轮流发言,保持平衡。发言人需先表明立场,再说明理由,发言时要面对主持人,不得打断他人,不得跑题。

5. 表决

在充分辩论后,主持人询问是否还有人有发言机会,确保讨论充分后进行表决。表决时,主持人按照"赞成的请举手(等几秒),请放下。""反对的请举手(等几秒),请放下。"的顺序进行,不请弃权的人举手,主持人最后举手。

6. 宣布结果

根据表决结果,主持人宣布"我们以 N 票赞成,N 票反对,N 票弃权通过/未通过这项动议,散会。"

(四) 应用"十二原则六步法"的注意事项

1. 准备充分

在会议前,提前发送会议通知和相关资料,准备充足的背景数据、分析报告和其他参考资料,以便在会议中进行讨论和决策。设定明确的会议目标,确保每个人都清楚会议的目的和期望的成果。

2. 遵循流程

避免在会议中随意更改规则,对团队成员进行议事规则培训,确保每个人都熟悉并理解"十二原则六步法"的流程和重要性,确保每一步都严格遵循"十二原则六步法"的流程。

3. 主持人职责

主持人主要职责是确保会议按流程进行,应具备良好的控场能力,能够有效管理会议进程,处理突发情况,保持中立,不参与讨论和表决,确保会议有序进行。

4. 控制时间

严格控制每个环节的时间,设置定时提醒,确保每个环节在规定时间内完成。每位发言者应遵守限时限次原则,发言时间不超过规定时长,避免长时间独占发言权而导致效率降低。

5. 记录会议

指定专人记录会议内容,包括动议、辩论、表决结果等,确保会议过程透明可查,会后及时整理并发送会议纪要,确保所有参与者对会议讨论内容和决策有清晰了解。

6. 后续跟进

会议结束后,及时跟进会议决策的执行情况,建立反馈机制,定期检查决策执行进展,解决执行过程中遇到的问题,确保会议决策得到有效落实。

"十二原则六步法"为企业管理中的会议提供了一套科学、有效的方法。通过遵循这些原则和步骤,管理者可以确保会议的高效进行,充分发挥会议的作用,推动企业的发展。在实际应用中,管理者应根据具体情况灵活运用"十二原则六步法",不断总结经验,提高会议管理水平,团队成员也应积极配合,遵守规则,共同营造一个良好的会议氛围。只有这样,企业才能在激烈的市场竞争中取得优势,实现可持续发展。

第三节　"九思"在企业管理中的应用

君子有九思,视思明,听思聪,色思温,貌思恭,言思忠,事思敬,疑思问,忿思难,见得思义。

——《论语》

一、案例导读

华为公司在全球通信技术领域取得了显著的成就,这与其在企业管理中应用"九思"理念密切相关。例如,在"视思明"方面,华为始终对市场趋势和技术发展保持着敏锐的洞察力。他们深入研究行业动态,准确把握客户需求,不断推动技术创新。在早期,华为就意识到通信技术的重要性和发展潜力,果断投入大量资源进行研发,为后来的发展奠定了坚实的基础。

在发展过程中,华为也面临着诸多挑战和竞争。然而,他们能够透过现象看本质,不被短期利益所迷惑。当5G技术逐渐成为行业焦点时,华为提前布局,加大对5G技术的研发投入,积极参与国际标准制定,最终在5G领域取得了领先地位。

(资料来源:黄志伟.华为管理法[M].苏州·古吴轩出版社,2017.)

思考:

1. 华为公司在"视思明"方面的具体表现有哪些?

2. 这些表现对华为公司的发展起到了怎样的作用?

3. 其他企业可以从华为的案例中汲取哪些经验?

二、案例延伸

"君子务本,本立而道生。""九思"理念便是企业管理之"本"。唐太宗李世民,广纳谏言,善于倾听魏征等大臣的意见,时刻反思自己的决策和行为,开创了贞观之治,使唐朝走向繁荣昌盛。

(一)"九思"的概念

《论语》中有一句话:"君子有九思,视思明,听思聪,色思温,貌思恭,言思忠,事思敬,疑思问,忿思难,见得思义。"[①]这九个方面全面概括了言行举止的各个方面,要求管理者一言一行都要认真思考和自我反省。

图2.3 《论语》"君子九思"

(二)如何"九思"?

1. 洞察本质,明辨是非——"视思明"

洞察本质是管理者智慧的重要体现,这意味着能够穿透纷繁复杂的表象,直击问题的核心,对人对事都能有清晰而准确的判断。这需要管理者具备敏锐的洞察力和深刻的思考力,不轻易被表象所迷惑,而是深入分析,辨别真伪,明辨是非。在决策过程中,这种能力尤为重要,它能帮助管理者洞悉全局,预见未来趋势,从而做出明智且长远的决策。同时,管理者还需保持开放的视野,不拘泥于一隅,勇于接受新事物,避免一叶障目,确保决

---

① 孔子.论语[M].北京:光明日报出版社,2013.

策的全面性和准确性。

2. 倾听为要，耳聪心明——"听思聪"

倾听是沟通的关键，一个优秀的管理者应当成为团队的倾听者，不仅善于捕捉基层的声音，更要广开言路，鼓励团队成员表达自己的想法和意见。在倾听过程中，管理者应保持谦虚谨慎的态度，不仅要听进去，还要听进心里，深入思考并权衡各方观点。同时，管理者还需具备辨别"弦外之音"的能力，在赞美与奉承中保持清醒，在众声喧哗中辨识出真正有价值的信息，为决策提供有力支持。

3. 平和心态，温润待人——"色思温"

平和的心态是管理者面对挑战与变化时的定海神针，无论遇到何种困难或挫折，管理者都应保持内心的平和与稳定，以"不以物喜，不以己悲"的态度应对。这种心态不仅有助于管理者自身保持冷静和理智，还能传递给团队成员一种积极向上的氛围。在人际交往中，管理者应以平和之心相待他人，言语温润，胸怀宽广，展现出管理者的风范与气度。

4. 举止得体，恭而有礼——"貌思恭"

一个优秀的管理者应以身作则，展现出良好的仪容仪表和高尚的人格魅力。在待人接物时，管理者应秉持平等、真诚、宽容的原则，无论是与下属还是上级交往，都应体现出尊重与谦逊。这种恭敬有礼的态度能够赢得他人的好感与信任，为团队合作奠定良好的基础。同时，管理者还需注意自己的言行举止是否符合团队文化和职业规范，以树立良好的形象。

5. 言出必行，诚信为本——"言思忠"

一个言出必行、诚信为本的管理者能够赢得团队成员的信任和支持，在沟通中，管理者应表里如一、真诚坦率地表达自己的观点和意图，不轻易许诺但一旦承诺，必定全力以赴去实现；诚信的态度可以增强团队成员之间的信任感和凝聚力，促进团队的和谐与发展。同时，管理者还需在团队中树立诚信的榜样，引导团队成员共同维护团队文化的纯洁性和高尚性。

6. 敬业乐群，全情投入——"事思敬"

敬业精神是管理者必备的素质之一，敬业的管理者会全身心地投入到工作中去，不敷衍了事、不推诿扯皮，对待工作认真负责、细致入微、周密准备，以确保任务能够圆满完成；敬业的管理者会积极关注团队成员的成长和发展，为团队成员提供支持和帮助，促进团队的共同进步。同时，他们还会不断学习和提升自己的能力素质，以更好地适应团队和工作的需要。

7. 不耻下问，勇于求知——"疑思问"

优秀的管理者具备不耻下问、勇于求知的精神品质，在遇到疑惑和不解时，他们不会固步自封、自以为是，而是勇于向他人请教和学习，无论是上级还是下属甚至是行业专家都可以成为他们学习的对象，通过不断提问和思考不断提升自己的认知能力和解决问题的能力。这种勇于求知的精神品质不仅有助于管理者个人的成长和发展，还能够促进团队整体的知识水平和能力的提升。

8. 情绪管理,制怒忍忿——"忿思难"

情绪管理是管理者必备的能力之一,在面对压力和挑战时管理者需要保持冷静和理智,避免因一时冲动而做出错误的决策。学会"忍"字诀,当遇到令人愤怒或不满的事情时管理者需要学会控制自己的情绪和言行,避免情绪失控带来的负面影响,通过自我控制和调节来保持工作与生活的和谐平衡,确保自己能够始终保持最佳的工作状态和精神面貌。

9. 取财有道,义利并重——"见得思义"

"见得思义"是管理者在追求利益过程中应坚守的原则之一,面对诱惑时能够明辨是非不为金钱所困、名利所惑、权欲所制,"君子爱财取之有道"是他们行动的指南,在追求利益的同时他们也会关注社会责任和公共利益,努力实现个人价值与社会责任的和谐统一。

"九思"为企业管理提供了一套全面、系统的思维模式,通过遵循这些原则,管理者可以提升自身素质,提高管理水平,促进团队协作,形成良好的企业文化。在实际应用中,管理者应根据具体情况灵活运用"九思",不断总结经验,提高管理效果。同时,团队成员也应积极配合,遵守这些原则,共同营造一个良好的工作氛围。只有这样,企业才能在激烈的市场竞争中取得优势,实现可持续发展。

第四节 "凯尔曼实验"在管理决策中的应用

管理就是决策,管理者的任务就是进行决策。

——(美国)彼得·德鲁克

凯尔曼实验

一、案例导读

"凯尔曼实验":在一项心理实验中,同一个人就预防青少年犯罪问题作了三场内容完全相同的报告,只是对报告人的身份作了不同的介绍。第一场报告介绍他是一位著名的法官,第二场报告介绍他是一位社会热心人士,第三场报告介绍他是有过前科的悔过人员。实验结果表明,报告人以法官身份出现,其报告内容最容易使人信服;而以悔过人员的身份出现,报告几乎起不到说服的作用。

实验中,人们对于同一个报告的评价存在巨大的差异甚至是相反评价,仅仅是因为报告人身份这个实际上和报告内容无关的因素。这在企业管理决策活动中,也经常有类似的情况,管理者或决策者很多时候会因为把与实际无关或影响很小的因素作为了核心因素,导致思维被定式、被固化,最终产生了巨大差异的结果。

(资料来源:斯坦利·米尔格拉姆.对权威的服从:一次逼近人性真相的心理学实验[M].北京:新华出版社,2013.)

思考:

1. 身份认同如何影响管理决策中的信息接受度?

2. 如何在管理决策中平衡权威与理性?

3. 如何培养团队成员的独立思考能力?

二、案例延伸

思维定式就好像一面无形的"墙",也是一把双刃剑,好的一面是可以节约管理者的时间和精力,因为已经有一种固定的思维模式直接做出了决策;坏的一面是这种固定的思维模式会束缚管理者的思维,使其深陷在思维的围墙中,很难看到完整的局面并做出准确的决策。因此,要想制定出科学准确的决策,必须要重视突破思维的"墙"。

(一)"凯尔曼实验"的内涵

"凯尔曼实验"在管理决策中的应用主要揭示了思维定式对决策的影响,实验通过同一个人以不同身份进行相同内容的报告,观察听众对报告的不同反应,发现报告人的身份对听众的说服力有显著影响。这表明人们在决策时往往会受到一些实际上与决策无关或影响很小的因素影响,如报告人的身份,从而形成思维定式。

(二)思维定式的表现形式

1. 路径依赖

当企业曾通过某种策略或模式取得显著成功后,即便市场环境、消费者需求或行业趋势已经发生了深刻变化,管理层往往倾向于在未来的决策中继续沿用这一路径,路径依赖不仅限制了企业的创新能力和灵活性,还可能使企业陷入"成功陷阱",难以适应外部环境的变化。

2. 群体思维

在团队决策过程中,成员们为了维护团队

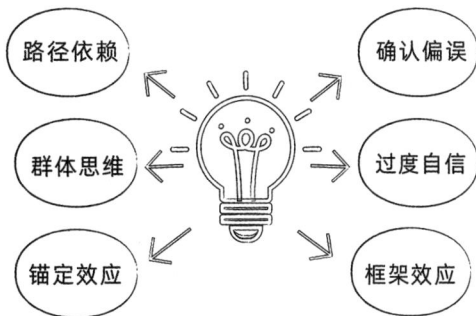

图2.4　思维定式的六种表现形式

内部的和谐氛围或避免直接冲突,往往倾向于压抑或忽视与主流意见相左的声音,从而导致决策结果可能变得过于单一、缺乏全面考量甚至片面。

3. 锚定效应

人们在评估某一事物或做出决策时,往往会受到初次接触到的信息(即"锚")的强烈影响,进而在后续的判断中不自觉地以此为基础,导致最终的决策可能偏离了更加全面和理性的分析。

4. 确认偏误

确认偏误是一种认知倾向,指人们往往在决策时倾向于搜集和解释那些与自己已有信念或观点相符的信息,同时忽视或低估那些与自身信念相矛盾的证据。在企业管理决策中,管理者可能不自觉地筛选信息,只聚焦于支持其已有判断的数据或论据,对于那些可能揭示问题或挑战其观点的信息则选择忽视或进行不恰当的解读,最终导致决策过程出现偏差,甚至引发战略失误。

5. 过度自信

决策者常犯的一种心理偏差,表现为对自己的能力、判断及未来预测持有过高信心,同时低估了决策过程中存在的不确定性和潜在风险。在企业管理中,过度自信的管理者可能在企业投资决策、市场扩张等高风险活动中,盲目自信地采取激进策略,忽视详尽的市场调研与风险评估,进而对可能遭遇的挑战和失败缺乏足够的准备与应对措施。

6. 框架效应

框架效应揭示了决策过程中一个微妙而重要的心理现象,即同一问题的不同表述或呈现方式(即"框架")能够显著影响人们的决策偏好和选择。当管理者面临一个潜在的投资项目时,如果使用"损失避免"的框架来描述其风险,即强调若不进行投资可能会错失的潜在机会和收益,那么决策者可能更倾向于避免这种"损失",从而倾向于投资。相反,如果采用"收益寻求"的框架,强调投资可能带来的具体收益和正面影响,决策者可能会更加关注收益的实现,但也可能忽视潜在的风险。

(三) 突破思维定式的方法

1. 保持警觉,避免惯性

作为企业管理者,要时刻保持对思维定式的警觉,在面对每一个决策情境时,都要有意识地提醒自己,不要轻易陷入习惯性的思考模式。保持开放的心态,愿意接受新的观点和可能性,是打破思维禁锢的第一步。

2. 长远规划,洞察趋势

将目光放长远是突破思维定式的关键,管理者不能仅仅局限于眼前的短期利益和即时问题,而要考虑到企业的长期发展战略和未来市场的变化趋势。通过研究行业的历史发展规律,预测未来可能的走向,从而在决策中融入更长远的视野。

3. 深度挖掘,探寻本质

进行深层次的思考,不满足于表面现象和初步的解决方案,而是不断追问"为什么",

挖掘问题背后的根本原因。

4. 多维视角，综合分析

多角度的思考意味着从财务、市场、人力资源、技术等多个角度分析同一个决策，综合考虑各方面的影响和利弊。

5. 场景模拟，预测结果

通过设想不同的可能情况，预测各种决策可能带来的结果，运用情景规划的方法，模拟出乐观、悲观和最可能的场景，为决策提供更全面的参考。

6. 突破围墙，科学决策

只有当管理者能够综合运用这些方法，才能抓住问题的破局点，突破思维的围墙，在复杂多变的商业环境中，做出科学准确的决策，引领企业不断前进和发展。

一位心理学家曾说过"只会使用锤子的人，总是把一切问题都看成是钉子"，思维一旦僵化，就会陷入思维的围墙，制定决策时，也会陷入被动。常言道"不识庐山真面目，只缘身在此山中"，管理者要打破常规思维、放开思路，进行创新思考，多一种想法、多一条思路，往往就能轻易做出科学准确的决策。

第五节　"奥卡姆剃刀定律"在管理中的应用

简单即有效。

——（英国）威廉·奥卡姆

一、案例导读

某电力企业数据显示屏突然出现雪花，整个大屏色彩不均、亮度不一致，大屏中间两个单元图像只显示一半且切换信号时出现严重滞后或无法切换的情况，对工作产生了较大影响。维修部门技术员第一时间赶到现场处置,经过研判,初步判定是硬件设备出现问题,因此决定申报更换老化零部件,进行色彩还原、亮度增强调整,并对图像处理器进行了软件和硬件升级优化,并计划对大屏操作人员再组织进行一次操作培训,以避免因人为操作问题导致其他故障。维修部门技术员正在详细核算费用及时间成本,这时,现场有人讲到"大屏恢复正常了"——原来,是操作员不小心触碰到主机信号线,导致信号线松动影响到显示信号!

(资料来源:艾伦·巴克·极简问题解决法-高效解决问题的思维、方法与行动[M].北京:人民邮电出版社,2018.)

思考:

1. 该电力企业维修部门在处理问题时存在哪些误区?

2. 如何运用"奥卡姆剃刀定律"避免类似的情况?

3. "奥卡姆剃刀定律"对企业管理的重要意义是什么?

二、案例延伸

电力企业维修部门把问题复杂化,浪费诸多时间与资源,最终却事倍功半。反之,优秀的企业管理总是善于删繁就简,精准破局。

(一)"奥卡姆剃刀定律"的概念

奥卡姆剃刀定律,又称"如无必要,勿增实体",是由英国逻辑学家威廉·奥卡姆提出的一种哲学原理,强调在解释事物或解决问题时,应当选择最简单、最直接的方式,避免不必要的复杂性和冗余。在管理领域,这一定律同样具有重要的应用价值,它鼓励管理者在决策和行动时追求简洁高效,避免过度复杂化和冗余的程序,从而提高管理效率和质量。

图 2.5 奥卡姆剃刀"避免不必要的复杂性和冗余"

(二)"奥卡姆剃刀定律"在企业管理中的应用

1. 简化管理流程

企业管理过程中,往往会出现流程繁琐、审批层级过多等问题,这不仅降低了工作效率,还增加了出错的风险。应用奥卡姆剃刀定律,企业应对现有管理流程进行全面梳理,砍去不必要的环节和审批层级,实现流程的简化和优化。例如,通过引入电子化审批系统、实行扁平化管理等措施,可以显著提升管理效率。

2. 减少会议负担

过多的会议是企业中的一大痛点,许多会议效率低下,甚至浪费员工时间。奥卡姆剃刀定律提醒我们,应减少不必要的会议,并优化会议流程和内容。例如,通过明确会议目的、限制会议时间和参与人数、鼓励使用视频会议等方式,可以有效提高会议效率,减少员工的会议负担。

3. 优化组织结构

企业组织结构的设计应遵循简单高效的原则,过度复杂的组织结构会导致信息传递不畅、决策效率低下等问题。应用奥卡姆剃刀定律,企业应对现有组织结构进行评估,砍去冗余的部门和岗位,优化部门间的协作关系,形成更加高效、灵活的组织结构。

4. 聚焦核心目标

在企业管理中,目标设定和分解是关键环节,有些企业往往会设定过多的目标,导致资源分散、精力无法集中。奥卡姆剃刀定律强调"如无必要,勿增实体",鼓励企业在设定目标时聚焦核心,避免设定过多无关紧要的目标。这样,企业可以集中资源和精力,确保核心目标的实现。

5. 简化决策过程

决策是企业管理的核心环节之一,复杂的决策过程往往会降低决策的效率和质量。应用奥卡姆剃刀定律,企业应简化决策过程,减少不必要的讨论和争辩,注重决策的时效性和有效性。例如,通过设立决策快速通道、引入专家咨询等方式,可以加速决策过程,提高决策质量。

(三)应用"奥卡姆剃刀定律"应注意的问题

1. 明确核心需求

在解决问题或制定策略前,首先要明确核心需求是什么,避免在决策过程中引入与核心需求无关的因素或复杂性,确保所有的行动都直接服务于核心目标。

2. 避免过度设计

在产品设计、流程设计或项目规划中,要警惕过度设计的情况,过度设计往往会增加不必要的成本和复杂性,而实际上可能并未显著提高效果或效率。应用奥卡姆剃刀定律,力求简洁明了。

3. 简化沟通

在管理团队或跨部门合作时,简化沟通是非常重要的,避免使用复杂难懂的专业术语或冗长的报告,通过简洁明了的沟通方式,减少误解和冲突,确保信息传递的准确性和效率。

4. 改变"加法"思维观念

在企业管理中,想要更有效的应用奥卡姆剃刀定律,就要从思维观念上入手。过去,企业管理者更喜欢用"加法"的观念,认为管理的越多越好,增加了很多不必要的管理模块,经常出现"一个人干活,三个人监督"的现象。要提高管理效率,不妨从原来的"加法"思维变成"减法"思维,正视企业的实际需求。

5. 持续评估与精简

定期评估管理活动、项目流程或产品功能的必要性和有效性,对于那些不再符合当前需求或效率低下的部分,要及时进行精简或调整,保持组织的灵活性和适应性,避免陷入不必要的复杂性和冗余之中。

俗话说:"无规矩不成方圆。"但规矩并非越多越好,关键在于精。企业管理的精髓在于简化,管理者应积极借鉴"奥卡姆剃刀定律",在现有管理体制中探索改革,将繁杂化为简单,实现高效管理。

第六节　科学决策的基本原则

兵者,国之大事也。死生之地,存亡之道,不可不察也。

——《孙子兵法》

一、案例导读

在企业的众多管理活动中,决策就如同《孙子兵法》所言,是"国之大事"。决策是企业管理中至关重要的一环,正确的决策可以带来巨大的成功,而错误的决策则可能导致严重的后果。

某制造企业在市场竞争中遇到瓶颈,面临是否引入新技术以提升生产效率的决策问题。管理层在没有充分调研的情况下,凭借经验决定引入某种新技术,结果由于新技术与现有生产流程不兼容,不仅没有提升效率,反而导致生产停滞,企业蒙受了巨大损失!

(资料来源:黄津孚.管理学精读文选与管理案例[M].北京:首都经济贸易大学出版社,2022.)

思考：

1. 这个案例说明了什么问题？

2. 如何在企业管理中应用科学决策的基本原则？

3. 怎样确保在决策过程中遵循信息准全原则？

二、案例延伸

企业在面对重要决策时，往往由于缺乏科学的决策方法而导致失误。科学决策的基本原则为我们提供了一套系统的方法，强调系统性分析、信息完整性和可行性，帮助管理者在复杂的环境中做出明智的选择。管理者在决策时应运用科学方法，确保决策的合理性和有效性，以避免因决策失误导致的企业损失。[①]

（一）科学决策的概念

决策，本质上是一个提出问题、分析问题、解决问题的完整动态流程。科学决策是指决策者为了实现某种特定的目标，运用科学的理论和方法，系统地分析主客观条件，从而做出正确决策的过程。科学决策的根本是实事求是，决策的依据要实在，决策的方案要实际，决策的结果要实惠。科学决策不仅依赖于管理者的知识和经验，更强调数据分析、模型构建和系统性思考，以确保其科学性和有效性。

（二）科学决策的特点

1. 程序性

在正确的理论指导下，按照一定的程序，充分依靠领导班子、广大群众的集体智慧，正确运用决策技术和方法来选择行为方案。

2. 创造性

决策总是针对需要解决的问题和需要完成的新任务而作出选择，运用逻辑思维、形象思维、直觉思维等多种思维进行创造性的劳动。

3. 择优性

在多个方案的对比中寻求能获取较大效益的行动方案，择优是决策的核心。

4. 指导性

科学决策一经做出就对整个管理活动、系统内的每一个人都具有约束作用，指导每一个人的行为方向。

（三）科学决策的基本原则

1. 系统分析原则

在决策时要运用系统的观点，全面分析决策所涉及的各个方面内容，避免做出顾此失彼的决策。

---

① 庞庆华，张丽娜. 科学决策方法及应用[M]. 北京：北京大学出版社，2024.

2. 信息准全原则

决策的过程就是信息的输入——处理(决策)——输出(执行决策)的过程。掌握准确全面的信息,并进行归纳、整理、比较、选择,作出科学决策。在决策时,要重视收集信息,注重调查研究,准确全面地掌握决策所需的各种信息资料。

3. 科学预测原则

科学预测是科学决策的前提,通过已有的数据、资料和信息,对事物的未来进行科学的评估和推测。通过对各种信息的科学分析,对市场进行科学预测,对领导决策起着至关重要的作用。

图 2.6　科学决策的基本原则

4. 切实可行原则

科学决策要求对决策方案进行充分的可行性研究,只有在决策方案经过可行性分析论证的基础上,才能进行最终选择,这是科学决策的又一重要原则。一个决策方案涉及方方面面的利益,只有对决策方案进行科学论证和可行性分析,才能提供给领导者最后的抉择。

5. 对比选优原则

决策就是行动目标和方案的设计和选择,没有选择,就没有决策,而只有一种方案就无法对比选择。多方案选择是现代决策的一个重要特点,决策时要拟出两个以上不同的方案并进行分析对比,选出最佳的方案。

6. 外脑原则

"谋"与"断"的相对分离,科学的决策强调建立合理的决策体制,在决策过程中,充分发挥智囊团外脑的作用,以保证决策的可靠性和合理性。

(四)实施科学决策的策略

1. 构建完善的信息系统

在决策过程中,为确保科学性与精准性,企业应构建多元化信息来源体系,融合市场调研、竞争对手分析、用户反馈及技术趋势预测等多维度信息,以捕捉市场先机并紧跟消费者需求变化;设立专业化的信息处理团队,运用先进的数据分析工具和技术,将海量数据转化为有价值的洞察,为决策提供坚实依据;搭建跨部门、跨层级的信息交流平台,鼓励全员参与,营造开放包容的决策环境。实施严格的信息反馈机制,定期追踪评估决策执行情况,及时调整优化策略,确保决策的科学性与有效性。此外,信息安全亦不容忽视,需强化安全防护措施,制定应急预案,以保障信息系统稳定运行,为企业决策提供全方位支持。

2. 培养高效的决策团队

从内外部选拔具备专业素养、丰富实践经验和卓越决策能力的人才,构建高效的决策团队,确保每位成员都能在决策中发挥关键作用;通过组织团队建设活动、定期交流会议等方式促进团队协作,增强成员间的沟通与协作能力,形成集思广益、群策群力的良好氛围;积极培养创新思维,鼓励团队成员勇于尝试新方法、新思路,挑战传统观念,并提供培训、学习机会和宽松的工作环境以激发创新潜能;建立创新激励机制,对提出创新见解和解决方案的成员给予表彰和奖励,进一步激发团队的创新活力,从而确保决策团队在快速变化的市场环境中保持领先地位。

3. 建立科学的反馈机制

在决策实施前设定明确的评估标准,这些标准需紧密关联公司战略目标和实际情况,全面覆盖决策实施的各个维度,以确保评估的客观性;建立定期评估制度,跟踪监测决策的执行进度、成效及潜在问题,并通过及时反馈机制将评估结果传达给决策者,以便及时发现并解决问题;保持决策的灵活性和适应性,根据市场环境和内部条件的变化,灵活调整和优化决策方案,同时不断总结经验,完善决策流程,以增强决策的科学性和准确性。

科学决策原则作为对决策实践和决策规律的凝练与反映,既是管理者在决策进程中必须遵循的行为准则,也是增强管理者决策能力的关键保障。在实际管理工作中,最大的失误往往源于决策的失误。故而,掌握科学决策的基本原则,有助于提升企业的管理效率与效益,推动企业稳健前行。

第七节 构筑强执行力的"三个标准"

执行的力量,就是将梦想化为现实的利器。

——(美国)彼得·德鲁克

一、案例导读

美国某钢铁公司总裁舒瓦普向一位效率专家请教如何更好地执行计划的方法。专家声称可以给舒瓦普一样东西,在10分钟内能把他公司业绩提高50%。接着,专家递给舒瓦普一张白纸,说:"请在这张纸上写下你明天要做的6件最重要的事。"舒瓦普用了约5分钟时间写完,专家接着说:"现在用数字标明每件事情对于你和公司的重要性次序。"舒瓦普又花了约5分钟做完。专家说:"好了,现在这张纸就是我要给你的。明天早上第一件事是把纸条拿出来,做第一项最重要的。不看其他的,只做第一项,直到完成为止。然后用同样办法对待第二项、第三项,直到下班为止。即使只做完一件事,那也不要紧,因为你总在做最重要的事。你可以试着每天这样做,直到你相信这个方法有价值时,请将你认为的价值以支票的形式寄给我。"一个月后,舒瓦普给专家寄去一张2.5万美元的支票,并在他的员工中普及这种方法。5年后,当年这个不为人知的小钢铁公司成为世界有名的钢铁公司之一。

(资料来源:马盛楠.高效时间管理术[M].北京:中国纺织出版社,2020.)

思考:

1. 如何确保员工在日常工作中始终聚焦于最重要的任务?
2. 高效的沟通机制如何在执行力中发挥关键作用?
3. 持续的激励体系为何能够提升团队的执行力?

二、案例延伸

舒瓦普的案例启示我们,执行力的提升并非遥不可及,而是可以通过明确的目标设定案例中没有体现该两项来实现。这不仅适用于个人,也适用于团队和整个企业。通过这些方法,企业可以确保每个成员都清楚自己的任务和责任,从而提高整体的执行效率。

（一）执行力的概念

执行力是指通过有效利用资源，保质保量地达成目标的能力，是贯彻战略意图，完成预定目标的操作能力。它是把企业战略、规划转化成为效益、成果的关键。

而衡量执行力的标准，对个人而言是按时按质按量完成自己的工作任务；对企业而言就是在预定的时间内完成企业的战略目标，其表象在于完成任务的及时性和质量，但其核心在于企业战略的定位与布局，是企业经营的核心内容。

（二）构筑强执行力的基础

在现代企业管理中，执行力的构筑是企业战略落地的关键。它不仅仅是个人的能力体现，更是团队和企业整体效率的缩影。要提高执行力，必须从以下几个方面入手：

1. 明确的目标设定

目标是团队行动的指南针。有效的目标设定不仅能够为团队指明方向，还能够激发成员的积极性。遵循 SMART 原则设定目标，即目标必须具体、可测量、可达成、相关且具有时限性。目标的清晰度直接决定了团队执行的效率与效果。

2. 高效的沟通机制

沟通是确保信息准确传递的桥梁。通过建立开放、透明的沟通机制，团队成员能够及时获取信息，减少误解和工作中的障碍。定期的团队会议和及时的信息反馈，是保持团队一致行动和灵活调整的重要手段。

3. 持续的激励体系

激励是驱动团队前行的动力。一个持续有效的激励体系能够激发团队成员的潜能，使其在工作中表现出更高的执行力。通过认可与奖励，管理者可以增强员工的归属感和成就感，从而推动组织目标的实现。

（三）构筑强执行力的"三个标准"

1. 要着眼于"严"，积极进取，增强责任意识

要提高执行力，就必须树立起强烈的责任意识和进取精神，坚决克服不思进取、得过且过的心态。把工作标准调整到最高，精神状态调整到最佳，自我要求调整到最严，认认真真、尽心尽力、不折不扣地履行自己的职责。决不消极应付、敷衍塞责推卸责任。养成认真负责、追求卓越的良好习惯。

2. 要着眼于"实"，脚踏实地，树立实干作风

要提高执行力，就必须发扬严谨务实、勤勉刻苦的精神，坚决克服夸夸其谈、纸上谈兵，需要真正静下心来，从小事做起，从点滴做起。一件一件抓落实，一项一项抓成

图 2.7　构筑强执行力的"三个标准"

效,干一件成一件,积小胜为大胜,养成脚踏实地、埋头苦干的良好习惯。

3. 要着眼于"快",只争朝夕,提高办事效率

每项工作都要立足一个"早"字,落实一个"快"字,抓紧时机、加快节奏、提高效率。做任何事都要有效地进行时间管理,时刻把握工作进度,做到争分夺秒,赶前不赶后,养成雷厉风行、干净利落的良好习惯。

(四) 实施强执行力应注意的问题

1. 明确目标导向

(1) 设定清晰目标:在执行任务之前,确保每个员工都明确了解任务的目标、期望结果以及成功标准。这些目标应该是具体、可量化、可实现的,并与公司整体战略保持一致。

(2) 目标分解与沟通:将大目标分解为小目标,并为每个小目标设定具体的完成时间和责任人。通过定期的会议和沟通,确保团队成员对目标的理解一致,减少误解和偏差。

(3) 目标跟踪与反馈:建立有效的跟踪机制,定期检查目标的完成情况,并提供及时的反馈和调整建议。这有助于员工及时调整工作方向,确保始终朝着目标前进。

2. 优化时间管理

(1) 制定时间计划:鼓励员工使用时间管理工具(如日历、待办事项列表等)来规划每日、每周或每月的工作计划。确保每个任务都有明确的时间安排和优先级排序。

(2) 避免拖延与干扰:教导员工识别并克服拖延行为,学会拒绝不必要的干扰和会议邀请。通过设定专注时间和休息时间,提高工作效率和专注度。

3. 坚持行动与反馈

(1) 主动行动:鼓励员工采取主动行动,将计划转化为实际行动。这包括设定明确的行动步骤、制定详细的行动计划,并积极推动任务的完成。

(2) 及时反馈与调整:在执行过程中,鼓励员工及时寻求反馈和评估。通过定期的工作汇报、项目评审等方式,了解任务的进展情况,并根据反馈结果及时调整策略和方法。

将执行力建设视为一个持续改进的过程。通过总结经验教训、分享成功案例、提供培训和支持等方式,不断提升员工的执行能力和团队的整体执行力水平。

此外,为了确保这些措施的有效实施,企业还可以考虑通过奖励表现优秀的员工、晋升优秀员工等方式,激发员工的积极性和创造力。同时,对执行力不强的员工进行适当的指导和帮助,促进其改进和提升;将执行力建设融入企业文化中,通过宣传、培训、考核等方式,形成崇尚执行、追求卓越的企业氛围。这种文化将潜移默化地影响员工的行为和态度,使其更加关注任务的完成和结果的质量。

综上所述,实施强执行力的"三个标准"需要企业在目标导向、时间管理和行动反馈等方面采取具体措施,并通过建立激励机制和培养执行文化等方式来保障这些措施的有效

实施。

　　构筑强执行力是一个持续的过程,需要企业不断地在目标设定、沟通机制和激励体系上进行优化和完善。管理者应当重视执行力的建设,通过科学的体制机制,激发团队的潜能,提高企业的市场竞争力。正如罗曼·罗兰所言,时间对每个人都是公平的,但如何利用时间创造价值,则取决于我们如何构筑和运用执行力。

第八节　高效执行力的"四大原则"

效率不是单纯的加快速度,而是全力以赴地专注于正确的事情。

——(美国)彼得·德鲁克

一、案例导读

　　2016 年冬天,经过一个月的充分准备,国家电网下属的培训中心的某培训师,正在西安进行正高级职称的评审答辩,三位评委仪态端庄、面带微笑,可惜该培训师没有通过这次答辩。2017 年冬天,精心准备一个多月,该培训师再一次参加在太原举办的评审答辩,巧合的是这次的两位评委正好在上一年见过面,待答辩结束,其中一位评委突然表情凝重地说:"明年你不要再来了",该培训师惊愕不已:"那您能告诉我是什么原因吗? 也好让自己知道努力的方向","你所在的培训中心很早以前就停止招生了,已经不再属于高等教育系列,你两次申报正教授,路径错误,行不通的! 难道你们单位没人跟你说吗? 连你的申报材料都不该收啊!"该培训师顿时懵圈:"单位经办人两次都爽快地收下我的申报材料,初评、中评全都通过,没有任何人告诉我不能申报正教授呀",千恩万谢这位正直善良的评委,该培训师鞠躬道别、转身泪流满面地逃离太原。①

---

①　案例改编自《企业执行力提升实战》

思考：

1. 这起乌龙事件存在哪些问题？
2. 哪些做法有助于营造高效执行力的环境？

二、案例延伸

在现代企业管理中，如何使工作执行力更加高效，是管理者面临的重大挑战。全球顶级管理咨询机构富兰克林柯维公司在《高效能人士的执行 4 原则》一书中，通过四个深刻而实用的原则，指导企业管理者提升执行力。这四大原则是：聚焦最重要的目标、关注引领性指标、坚持激励性计分表、建立定期问责制。[①]

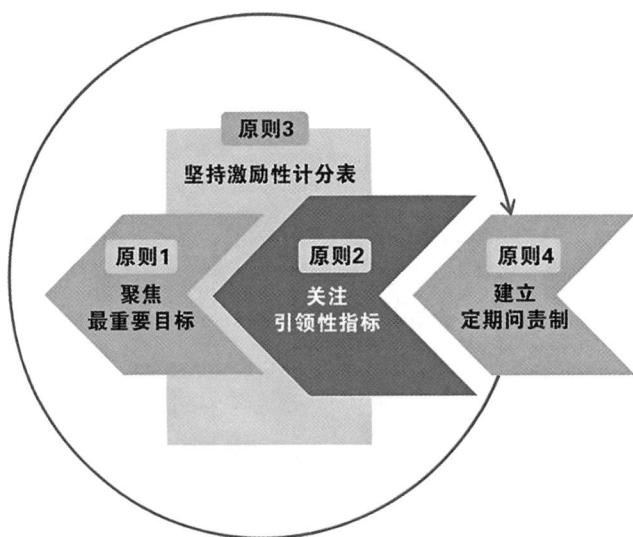

图 2.8　高效执行力的"四大原则"

（一）聚焦最重要目标

将最好的精力集中到一两个最重要的目标上来，最重要目标是指在周而复始的日常事务之外，值得管理者集中所有精力去完成的事情。在确定最重要的目标的时候，不要去问"什么是最重要的"，而应该问："如果其他方面都保持现状的话，改进哪一方面才能给我们带来最大的收益？"在一个组织中，下层要实现的每一个最重要因素，都应该为实现更高层的、最重要目标服务。所有的最重要目标必须有明确的完成时限和标准，最重要的目标应该是一个既有诱惑力又有挑战性的目标。

（二）关注引领性指标

一个好的引领性指标有两个显著的特征：预见性和可控性。具有预见性意味着当某个引领性指标发生了变化时，就可以预测滞后性指标的变化趋势；可控性意味着可以靠管

---

① 麦克切斯尼, 柯维, 霍林. 高效能人士的执行 4 原则[M]. 北京：中国青年出版社, 2013.

理者自己的力量使引领性指标发生变化。在可以驱动引领性指标的事情上倾斜资源,可以为滞后性指标提供支撑。滞后性指标是管理者想达到结果的衡量指标,而引领性指标可以教会管理者怎样才能完成目标。如果一个指标的投入超过了它的价值,或者会有严重的不确定结果,那么它就不适合作为引领性指标。

(三)坚持激励性计分表

制定一个简单而公开的、具有竞争性的量化计分表。要简单到管理者一眼就可以看出自己是领先还是落后!一个竞争性的计分表可以告诉管理者应该处于什么进度,已经达到了什么进度,并提供解决问题和进行决策的必要信息。一个好的计分表需要同时覆盖引领性指标和滞后性指标。

坚持激励性记分表的根本意义就是鼓舞士气,激发团队成员的斗志,如果是自我管理也可以进行自我激励。确保每个人都能随时获知自己或自己团队成绩的量化结果,这样他们才知道是领先还是落后,领先多少,落后多少。这里除了之前的"滞后性指标""引领性指标",又提出了"量化成绩",就是让所做的事情,转化为"看得见、摸得着"的量化成绩。例如:一场无记分的篮球赛,双方基本以娱乐为主,没有激烈的对抗和比拼;如果只是简单的增加了"比分记录",且无任何的奖励和奖品,那比赛的状况将完全不一样,这就是"量化成绩"的神奇功效。

(四)建立定期问责制

拥有最重要目标的团队定期召开例会,对之前的工作计划的完成情况做汇报。每周至少需要就最重要的目标召开一次会议,这个会议要控制在二三十分钟内。

最重要目标会议必须坚持的两条规则:在每周的同一天的同一时间召开;永远不要把日常事务带到最重要目标会议中来。这意味着最重要目标会议是神圣的,必须每周定时召开。哪怕领导确实无法参加,也要指定其他人负责组织召开。

最重要目标会议的三个必要组成部分:① 问责:汇报工作计划完成情况。② 回顾计分表,寻找成功和不足。③ 计划:清除障碍,做出新计划。

正如彼得·德鲁克所言:"什么都做的人,什么都做不好。"要实现高效执行,管理者必须聚焦于最重要的目标,同时关注引领性指标、坚持激励性计分表、并建立规律的定期问责制度。这四大原则相辅相成,通过将其灵活运用于工作中,企业不仅能提高执行力,还能在激烈的市场竞争中保持领先地位。

第九节　从行为科学认识管理

管理的艺术在于以人为本,激发每个人的潜能。

——(美国)彼得·德鲁克

一、案例导读

1924—1932年，美国国家研究委员会和西方电器公司合作进行了有关工作条件、社会因素与生产效率之间关系的实验。由于该项研究是在西方电器公司的霍桑工厂进行的，因此，也称之为霍桑实验。

霍桑实验得出三条结论：人是社会人；企业中不但存在着正式组织，而且存在着非正式组织；新的领导能力在于提高职工的满足度，在于通过提高职工的满足度来鼓舞职工的士气。

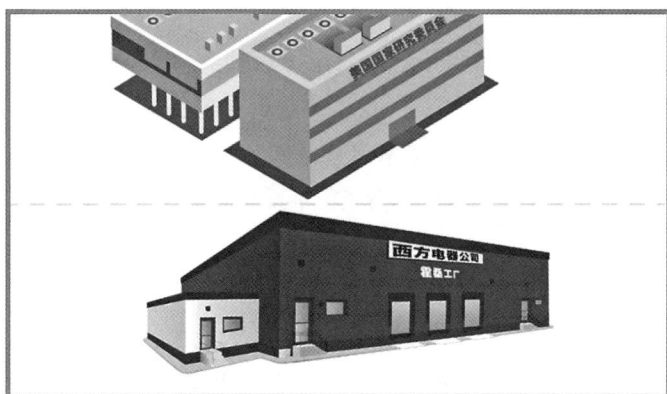

图2.9 霍桑试验

在霍桑实验的基础上，梅奥创立了人际关系学说，提出了新观点、新思想。主要内容是："职工是'社会人'""满足工人的社会欲望，提高工人的士气，是提高生产率的关键""企业存在着非正式组织，在正式组织中以效率的逻辑为重要标准，而在非正式组织中则以情感的逻辑为重要标准。两者相互依存，对生产效率的提高有很大的影响。"

人际关系学说的出现，开辟了管理理论研究的新领域，也为行为科学的发展奠定了基础。

（资料来源：乔治·梅奥.霍桑实验[M].上海：立信会计出版社，2017.）

思考：

1. 霍桑实验如何改变了人们对管理的看法？
2. 人际关系学说的主要观点是什么？
3. 人际关系学说对现代管理有何启示？

二、案例延伸

行为科学把以"事"作为中心的管理，改变为以"人"为中心的管理，由原来对规章制度的研究，发展到对人的行为的研究。从根本上来说，就是调动人的积极性与创造性。

（一）行为科学管理理论的特点

1. 以人为中心

行为科学管理理论将"人"作为管理的核心，强调满足员工的多种需求，从而激发员工的工作积极性和创造力。它关注员工的心理需求、社会需求和自我实现需求，认为员工的满意度和心理状态直接影响他们的工作表现。

2. 综合学科应用

行为科学管理理论结合了心理学、社会学、人类学等多学科的研究成果，采用定性与定量相结合的方法来分析和理解员工的行为及其背后的动机。例如，心理学的认知理论可以帮助理解员工的思维模式，社会学的群体动力学可以解释团队互动的复杂性。通过这种多学科的综合应用，管理者可以更全面地了解员工的行为，并采取更有效的管理策略。

3. 组织的整体性

行为科学管理理论强调组织的整体性，认为正式组织和非正式组织、管理者和员工之间应相互依存，共同促进组织的发展。正式组织是指企业内部的正式结构和制度，而非正式组织则包括员工之间自发形成的社交网络和文化氛围。管理者需要理解并利用这些非正式组织的力量，促进团队协作和创新。同时，组织中的每个成员，无论是管理者还是被管理者，都应被视为整体的一部分，他们的协作对组织的成功至关重要。

4. 沟通与参与

在行为科学的视角下，管理不仅是发号施令，而是通过有效的沟通来解决问题、促进合作。行为科学理论强调，管理者应该通过开放的沟通渠道，鼓励员工参与决策过程，让他们有机会表达自己的意见和建议。这种参与式管理不仅增强了员工的归属感和责任感，还能提高决策的质量和执行的效果。通过减少层级之间的沟通障碍，企业可以更灵活地应对变化，提升整体的适应能力。

5. 内部管理优先

行为科学理论侧重于企业内部的管理，强调在组织内部建立良好的人际关系和协作机制。虽然这种内部导向有助于改善组织内部的运作效率，但可能导致对外部环境的关注不足,如市场需求、社会趋势、科技进步等。管理者需要平衡内部管理与外部环境的变化,以确保企业能够持续发展并在市场竞争中保持竞争力。

6. 重视情感与社会因素

行为科学理论特别强调情感和社会因素在管理中的重要性,认为员工的情感状态和社会关系对工作表现有深远的影响。管理者应关注员工的情感需求,如归属感、认同感和成就感,营造一个支持性和包容性的工作环境。虽然这种关注可以增强员工的工作动力和忠诚度,但行为科学可能忽视了正式组织的功能以及理性和经济因素的作用,管理者需要在情感管理与理性决策之间找到平衡点。

(二) 行为科学在企业管理中的应用

1. 人际关系交往中的管理艺术

人际关系就是人与人之间交往的关系,它不是一种简单的静态关系,而是一种动态的人际交往过程。现代企业管理强调以“人”为中心,因而,企业高层管理者工作好坏与成败的关键,在于能否充分发挥人的作用,得到中层管理者与企业员工的响应、企业行政与企业非行政指挥系统高层管理者的配合、企业行政部门各级管理者的支持、社会公众的理解与合作。正确处理各种人际关系是企业高层管理者搞好企业管理工作的基础。

2. 合理地解决企业员工各种需要的管理艺术

作为企业管理者要经常研究企业员工在想什么? 在现有条件下有哪些需求能够得到满足,有哪些需求暂时还无法满足,哪些需求是合理的,哪些需求目前是不合理的。当合理的需求得到满足时,积极性就会高涨起来。对于企业员工的改善物质生活条件、个性特长或才能要求得到发挥、业务进修和深造、改善业余文化生活等需求,要针对具体环境的特点做出具体分析。

3. 有效利用激励机制的管理艺术

对于企业管理者来说,可以采用激励和限制两种方法来管理自己的对象。从行为科学的角度,最好尽量采用激励性的措施,少用限制性、防范性的管理措施。因为这样会造成领导者同企业员工之间的对立情绪,也可能使企业员工的潜力得不到发挥。

4. 树立共同目标,培养集体意识的管理艺术

企业的目标一经确定,就要力争成为企业这个集体、团队成员自觉的行动。为此,首先要求现代企业的管理者对它有深刻的理解。其次,通过开展各种适合企业员工需要的活动,使他们在实现具体而有意义的目标中体会到集体、团队协作的必要性和乐趣,而后逐渐明确企业的总目标。

正如彼得·德鲁克所言:“管理的本质是激发人的善意和潜能。”在现代企业管理中,“以人为本”的思想越来越受到重视。行为科学要求企业领导者真正地关心人,尊重人,爱护人,了解企业员工的愿望、理想、需要和感情,激发企业员工的主动性、积极性和创造性。只有这样,大家才能凝智聚力,共创辉煌。

第十节　发挥目标激励的诱导作用

没有目标的行动只是愿望,而非真正的追求。

——(法国)安托万·德·圣-埃克苏佩里

目标激励

一、案例导读

全球知名的汽车制造公司丰田为了应对市场的激烈竞争和不断变化的消费者需求,公司决定设定一个具有挑战性的目标:在三年内推出一款环保型电动汽车,并确保其市场占有率达到 15%。为了实现这一目标,丰田公司采取了全方位的激励措施。首先,公司明确了这个目标对企业的重要性,并通过各个层级的传达,使每一位员工都理解并认同这一目标的意义。其次,公司为每个团队设定了具体的关键成果,并提供了丰厚的奖励机制,以鼓励员工为实现目标而努力。最终,丰田不仅按时推出了环保型电动汽车,还成功达到了市场占有率的预期目标。这一案例充分展示了目标激励在企业中的强大诱导作用。

(资料来源:不要低估丰田的电动化后劲,华尔街见闻,2023 年 7 月 10 日,https://baijiahao.baidu.com/s?id=17710311195105402630&wfr=spider&for=pc.)

思考:

1. 丰田公司是如何通过设定明确的目标来激励员工的?

2. 在实现目标的过程中,丰田公司采取了哪些激励措施?

3. 丰田公司在目标设定和激励机制方面有哪些值得借鉴的地方?

二、案例延伸

"志不立,天下无可成之事。"正如王阳明所言,明确的目标是成功的基础,丰田公司通过设定明确且具有挑战性的目标,不仅激发了员工的积极性和创造力,还有效地引导了整个组织朝着共同的方向努力。

（一）目标激励的概念

目标激励是一种通过设定明确目标来激发员工内在动力和积极性的管理方法。它将组织的整体目标与员工的个人目标相结合，使员工明确自己的工作方向和意义，从而更加努力地工作，去实现目标。

目标激励的核心在于使员工认识到自己的工作与组织目标的紧密联系，以及实现目标所带来的成就感和回报。通过设定具有挑战性和可实现性的目标，员工能够感受到自身的价值和能力，进而激发他们的工作热情和创造力。

（二）目标激励的作用

1. 明确方向

目标为员工提供了清晰的工作方向，使他们知道自己应该做什么，以及为什么要这样做，明确的目标有助于员工避免盲目工作，提高工作效率和质量。

2. 激发动力

具有挑战性的目标能够激发员工的内在动力，促使他们更加积极地投入工作。当员工认为自己能够实现目标时，他们会充满信心和斗志，全力以赴地去完成任务。

3. 提高绩效

目标激励有助于员工集中精力，将资源和精力聚焦在关键任务上，从而提高工作绩效。员工会根据目标制定合理的计划和策略，有序地开展工作，以确保目标的实现。

4. 增强凝聚力

共同的目标能够使员工团结在一起，当员工为了实现共同的目标而努力奋斗时，他们会相互支持、协作，共同克服困难，形成强大的团队凝聚力，实现团队的整体目标。

5. 促进个人成长

目标激励能够促使员工不断提升自己的能力和素质，在追求目标的过程中，员工会不断学习和成长，提高自己的专业技能和综合素质，以适应工作的要求。

（三）发挥目标激励作用的关键要素

1. 设定明确且有挑战性的目标

明确的目标为员工提供了清晰的行动方向，帮助他们理解工作的目的和价值。然而，目标不仅要明确，还需要具有挑战性，这样才能激发员工的潜力和创造力。当员工面对具有一定难度的目标时，他们会感到被激励和赋予意义，更加投入和积极地去克服困难，寻找解决方案。比如，在项目初期，设定一个看似难以达成但通过努力可以实现的目标，可以激发员工的斗志，推动他们不断提升自己的能力和表现。

2. 分解目标，明确关键结果

将企业的总体目标进行层层分解，明确每个部门和团队的具体任务，确保每个员工都能清楚地了解自己在实现整体目标中的角色和责任。通过设定具体的关键成果（Key Results），员工能够理解如何通过自己的努力直接推动目标的实现。例如，在一个销售目

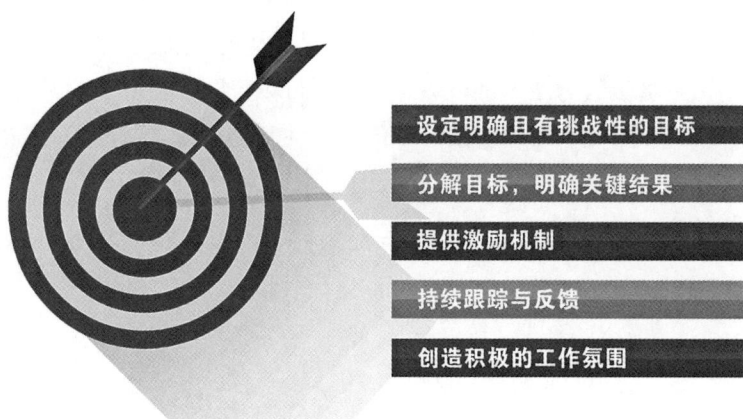

图 2.10　发挥目标激励作用的关键要素

标中,企业可以将年度销售目标分解为月度或季度目标,并进一步分配到个人或团队,明确每个阶段需要达到的具体业绩,这样员工就能清晰地看到自己对最终目标的贡献。

3. 提供激励机制

通过合理的激励机制,企业可以大幅提升员工实现目标的动力。激励机制应包括物质奖励和精神奖励两方面。物质奖励可以是奖金、晋升机会、特别津贴等,直接与员工的工作表现挂钩,起到即时激励的效果。精神奖励则包括表彰、荣誉称号、公开赞扬等,满足员工的自尊需求和成就感。例如,企业可以在季度会议上公开表彰表现突出的员工或团队,通过授予"最佳员工"或"优秀团队"称号来增强他们的荣誉感,同时发放相应的奖金或其他物质奖励。

4. 持续跟踪与反馈

在目标实现过程中,管理者需要定期跟踪目标的进展情况,并及时提供反馈。持续的跟踪不仅能帮助管理者了解目标的执行情况,还能让员工明确自己的工作是否在正确的轨道上。当员工面临困难或偏离目标时,及时的反馈可以帮助他们调整工作方法,优化资源配置,从而确保目标的顺利实现。例如,每月或每周召开一次进度会议,检查各部门的目标达成情况,针对未达标的部分,分析原因并提出改进建议,帮助员工迅速调整策略。

5. 创造积极的工作氛围

激励员工实现目标,不仅仅依赖于目标本身的吸引力,还需要创造一个支持性的工作环境。在一个积极的工作氛围中,员工感到被尊重、被认可,他们的意见和贡献得到重视,这将进一步增强他们的工作动力和实现目标的意愿。企业可以通过定期的团队建设活动、透明的沟通渠道、开放的企业文化等方式来营造这种氛围。例如,企业可以组织定期的团队聚会、提供开放式办公环境,鼓励员工之间的互动和合作,让员工感受到企业对他们的重视,从而更加积极地投入到目标的实现过程中。

目标激励是一种有效的管理手段,它能够激发员工的内在动力,提高工作绩效,实现企业的目标。美国作家佐治·洛伊德曾言:"目标是梦想与现实之间的桥梁。"在企业管理中,目标激励是引导员工努力工作的强大工具。通过设定明确且具有挑战性的目标,分解任务并提供激励机制,管理者可以激发员工的积极性和创造力,推动企业在竞争激烈的市场中取得成功。持续的跟踪与反馈以及积极的工作氛围,将进一步确保目标的实现,为企业的长远发展奠定坚实的基础。

第三章

高效团队篇

第一节　企业团队建设中的多样性管理

多样性是企业的力量之源,正是这种差异让团队更具创新力和竞争力。

——（美国）安妮塔·罗迪克

一、案例导读

在一家跨国企业中,不同背景、文化和技能的员工在合作过程中常常产生分歧,导致项目进展缓慢,效率低下。管理层注意到团队中的沟通和协作问题日益严重。为了解决这一问题,管理层决定推行多样性管理策略,希望通过尊重和包容多样性,提升团队的协作能力和创新力。

经过深入分析,管理层发现,团队中存在的沟通障碍主要源于文化差异和认知偏见。于是,他们制定了一项包括开展跨文化培训、促进多元沟通渠道、设立多样性管理委员会等多样性管理计划。在实施过程中,管理层与员工共同制定了明确的目标,例如:"在接下来的六个月内,通过跨文化培训提升员工的文化敏感性,减少团队内部的沟通误解。"同时,定期组织多元文化活动,增强团队成员之间的理解与信任。

通过这些举措,团队成员开始逐渐接受和理解彼此的差异,沟通障碍显著减少,团队协作和创新能力大幅提升,最终成功按时完成了项目任务,并在市场上获得了积极反馈。

（资料来源:唐文成.华为团队建设法[M].广东:广东经济出版社,2023.）

思考:

1. 多样性管理如何影响团队的协作效率?

2. 如何在多样化的团队中建立有效的沟通机制?

3. 多样性管理的成功实施对企业长期发展的影响有多大?

二、案例延伸

多样性管理并不是简单地接受差异,而是通过系统化的管理方法将这些差异转化为团队的优势,推行多样性管理策略不仅有助于解决团队中的沟通和协作问题,还能显著提升团队的整体绩效。

(一) 多样性管理概念

多样性管理是一种战略性的人力资源管理实践,它强调在企业的各个层面,特别是在团队建设过程中,积极识别、尊重并利用员工之间在文化背景、性别、年龄、教育程度、专业技能、工作经验、性格类型以及思维方式等方面的多样性。这种管理策略旨在通过最大化个体差异带来的优势,促进团队内部的协作与互补,从而推动组织整体的创新能力和绩效表现。

(二) 多样性管理的特点

1. 促进创新

多样性团队中的成员来自不同的背景和文化,他们带来了多样化的思维方式和独特的经验,这种多元化的思维碰撞能够打破同质化思维的限制,激发出更多创新的想法和解决方案。例如,一个多元化的团队在开发新产品时,可能会结合不同文化的特点,设计出更加符合全球市场需求的产品,从而提升企业的市场竞争力。

2. 提高决策质量

多样性的团队能够覆盖更广泛的信息来源和观点,避免单一视角的局限性。在决策过程中,能够综合考虑不同因素,制定更加全面、均衡且风险较低的方案。

3. 提升团队竞争力

多样化的团队结构能够吸引并保留来自不同背景的人才,这些人才带来的不仅是专业技能,还有广泛的人脉资源和市场洞察力,有助于企业在竞争激烈的市场中保持领先地位。

4. 促进员工发展

在多元化的团队中,员工有机会与来自不同背景的人合作,学习到不同的知识、技能和文化。这种跨文化的交流和学习能够拓宽员工的视野,提升他们的沟通和协作能力,促进个人的成长和发展。同时,员工在一个包容的环境中工作,能够感受到自己的价值和尊重,从而提高对工作的满意度和忠诚度。

(三) 如何进行多样性管理?

图 3.1　多样性管理的五大策略

建立包容性文化

多样性招聘策略

多样性培训与发展

促进跨文化合作

建立评估与反馈机制

1. 建立包容性文化

企业要实施多样性管理，首先需要在组织内部建立包容性文化。包容性文化意味着在企业内每个员工都能感受到尊重和平等对待，无论其背景、性别、种族或其他差异如何。管理层应通过明确的价值观和公开的政策，传达对多样性的重视，并确保这些政策在实际操作中得到贯彻。例如，企业可以制定反歧视政策，组织多样性意识培训，鼓励员工理解和尊重不同的观点和文化。

2. 多样性招聘策略

企业在招聘过程中，应积极寻求来自不同背景、文化和经验的候选人，以确保团队的多样性。企业可以通过与多样性组织合作、参与多样性招聘会和宣传企业的多样性政策来吸引更多不同背景的候选人。通过这种策略，企业能够丰富团队的技能和思维方式，提高团队解决问题的能力。例如，跨国公司在不同地区设立办公室时，可以优先考虑招聘当地员工，以便更好地理解和满足当地市场的需求。

3. 多样性培训与发展

为了让多样性管理发挥最大效用，企业需要为员工提供多样性相关的培训和发展计划。通过这些培训，员工可以学习如何尊重和理解来自不同背景的同事，提高跨文化沟通和协作能力。管理者也需要接受培训，以便更好地处理团队中的多样性问题。例如，企业可以组织跨文化沟通研讨会，帮助员工了解不同文化的行为规范和沟通风格，从而避免文化冲突，提高团队的协作效率。

4. 促进跨文化合作

多元化团队的优势在于其成员的多样性，而要充分发挥这一优势，跨文化合作是关键。企业可以通过组织跨部门、跨地区的合作项目，促进不同背景员工之间的互动与合作。例如，通过全球范围内的虚拟团队项目，来自不同国家和文化背景的员工可以共同工作，分享各自的经验和知识，形成更具创新力和竞争力的解决方案。

5. 建立评估与反馈机制

为了确保多样性管理的效果，企业应建立多样性管理的评估与反馈机制。通过定期评估多样性管理的实施情况，企业可以及时发现问题并进行改进。评估可以包括员工满意度调查、多样性指标的监控以及对团队绩效的分析。例如，企业可以每季度发布一份多样性报告，评估多样性政策的执行情况，并根据反馈调整策略，以确保多样性管理持续有效地推进。

正如麦尔顿·格拉塞所言："多样性是创新的源泉。"在现代企业团队建设中，多样性管理不仅是企业社会责任的重要体现，更是企业提升竞争力和创新力的关键。通过建立包容性文化、实施多样性招聘、提供相关培训和促进跨文化合作，企业可以打造一个多元化的团队，从而在全球市场中获得更大的成功。

第二节 "贝尔宾团队角色理论"
在管理中的运用

团队就像一场比赛,只有每个成员各司其职,才能赢得胜利。

——(英国)约翰·伍登

一、案例导读

团队就像参与比赛的球队一样。在赛场上,球队中的每一位队员都有自己的位置和特定的职责,所有球员都为赢得比赛贡献自己的力量。每位球员的技术熟练程度对球队的比赛成绩都有重要影响,但仅有技术出众的球员是不够的。比赛不是一个人的事情,球队的战斗力主要取决于球员之间相互配合的默契程度。企业中的团队也是如此,团队绩效的高低不仅取决于团队成员的个人能力,更重要的是团队成员的融合度。这种融合决定了1+1是否能大于2,这正是英国团队管理专家梅雷迪思·贝尔宾所提出的"贝尔宾团队角色理论"的核心思想。

(资料来源:樊登.可复制的领导力[M].北京:中信出版社,2017.)

思考:

1. 团队绩效的高低取决于哪些因素?

2. "贝尔宾团队角色理论"的核心观点是什么?

3. 如何在团队中运用"贝尔宾团队角色理论"?

二、案例延伸

"众人拾柴火焰高。"团队的力量是无穷的,而团队成员之间的协作和融合则是发挥团队力量的关键。从上述案例中可以看出,球队的成功不仅仅取决于球员的个人技术,更取决于球员之间的默契配合;企业团队的绩效也不仅仅取决于成员的个人能力,还取决于成员之间的融合度。这与"贝尔宾团队角色理论"的核心观点不谋而合,即没有完美的个人,只有完美的团队。

（一）"贝尔宾团队角色理论"解析

"贝尔宾团队角色理论"的基本思想是："没有完美的个人，只有完美的团队。"贝尔宾将团队成员划分为八种角色，每个角色在团队中都有其独特的功能。

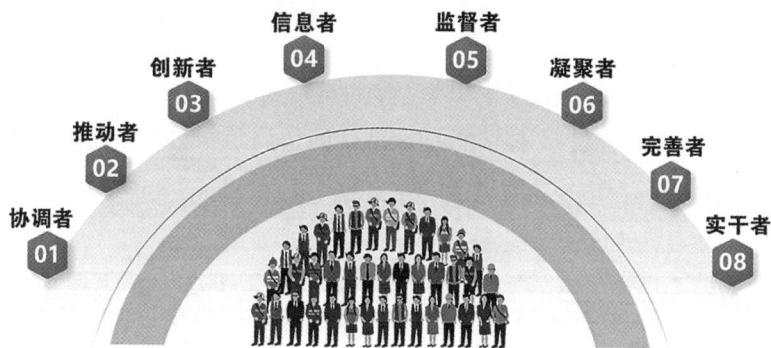

图 3.2　贝尔宾团队八种角色

（1）协调者：对事物具有判断是非曲直的能力；对自己把握事态发展的能力有充分的自信；处理问题时能控制自己的情绪和态度，具有较强的抑制力。

（2）推动者：思维敏捷，对事物具有举一反三的能力；看问题思路比较开阔，对一件事情能从多方面考虑解决问题的方法；性格比较开朗，容易与人接触，很快能适应新的环境；能利用各种资源，善于克服困难和改进工作流程。

（3）创新者：具有鲜明的个性，对许多问题的看法与众不同，对一些问题有自己独到的见解，考虑问题不拘一格，思维比较活跃。

（4）信息者：性格比较外向，对人、对事总是充满热情，表现出很强的好奇心，与外界联系比较广泛，各方面的消息都很灵通。

（5）监督者：头脑比较清醒，处理问题比较理智，对人、对事表现得言行谨慎，公平客观。他们喜欢比较团队成员的行为，喜欢观察团队的各种活动过程。

（6）凝聚者：擅长日常生活中的人际交往，能与人保持和善友好的关系，为人处世比较温和，对人、对事都表现得比较敏感。

（7）完善者：做事情很勤奋努力，并且很有秩序；为人处世都很认真，对待事物力求完美。

（8）实干者：有责任感、高效率、保守，具有优秀的组织能力和自我约束力，但对于新生事物或没有把握的主意不感兴趣。

（二）贝尔宾团队角色理论的运用

1. 角色齐全，功能互补

一个成功的团队必须涵盖所有八种角色，以实现功能的全面性。不同的角色在团队中发挥着各自的作用，只有角色齐全，团队才能在各个方面表现出色。比如，推动者推动团队前进，创新者带来新颖的解决方案，监督者确保执行过程中的细节，而凝聚者则维持团队的和谐。

2. 容人短处,用人所长

知人善任是管理者必备的素质。在组建团队时,管理者应深刻理解各个角色的特点,善于用人所长,容人所短。例如,创新者可能不善于执行细节,但他们的创意对于团队的创新至关重要。管理者应在实践中了解每个成员的优势和弱点,并在此基础上组建团队,确保团队的高效运作。

3. 尊重差异,实现互补

完美的团队并不依赖于完美的个人,而是通过成员间的互补来实现。在实际工作中,完全符合所有要求的理想员工几乎不存在,但团队中的角色差异和多样性却可以弥补个人的不足。尊重团队中的差异性,不仅有助于个性化的发展,也让整个团队更有活力和创造力。

4. 增强弹性,主动补位

一个高效团队不仅需要成员各司其职,还应具备弹性,能够在需要时主动补位。当团队中某一角色出现短缺时,其他成员应具备适应性,能够临时承担该角色的职责,确保团队的正常运转。例如,当推动者缺席时,团队中其他成员应能够临时担任推动者的角色,推动团队目标的实现。

"只有优秀的团队,才能创造优秀的绩效。"现代企业管理者应重视"贝尔宾团队角色理论"在管理中的运用,充分发挥团队角色的多样性和互补性。通过角色齐全、用人所长、尊重差异和增强弹性,企业可以提升整体绩效,实现长远发展。这一理论为企业管理者提供了有效的工具和方法,使团队管理更加科学和系统化。

第三节　团队精神不等于绝对服从

真正的团队精神,是在保持个性的同时,追求共同的目标。

——(法国)让-保罗·萨特

一、案例导读

在一次软件开发项目中,某互联网公司组成了一支高效团队,旨在按时完成客户定制的复杂应用程序开发。团队成员各自负责不同的模块开发,团队领导在项目初期明确了每个人的职责。然而,在项目执行过程中,团队领导逐渐变得专横,要求所有成员严格按照他的指示操作,不允许有任何质疑或不同意见。一名开发人员发现了一个潜在的系统漏洞,想要提出自己的改进建议,但由于担心被视为不服从,他选择了沉默。最终,团队按时交付了项目,但客户很快反馈系统存在重大漏洞,导致企业形象和客户满意度受到严重影响。

(资料来源:赵凡禹,裴向敏.团队精神大全集[M].上海:立信会计出版社,2012.)

思考:

1. 该项目团队存在的问题是什么?

2. 绝对服从为什么会导致团队陷入困境?

3. 团队成员应该如何发挥自己的作用?

二、案例延伸

真正的团队精神,是在保持个性的同时,追求共同的目标。团队精神强调信任和协作,而不是无条件的服从。在一个高效团队中,成员有表达自己意见的空间,不仅能促进创新,还能及时发现潜在问题,提升团队的整体效率。[①]

(一)团队精神的内涵

团队精神是指团队成员为实现共同目标而合作无间的精神状态,它强调协作、信任、责任感和共同的努力,但这并不意味着团队成员应无条件服从领导或压抑个人见解。相反,真正的团队精神是在尊重个体意见和鼓励创新的基础上,共同推动团队目标的实现。

(二)团队精神与绝对服从的区别

团队精神强调的是在平等、尊重和开放的氛围中,成员们共同为实现团队目标而努力。在这种环境下,成员们有权利和机会表达自己的观点和想法,团队会通过充分的讨论和交流来达成共识。成员的积极性和创造性能够得到充分的发挥,他们的个性和特长也能为团队带来多元化的优势。

而绝对服从则是一种单向的、权威主导的模式。在这种模式下,成员被要求无条件地遵循上级的指令,不论这些指令是否合理或是否符合实际情况。这可能会导致成员失去主动性和创新精神,只是机械地执行任务,无法根据实际情况灵活调整。长期的绝对服从还可能压抑成员的积极性,使团队缺乏活力和创新能力,无法应对复杂多变的情况。

---

① 阿代尔.高效团队建设:打造一支常胜团队[M].杭州:浙江人民出版社,2024.

（三）为何要培养团队精神?

1. 提升团队协作与效率

团队精神能够显著增强成员之间的合作意识,使每个人都清楚自己的角色和职责。当团队成员具备强烈的团队精神时,他们更愿意共享信息、互相支持,在项目推进中主动配合,避免因为个人利益或分歧而产生摩擦。例如,在一个项目团队中,团队精神促使成员积极沟通,快速解决问题,减少不必要的延误,从而提高整体的工作效率和项目完成的速度。

2. 促进创新与创造力

团队精神鼓励开放的交流和多样化的思维方式。当团队成员感受到来自团队的信任和支持时,他们更愿意提出自己的独特见解和创新思路。一个充满团队精神的环境允许不同意见的碰撞和讨论,从而产生更加全面和创新的解决方案。例如,技术开发团队中,通过鼓励不同背景和专业的成员自由表达创意,可以更容易地找到突破性的技术创新点,推动项目进展。

3. 增强员工的归属感和责任感

团队精神让成员感到自己是团队中不可或缺的一部分,这种归属感不仅提升了他们的工作满意度,还增加了他们对团队的忠诚度。当成员觉得他们的贡献对团队的成功至关重要时,他们会更加主动地承担责任,为团队目标而努力。例如,在销售团队中,强烈的团队精神会促使成员不仅关注个人业绩,还会帮助其他成员提升,确保整个团队达成销售目标,进而提高团队的整体表现。

（四）如何培养团队精神?

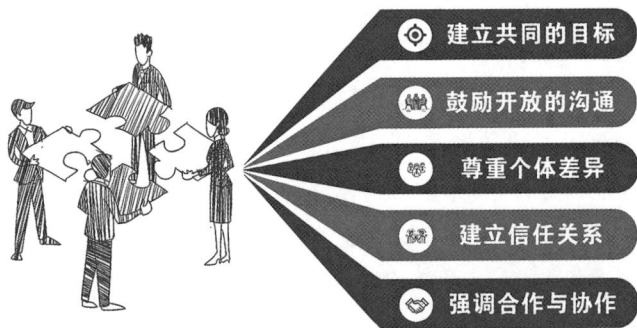

图3.3　培养团队精神的主要策略

1. 建立共同的目标

团队成员应该共同参与目标的制定过程,深入理解目标的意义和价值。目标不仅要明确、具体、可衡量,还要具有挑战性和激励性。同时,将大目标分解为阶段性的小目标,让成员们能够在实现小目标的过程中不断获得成就感,从而增强对实现大目标的信心。

2. 鼓励开放的沟通

建立多种沟通渠道,如定期的团队会议、小组讨论、一对一交流等。营造一个安全、宽松的沟通环境,让成员们能够畅所欲言,不必担心被批评或指责。鼓励成员倾听他人的意见,积极回应,促进信息的充分共享和思想的碰撞。

3. 尊重个体差异

对团队成员的个性和能力进行评估,了解每个人的优势和不足。根据成员的特点分配任务,充分发挥他们的长处。同时,组织各种培训和学习活动,帮助成员提升能力,弥补不足。鼓励成员之间互相学习,分享经验和技巧。

4. 建立信任关系

领导者要以身作则,诚实守信,言出必行。在团队中倡导诚信文化,对成员的承诺要及时兑现。建立公正、透明的评价和奖励机制,让成员们感受到公平对待。鼓励成员之间互相帮助,共同成长,在困难时刻相互支持。

5. 强调合作与协作

设计需要团队成员共同完成的任务和项目,让他们在实践中体会合作的重要性。组织团队建设活动,增强成员之间的感情和默契。对合作出色的团队和个人进行表彰和奖励,树立榜样,引导更多的成员积极参与合作。

团队精神不等于绝对服从,一个具有强烈团队精神的团队才能更高效地完成任务,达成目标。作为企业管理者,在团队建设的实践中,要持续重视培养和维护团队精神,促进团队成员间相互沟通与协作,共同完成目标。

第四节　重塑团队执行力

一个团队的力量在于成员的合作,而非个体的独立行动。

——(法国)让-保罗·萨特

一、案例导读

加利福尼亚大学的学者曾进行过这样一项实验：将六只猴子分别关在三间空房子里，每间房子关两只，并且在房子里分别放置一定数量的食物，不过放置的位置高度有所不同。第一间房子的食物放置在地上，第二间房子的食物分别按照从易到难的程度悬挂在不同的高度，第三间房子的食物则悬挂在屋顶，如图 3.4 所示。数天之后，研究者发现第一间房子的猴子一死一伤，第三间房子的两只猴子都饿死了，唯有第二间房子的两只猴子安然无恙。

原来，第一间房子里的两只猴子刚进入房子就看到了地上的食物，为了争抢触手可及的食物而大打出手，最终一死一伤。第三间房子的两只猴子虽然竭力跳跃，但由于食物悬挂得过高而无法够到，最终活活饿死。只有第二间房子的两只猴子在面对逐渐加大的困难时，选择了合作获取食物。一只猴子托起另一只猴子跳起去拿食物，最终两只猴子都得以存活。

这个实验揭示了团队执行力的重要意义。倘若将每个房间的猴子视作一个团队，那么重塑团队执行力的关键便在于合理地分配任务，让恰当的人去做适宜的事。目标难度过低，容易引发内耗与冲突，从而削弱团队的执行力；目标过高，难以达成，可能致使团队丧失动力。而难度适中的目标，再加上合理的协作机制，能够最大限度地激发团队的潜力，从而高效执行。

图 3.4　实验示意图

资料来源：杨德振.猴子取食［N］.牡丹晚报，2019 年 5 月 23 日（A10 版）.

思考：

1. 为什么第一间房子的两只猴子在面对简单的目标时仍然发生了冲突？在团队管理中,这种情况可能会带来哪些挑战？

2. 第三间房子的两只猴子虽然努力尝试,但最终却因为目标难度过高而失败。这个现象对企业在设定团队目标时有什么启示？

3. 第二间房子的猴子通过合作达成了目标,这说明了团队协作的重要性。在实际工作中,如何有效地培养团队成员之间的合作精神,从而提升执行力？

二、案例延伸

"物尽其用,人尽其才。"正如这句名言所说,案例中的猴子实验深刻地揭示了团队管理中资源配置和目标设定的重要性。团队执行力取决于目标设定的合理性和任务分配的有效性。通过让合适的人做合适的事,并设置具有挑战但可实现的目标,企业能够有效提升团队的整体执行力。[1]

(一) 认识团队执行力

团队执行力是指一个团队把战略决策持续转化成结果的满意度、精确度、速度,它反映了团队实现目标的能力和效率。

团队执行力包括以下几个方面：

1. 明确的目标

团队成员对共同的目标有清晰、一致的理解,知道要达成什么样的结果。

2. 合理的分工

根据团队成员的能力和特长,将任务合理分配,确保每个人都在适合自己的岗位上发挥作用。

3. 高效的协作

成员之间能够相互配合、支持和沟通,协同工作,共同解决问题,克服困难。

4. 强烈的责任心

每个成员对自己的工作任务负责,积极主动地完成任务,不推诿、不拖延。

5. 严格的纪律

遵守团队的规章制度和工作流程,保证工作的有序进行。

6. 快速的响应

对外部环境的变化和内部的需求能够迅速做出反应,及时调整策略和行动。

7. 持续的学习

团队成员不断提升自身能力,以适应不断变化的任务和挑战。

---

① 蒿森.团队管理：如何带出高效团队[M].北京：化学工业出版社,2022.

（二）如何提高团队执行力

1. 让合适的人做合适的事

让合适的人干合适的事，简言之就是要做到人尽其才。《孙子兵法》有云："故善战者，求之于势，不责于人，故能择人而任势。"意思是说，卓越的将领一定是善于抓住战机的人，善于选择合适的人安排在合适的位置上形成有利于自己的良好形势。

2. 提高员工主动服从的意识

（1）布置任务前进行详细且充分的沟通，一定要对团队成员的想法有所了解，而不是想当然地去猜测，这样会导致执行的结果和预期的目标出现极大的偏差。有效的沟通意味着双方达成了共识，双方都明白每一步应该怎么做。

（2）用 SMART 原则来明确目标，目标必须是具体的，可以用数字进行衡量的，是经过努力可以实现的，还要具有相关性和时效性，这些都要让执行者清晰地看到。

（3）在下达命令前先要弄清楚想要达到的结果是什么，然后在员工执行过程中给予及时的指导，但是不能制定太多的条条框框束缚员工的手脚，避免执行者产生不信任感。

（4）设置合适的目标，目标的设定一定是能让团队成员感到可以实现的，在增强团队成员成就感的同时，让他们不断接受更高的挑战，并且愿意主动去接受新的任务。目标设定越明确，员工服从的程度就越高，实现的可能性也就越大。

3. 给目标的实现设置有效的期限

（1）设定好团队的最终目标后，就要明确其完成的期限，然后进行倒推，将终极目标进行分解，分解至当下，将每年、每季度、每月甚至每天的任务进行细化明确，让团队每一天的行动都是有效的。

（2）在设定好目标以及对目标进行分解后，接下来就要分析实现每一个小目标对于整体目标实现的意义，每一个小目标的实现是终极目标实现的保证，如果有一个环节出现了拖延或不执行将会导致整体目标实现期限的推迟。

（3）制定相应的措施和方案来实现每个阶段性的目标。从目标实现的执行人、完成时间以及每一个小步骤是什么，都要进行详细的分析，并对每一阶段的实施结果进行评估和考核，确保自己的执行结果与企业的总体发展战略是一致的。

执行力是团队能够在竞争中取得胜利的关键。"并非穿同样衬衫的人就能形成团队"，真正的团队是一群能够言必行、行必果的人，他们在挑战中展现出强大的执行力。企业要在激烈的市场竞争中立于不败之地，必须重视塑造高执行力的团队。只有通过合理的角色分配、有效的沟通和明确的目标管理，企业才能在未来的发展中获得持续的成功。

第五节　团队优化的"七误区"

一个成功的团队不仅在于成员的能力，更在于他们避免犯同样的错误。

——（美国）杰克·韦尔奇

一、案例导读

丰田公司创立于1933年,是日本最大的汽车公司之一,同时也是全球十大汽车工业公司之一。丰田汽车公司的创始人丰田喜一郎曾言:"倘若每个员工都能够竭尽全力去履行自身职责,便能产生强大的力量,并且这种力量能够形成一个力量环,造就极大的生产力。"

在丰田的生产线上,存在一种被称为"安灯系统"(Andon系统)的机制,它借助分布于车间各处的灯光和声音报警系统,来收集生产线上有关设备和质量等方面的信息。当任何一位员工发觉异常状况时,能够凭借自身的判断拉下安灯,让生产线停止运转,进而及时处理问题,避免不合格的产品流入下一工序或者重复出现同样的问题。这种行为模式助力丰田构建了一个高效的问题曝光与解决系统,使得普通员工能够如同管理者一般主动思考并解决问题,持续提升生产效率,推动企业不断向前发展。

(资料来源:大野耐一.丰田生产方式[M].北京:中信出版集团,2024.)

思考:

1. 丰田的"安灯系统"对团队优化有何启示?

2. 如何在团队建设中平衡个人和团队的利益?

3. 怎样避免团队优化过程中的常见误区?

二、案例延伸

丰田的"安灯系统"彰显了在团队管理中及时察觉和解决问题、持续进行优化的重要性。在团队的优化过程中,管理者应当避免单纯强调效率,而忽视团队成员的实际需求与利益。合理的团队优化,不单是要提高工作效率,更在于平衡团队成员的长期发展与企业的战略目标。

图 3.5　团队优化常见七大误区

（一）误区 1：过分强调"团队利益高于一切"

在团队建设时，如果只是一味地突出团队利益至上，而忽略个体成员的需求和利益，那么团队的凝聚力反而有可能受到损害。团队的价值是由全体成员共同创造的，个体应得的利益理应得到维护。不然，团队原本的凝聚力会转化为离心力，最终致使团队分崩离析。管理者应当在维护团队整体利益的同时，合理地平衡并满足个体成员的需求。

（二）误区 2：团队内部不需要竞争

团队精神的确注重合作，然而适度的竞争同样关键。一个完全不存在竞争的团队，容易致使成员丧失动力，缺乏进取之心，进而对整体绩效产生影响。内部竞争能够激发成员的潜力和动力，但这种竞争应当是健康且具有建设性的，目的在于推动团队整体的进步，而非制造内部的对立和矛盾。

（三）误区 3：过于追求"团队内部皆兄弟"

不少企业在团队建设的进程中，过度追求团队的亲和力，认为严格的纪律会破坏团队的和谐氛围。然而，没有纪律的团队，往往会欠缺效率和执行力。纪律是胜利的保障，管理者需要在团队内部构建并执行清晰明确的规则，既保障团队的团结，又维持团队的纪律性和战斗力。

（四）误区 4：牺牲"小我"换"大我"

团队精神并不等同于个人的完全自我牺牲。团队的成功依靠每个成员的独特贡献，如果过度强调牺牲"小我"来换取"大我"，团队将会失去个体的创新力和活力。管理者应当鼓励成员展现自我，激发他们的潜能。团队的成功在于整合每个人的优势，而非压抑个性。

（五）误区5：团建活动没有必要

团建活动为员工提供了相互了解的契机。只有员工之间相互配合协作，才能够更高效地完成工作。团建活动为员工创造了一个互相了解和建立信任的机会，通过团建，员工之间能够增进理解，强化协作意识，从而在工作中更好地相互配合。倘若忽视团建活动，员工之间的默契和团队氛围可能难以形成，团队凝聚力和协作效率也会受到不良影响。管理者应当定期组织团建活动，助力团队成员之间建立更紧密的联系。

（六）误区6：没有共同目标依然捆绑在一起

团队需要有共同的目标作为指引，如此才能形成合力，正所谓"上下同欲者胜"。如果团队缺乏明确的目标，成员之间缺少共同的方向感，各自为政，最终会导致团队分崩离析。管理者应当在团队建设的过程中，明确团队的核心目标，并保证所有成员理解并认同这些目标。只有"上下同欲"，团队才能够真正发挥出整体的优势。

（七）误区7：事事亲力亲为

管理者不应凡事都亲自操办，"疑人不用，用人不疑"，管理者如果过于事必躬亲，容易导致团队成员的依赖性增强，缺乏自主性和责任感。管理者应当信任团队成员，放手让他们去完成任务，同时提供必要的指导和支持。这不但能够提高团队的执行力，还能够培养成员的独立性和创新能力，增强团队的整体战斗力和凝聚力。

团队建设是一个持续优化的进程，管理者需要依据实际情况不断地进行反思和改进。团队优化的"七大误区"为管理者提供了有效的工作思路，在实际的管理工作中，管理者应当深入理解并避开这些误区，持续提升团队的效能和企业的竞争力，让团队成员携手共进，创造更多的辉煌成就。

第六节 "鲶鱼效应"在团队管理中的应用

成功的关键在于不断迎接新的挑战。

——（美国）约翰·肯尼迪

一、案例导读

在挪威的渔业领域,捕获沙丁鱼乃是一项至关重要的产业。然而,渔民们察觉到,在将沙丁鱼运送回港的途中,众多鱼只因缺氧或者疲劳而死亡,从而造成了大量的损失。为降低损失,渔民们尝试了一种别具一格的做法:他们在沙丁鱼群中放入若干条鲶鱼。鲶鱼作为沙丁鱼的天敌,具有极为强烈的攻击性。由于鲶鱼的存在,沙丁鱼在整个运输过程中始终处于警觉和活跃的状态,进而存活率大幅提高,这种现象被称作"鲶鱼效应"。

在企业团队当中,也常常出现与之类似的情形。一些团队处于长期稳定的环境里,成员容易变得安于现状、缺乏活力与创新精神。此时,引进具有挑战性和创新性的"鲶鱼型"人才,能够激发团队成员的竞争意识,提升团队整体的绩效水平。

(资料来源:赵健.鲶鱼效应[M].北京:中国纺织出版社,2006.)

思考:

1. 案例中鲶鱼的作用是什么?

2. 如何识别团队中的"沙丁鱼"和"鲶鱼"?

3. 引入"鲶鱼型"人才可能会带来哪些问题?

二、案例延伸

"鲶鱼效应"通过引入外部竞争因素,能够有效激发团队成员的潜能,并提升团队的整体创新力。然而,管理者需要在引入"鲶鱼"时注意控制其对团队和谐的负面影响。[①]

(一)"鲶鱼效应"的概念

"鲶鱼效应"是指通过引入具有挑战性或竞争性的因素,以激发群体或个体的活力,避免因环境过于安逸而引发的懈怠或低效状态。在团队管理领域,"鲶鱼效应"意味着通过引入新鲜血液、富有挑战性的任务或者适度的竞争,激励团队成员保持活力与动力,提升团队的整体绩效水平。

(二)"鲶鱼效应"的作用

1. 激发团队成员的潜力

当团队中出现具有挑战性的新成员或任务时,原有成员会感受到压力,而这种压力会促使他们提升工作标准,充分发挥出更高的潜力。例如,在一个销售团队里,引入一名经验丰富的新销售员,能够促使其他成员加倍努力,以维持自己的业绩优势。

2. 防范团队成员的惰性

在缺乏挑战的环境中,团队成员往往容易滋生惰性,导致工作效率下滑。通过引入竞争或新的挑战,"鲶鱼效应"能够打破这种平衡状态,促使团队成员持续进步,避免安于现状。例如,定期调整项目任务或者引入新项目,可以防止团队成员陷入"舒适区",保持团队的动态活力。

---

① 赵健.鲶鱼效应[M].北京:中国纺织出版社,2006.

3. 推动团队的持续创新

"鲶鱼效应"不仅能够激发团队成员的个体潜力，还能推动整个团队的创新。面对新的挑战或竞争，团队成员往往会群策群力，提出创新的解决方案。这种持续的创新能力对于团队的长期发展至关重要。例如，一个研发团队在引入新的技术标准或竞争对手后，可能会激发更具创意的技术突破。

(三) 如何在团队管理中实施"鲶鱼效应"

1. 引入外部"鲶鱼"

引入外部"鲶鱼"，即通过招聘外部具有独特视角和创新思维的人才，为团队注入新的活力与理念。这些人才通常拥有丰富的经验和独到的见解，能够从不同的角度审视团队的工作方式和思维模式。例如，企业可以从竞争对手或不同行业引入那些在创新领域取得成功的人才，借助他们的新思路和新方法，打破团队内部长期形成的惯性思维和工作模式。

外部"鲶鱼"的引入不仅能够带来新的解决方案，还可以挑战团队成员的现有认知，促使他们反思并改进自己的工作方法。这种外部刺激往往能够打破团队的"舒适区"，让团队成员重新燃起工作热情和创造力，推动整个团队迈向新的高度。

图 3.6 实施"鲶鱼效应"的四个策略

2. 培养内部"鲶鱼"

除了从外部引入"鲶鱼型"人才，企业还可以通过内部培养的方式，在现有团队中挖掘潜在的"鲶鱼"。这种做法不仅能够节省招聘成本，还能有效激励现有员工，让他们感受到职业发展的前景与机会。管理者可以通过定期的绩效评估、个人发展计划、导师制度等方式，识别出那些具有创新能力、乐于接受挑战的员工。

一旦识别出这些潜力股，管理者应赋予他们更多的挑战性任务和领导机会，让他们在团队中发挥更大的作用。通过这样的培养，这些内部"鲶鱼"不仅能激励其他团队成员追求进步，还能在团队内部营造一种积极向上的文化氛围，推动团队整体的进步与创新。

3. 营造竞争氛围

在"鲶鱼效应"中，适度的竞争是激发团队成员活力的关键因素。管理者可以通过建立公平、公正、透明的竞争机制,让团队成员在健康的竞争中不断提升自我。例如,可以通过设立绩效目标、定期评选最佳员工或最佳团队、奖励创新项目等方式,激励团队成员在工作中追求卓越。

这种竞争氛围应当是建设性的,旨在促进团队成员之间的相互学习与合作,而非制造内部对立和冲突。管理者在设计竞争机制时,需要确保每个人都能看到竞争的规则和标准,并且有机会通过努力获得成功。这种透明和公平的竞争机制,能够有效激发团队成员的积极性,使团队保持旺盛的斗志和创新精神。

4. 把控"鲶鱼"的影响

虽然"鲶鱼效应"能够带来积极的变化,但如果不加控制,过度的竞争或新成员的强势介入可能会对团队的和谐产生负面影响。因此,在引入或培养"鲶鱼型"人才时,管理者需要审慎考虑其对团队文化和成员关系的影响。

管理者应明确新引入人才的角色和责任,确保他们能够顺利融入团队,并为团队带来积极的影响;密切关注团队内部的动态,及时调解可能出现的冲突或紧张关系;通过定期的团队建设活动和沟通机制,保持团队内部的团结与合作,确保"鲶鱼效应"在提升团队活力的同时,不会破坏团队的整体和谐。

"鲶鱼效应"在团队管理中是一个有效的工具,能够通过适度的竞争和挑战,激发团队成员的潜力,防范惰性,促进持续创新。然而,管理者在运用这一效应时,必须注意保持竞争与协作的平衡,确保团队在充满活力的同时,仍能保持和谐与合作。通过合理运用"鲶鱼效应",企业可以打造一个充满活力、积极进取的高效团队,确保在激烈的市场竞争中保持领先地位。

第七节　团队自我管理：提升团队自主性的策略

领导的艺术在于激发团队的内在动力,而非仅仅指挥他们的行动。

——(美国)德怀特·艾森豪威

一、案例导读

GitHub,作为全球首屈一指的软件开发平台,以别具一格的管理模式与企业文化声名远扬。该公司推行扁平化的组织结构,极少运用传统的层级管理模式。相反,GitHub赋予员工极高的自主权,激励他们进行自我管理,参与项目选择并自主规划工作流程。

公司内的开发者能够自由地选择参与自己感兴趣的项目,而非被分配固定的任务。例如,在一次至关重要的软件升级项目中,开发者们自发地组成了多个小团队,依据各自的兴趣和专长来分配工作。他们定期借助视频会议和在线协作工具交流进展、解决问题,无需等待上级的指示。这种高度自我管理的工作方式,不但提升了团队的工作效率,还激发了成员们的创新意识与责任感,最终促使项目在预定时间内成功发布,并且超出了客户的预期。

GitHub的成功案例充分表明,当员工拥有更多自主权时,他们往往能够更出色地发挥自身潜力,创造出更大的创新成果和价值。

(资料来源:GitHub联合创始人独家揭秘,腾讯网,2023年10月5日,https://news.qq.com/rain/a/20231005A03Foxoo?suid=&media id=.)

思考:

1. GitHub的团队自我管理机制是如何激发员工的创造力和责任感的?

2. 如何确保团队成员的工作方向与公司的整体目标一致?

3. 自我管理团队在面临重大决策时如何保持高效且一致的行动?

二、案例延伸

最为出色的管理者,是既能推动事情完美达成,又能使员工感到愉悦之人。GitHub由于赋予员工极高的自主权,成功激发了他们的创造力与责任感。此案例表明,团队自我管理不仅能够提升团队的灵活性与创新力,还能够强化团队成员的责任意识。团队自我管理的核心要点在于成员的自主性、责任感以及团队协作。通过合理的决策权下放以及资源支持,企业能够塑造出高效、自主的团队,进而提升组织的整体绩效。[①]

(一)团队自我管理的概念

团队自我管理指的是团队成员在较少外部干预的情况下,依靠自身的决策能力与执行力,独立完成任务并实现目标的管理模式。它强调团队成员的自主性、责任感以及团队协作,旨在提升团队的整体效率与创造力,通常具有较高的灵活性,能够迅速适应市场变化与项目需求。

(二)团队自我管理的特点

1. 高度的自主性

团队自我管理的核心特征在于成员在工作中享有高度的自主权。团队成员有权自主

---

① 蒿淼.团队管理:如何带出高效团队[M].北京:化学工业出版社,2022.

决定如何分配任务、管理时间、选择工作方法以及解决问题。自主性让团队成员感到他们对项目和决策有着直接的影响,进而提高了参与感与责任感。

2. 集体决策

在团队自我管理中,决策通常通过团队讨论决定,而非由单一领导者指挥。这种集体决策的方式增强了团队成员的归属感,同时确保决策过程更加民主和透明。每个成员的观点和意见都得到尊重,决策的质量和执行的承诺度因此得以提升。

3. 责任感与主人翁意识

由于团队成员在工作中拥有更大的自由度和决策权,他们必须承担相应的责任。这种责任感促使团队成员更加认真地对待自己的工作,并对团队的整体成果负有责任,展现出强烈的主人翁意识。

4. 灵活性与适应性

自我管理团队通常具有高度的灵活性,能够快速适应环境的变化和新出现的挑战。由于没有复杂的层级结构和繁琐的审批流程,团队可以迅速调整工作计划、改变策略,响应市场需求或项目需求的变化。这种灵活性使得团队在动态环境中能够保持竞争优势。

5. 内在驱动力

自我管理团队的成员往往表现出强烈的内在驱动力。他们因自己对项目的投入和参与感而感到满足,而不是仅仅依赖外部激励措施。这种内在驱动力使得团队成员更加投入于工作,主动寻求解决方案和创新,推动团队不断前进。

6. 强烈的团队协作精神

虽然团队成员在自我管理模式下享有高度的自主权,但他们依然需要紧密合作,以确保团队的整体目标得以实现。团队协作精神体现在团队成员之间的相互支持、信息共享和资源整合上。良好的团队协作是确保团队自我管理高效运作的重要保障。

7. 持续学习与发展

团队自我管理通常鼓励成员不断学习和自我提升。由于成员们对自己的工作有更多的控制权,他们更有动力去学习新的技能和知识,以提高个人和团队的整体能力。持续学习和发展是保持团队活力和竞争力的关键因素。

(三) 提升团队自主性的策略

1. 赋予团队更多的决策权

要提升团队的自主性,首先需要赋予团队更多的决策权。管理者可以逐步下放权力,让团队成员在项目选择、资源分配和目标设定上拥有更多的话语权。通过这样的方式,团队成员会感受到更多的责任和信任,从而更加积极主动地参与到工作中。

2. 鼓励团队内部的协作与沟通

团队自我管理的成功依赖于良好的内部协作与沟通。管理者应鼓励团队成员之间的开放交流,建立透明的沟通渠道,以确保每个人都能了解团队的整体目标和进展情况。通过定期的团队会议、头脑风暴和反馈机制,团队成员可以分享自己的想法,解决问题并共

图 3.7　提升团队自主性的五个策略

同制定行动计划。

3. 提供必要的资源和支持

尽管团队自我管理强调自主性，但这并不意味着团队要完全独立于外部支持。管理者应确保团队拥有充足的资源，包括技术、资金、信息和培训支持。通过提供这些必要的资源，团队成员可以更加专注于创新和问题解决，从而提高整体绩效。

4. 建立明确的目标与评估机制

团队自我管理需要清晰的目标指引和科学的评估机制。管理者应与团队成员共同制定 SMART 目标（具体、可衡量、可实现、相关、有时间限制），并通过定期评估和反馈，确保团队的工作与公司的整体战略保持一致。这种明确的目标管理能够帮助团队成员保持方向感，同时确保自我管理不偏离公司核心目标。

5. 培养领导力和自我管理技能

要让团队有效自我管理，成员需要具备一定的领导力和自我管理技能。管理者可以通过培训和发展计划，帮助团队成员提升这些能力，包括时间管理、优先级处理、决策制定和冲突解决等。通过培养这些技能，团队成员能够更加独立地处理复杂问题，推动团队走向成功。

赫伯特·西蒙曾言："决策是管理的心脏。"团队自我管理是一种能够提升团队自主性、创新性和凝聚力的有效管理模式。通过赋予团队更多的决策权、鼓励内部协作、提供必要的资源支持，并建立明确的目标与评估机制，企业可以培养出高效的自我管理团队。这种团队不仅能够在竞争中保持灵活和创新，还能增强成员的责任感和主人翁意识，从而为企业的长期发展奠定坚实基础。

第八节 团队目标设定:优化团队 目标管理的技巧

没有目标的行动只是梦想,有目标的行动才是成功的开端。

——(德国)托马斯·富勒

一、案例导读

谷歌(Google)作为处于全球领先地位的科技公司,成功地运用 OKR(Objectives and Key Results,目标与关键成果)体系来推动公司的创新以及高效执行。OKR 体系是谷歌于 1999 年引入的,旨在通过明确的目标与衡量标准,确保每个员工和团队都能够朝着公司的整体战略目标迈进。

谷歌的一个经典案例是其成功开发并推广了 Google Chrome 浏览器。在项目初期,谷歌的工程团队设定了一个极为大胆的目标:"在较短时间内,将该浏览器打造成为全球用户使用最为广泛的浏览器之一。"为了达成这个目标,团队将总体目标分解为若干关键成果(KR),涵盖提高浏览器的启动速度、强化用户隐私保护以及兼容更多的操作系统等方面。

通过每季度的 OKR 评估,谷歌团队能够实时追踪项目进展情况,并依据实际状况调整目标以及资源配置。正是这种精准的目标设定与管理,使得 Google Chrome 在短短数年之内成功超越竞争对手,成为全球最受欢迎的浏览器之一。

(资料来源:克里斯蒂娜·沃特克.OKR 工作法:谷歌、领英等公司的高绩效秘籍[M].北京:中信出版社,2017.)

思考:

1. 谷歌如何将总体目标分解为可操作的关键成果?

2. OKR 体系如何帮助谷歌团队保持灵活性和创新力?

3. 定期的目标评估对项目成功有何作用?

二、案例延伸

团队目标的设定关键在于明确性、可衡量性以及可实现性。借助 SMART 原则来设定具体、可行且富有挑战性的目标，团队能够切实提升整体执行力。[①]

（一）团队目标设定的概念

团队目标设定指的是在团队内部明确工作方向与期望成果的过程。有效的目标设定为团队提供了清晰的行动指引，助力团队成员理解自身的职责与工作重点。通过合理的目标设定，团队可以更好地分配资源、协调工作进展，并最终达成预期成果。

（二）团队目标设定的关键要素

1. 具体性（Specific）

目标必须具体、清晰，杜绝模糊与抽象。团队成员应当能够一目了然地知晓目标是什么以及如何去实现它。目标的描述应涵盖达成目标的具体措施与步骤，而不能仅仅是一个笼统的愿景。例如，"提高销售额"需细化为"在接下来的季度内，通过增加客户接触频率以及改进产品展示，将销售额提高 10%"。

2. 可衡量性（Measurable）

目标应包含明确的衡量标准，确保团队能够通过具体的数据或指标评估目标的进展与达成情况。量化的指标可以是数量、百分比、时间、成本等。团队应明确哪些工具和方法将

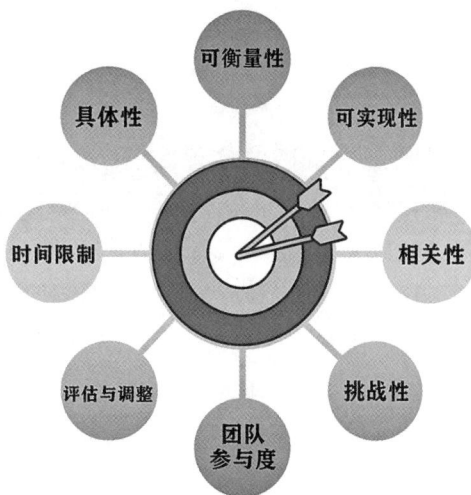

图 3.8　团队目标设定的关键要素

用于衡量目标的进展，例如运用销售报表、客户满意度调查、项目进度报告等。

3. 可实现性（Achievable）

目标应基于团队的实际能力与资源。设定的目标要有挑战性，但不能脱离实际，否则会致使团队产生挫败感且士气低落。确保团队拥有足够的资源（时间、资金、人力、技术等）来实现目标。若资源不足，需重新评估目标的可行性或寻求额外支持。

4. 相关性（Relevant）

目标应与团队或公司的整体战略方向一致，确保每个团队成员的努力都在推动整体目标的实现。设定的目标应当是当前最为重要、最需完成的工作，不要被不相关或次要的目标所干扰。

5. 时间限制（Time-bound）

每个目标都应有一个明确的完成期限。这有助于团队成员集中精力，并在规定的时

---

① 郜军.目标管理：写给中层经理人的工作目标管理宝典[M].北京：电子工业出版社，2019.

间内完成目标。对于较长期的目标,应设置中间的里程碑或检查点,确保团队能够持续跟踪进展并进行必要的调整。

6. 挑战性(Challenging Nature)

目标应具有一定的挑战性,能够激发团队成员的潜力与积极性。过于容易实现的目标可能会导致团队的懈怠。具有挑战性的目标能鼓励团队成员跳出常规思维,提出创新的解决方案,从而提高工作质量与效率。

7. 团队参与度(Team Involvement)

目标的设定过程应尽可能让团队成员参与其中,这有助于增强团队成员对目标的认同感与责任感。设定目标后,保持开放的沟通渠道,确保团队成员能够持续反馈他们的想法与建议,使目标设定更为科学合理。

8. 评估与调整(Evaluation and Adjustment)

目标设定后,应定期评估目标的进展情况,根据实际情况进行必要的调整,确保目标的实现。如果团队在实现目标的过程中遇到重大变化或挑战,目标设定应具备一定的灵活性,允许适时调整策略或重新定义目标。

(三) 优化团队目标设定的技巧

1. 运用 SMART 准则提升目标清晰度

为了精准设定团队目标,可采用 SMART(具体、可衡量、可达成、相关性、时限性)准则,这不仅能确保目标清晰明确,还能提升团队执行力和效率。通过细化目标要求,使其既具体可量,又贴近实际,并与时间紧密结合,团队能更加专注于实现那些既具挑战性又切实可行的目标。

2. 将总体目标细分为可操作子任务

把宏大的总体目标细分为一系列可操作的子任务,不仅能让每位团队成员明确自己的职责所在,还能促进团队内部的协同合作。正如 Google Chrome 浏览器项目的成功,正是得益于将总体目标拆解为若干个提升性能、强化安全等具体关键成果,从而确保了项目的稳步推进。

3. 评估并确保目标的现实可行性

目标设定的核心在于其可行性,过高或过低的目标都可能导致团队动力不足或资源浪费。因此,在设定目标时,必须充分评估团队的实际能力和资源状况,确保目标既具有挑战性又符合实际。只有这样,才能激发团队的潜力,同时避免不必要的挫败感。

4. 强化沟通与反馈机制以促进共识

设定目标后,建立并强化沟通与反馈机制是确保目标顺利实现的关键。通过定期召开会议、分享进展、讨论问题,团队成员可以保持紧密的联系与协作。同时,营造开放、坦诚的沟通氛围,让团队成员敢于提出问题、分享见解,从而不断优化工作方法和策略。

5. 设立阶段性里程碑以监控进展

为了确保项目按计划推进,设立阶段性里程碑不仅为团队提供了明确的检查点,还能帮助团队及时发现并解决潜在问题。通过定期评估项目进展并与里程碑进行对比,团队可以确保始终朝着正确的方向前进,避免在项目后期出现重大偏差。

正如管理大师彼得·德鲁克所说:"目标管理的最大好处是,它使管理者能够控制自己的绩效。"通过优化团队目标管理的技巧,团队可以更加高效地实现目标,取得更好的成绩。

第九节　团队时间管理:优化团队工作流程

时间管理不是为了更好地管理时间,而是为了更好地管理自己。

——(美国)斯蒂芬·柯维

一、案例导读

在一家全球闻名的科技公司中,产品研发团队正面临着一项重大挑战——必须在竞争对手发布新产品之前,完成自家产品的升级并推向市场。时间紧迫、任务繁重,为了在有限的时间里高效地完成任务,团队决定对工作流程进行优化,并实行严格的时间管理。

团队首先对整个开发流程进行了细致入微的梳理,找出那些不必要的步骤以及重复的工作环节,进而将工作流程予以简化。接着,团队采用了敏捷开发的方法,把整个项目分解为多个短周期的冲刺,在每个冲刺结束时都要交付一个可运行的产品版本。

为确保时间管理的有效性,团队引入了每日站会。在会议上,每个团队成员汇报自己前一天的工作进展,规划当日的工作,并提出所遇到的阻碍。通过这种方式,团队能够及时发现问题,迅速调整计划,确保工作流程的顺利推进。

最终,产品在预定时间内成功上线,抢占了市场先机,赢得了客户的赞誉。这一案例彰显了团队时间管理和工作流程优化的重要性:通过合理分配时间和资源,团队能够显著提高工作效率,并确保项目按时交付。

(资料来源:赵伟.给你一个团队,你能怎么管[M].江苏:江苏文艺出版社,2013.)

思考：

1. 如何优化工作流程，从而提高时间管理效率？
2. 每日站会在团队时间管理中的作用是什么？
3. 敏捷开发方法如何助力高效完成任务？

二、案例延伸

正如亚里士多德所说："我们是由我们不断重复的行为所塑造，因此卓越并非一种单一的行为，而是一种习惯。"通过优化工作流程并引入敏捷开发方法，这家科技公司成功地将卓越的时间管理转变为团队的习惯，从而确保了产品的按时交付。

（一）团队时间管理的概念

团队时间管理是指团队在有限的时间内，通过科学合理的时间规划与分配，确保各项任务按时完成的管理过程。有效的时间管理不仅能够提高团队的工作效率，还能减轻压力，增强团队的协作性与生产力。时间管理的目标是在既定的时间内，实现最高的工作产出与质量。

（二）团队管理时间的要素

1. 目标设定

目标设定是确保团队有明确方向的关键步骤。每个任务或项目都应有清晰的目标，并且这些目标需与团队的整体战略保持一致。设定目标不仅能帮助团队成员了解工作的最终目的，还能在过程中提供指导，确保时间分配的有效性。

2. 时间分配

合理的时间分配是团队时间管理的重要组成部分。团队应将工作时间合理地分配到各个任务上，避免时间集中在某一项任务而忽略其他重要工作。时间分配可以通过时间块管理法，将一天的工作时间划分为若干时间块，专注处理特定任务。

3. 沟通与协作

良好的沟通与协作是团队时间管理的关键。通过定期的会议、报告和进度更新，团队成员可以了解彼此的工作进展，及时分享信息并解决问题。有效的沟通能够确保团队在执行过程中不偏离方向，并能迅速应对突发情况。

4. 避免时间浪费

识别并减少时间浪费是时间管理的重要任务。团队应识别工作中的低效环节，如冗长的会议、不必要的重复工作等，并采取措施加以改进。通过优化工作流程，团队可以减少时间浪费，提升整体工作效率。

（三）优化团队时间管理的技巧

1. 明确优先级

优先级管理是时间管理的核心。团队需要根据任务的重要性和紧急性，将所有任务按优先级排序，优先处理那些对项目或企业影响最大的任务。这不仅能确保关键任务得

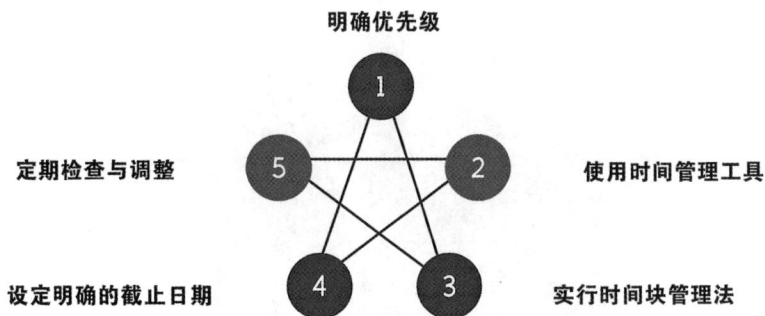

图 3.9 优化团队时间管理的技巧

到及时处理,还能避免资源的浪费。

2. 使用时间管理工具

团队可以借助时间管理工具,如 Trello、Asana、JIRA 等来跟踪任务进展和分配时间。通过这些工具,团队成员可以清晰地看到每个任务的状态、时间节点和相关责任人,有助于提高整体的时间管理效率。

3. 实行时间块管理法

时间块管理法是一种有效的时间分配技巧。团队可以将一天的时间划分为若干个时间块,每个时间块专注于特定的任务或工作类型。比如,上午专注于创意工作,下午处理沟通和会议事务。这种方法能够减少任务切换的时间,提升工作效率。

4. 设定明确的截止日期

每个任务都应有明确的截止日期,这样团队成员能够清楚地知道何时完成工作。设定截止日期还可以帮助团队更好地规划时间,避免任务的拖延,确保项目按时交付。

5. 定期检查与调整

团队时间管理需要定期检查和调整。通过每周或每月的回顾会议,团队可以评估时间管理的效果,找出工作流程中的不足之处,并及时进行调整。这种持续改进的过程能够帮助团队不断优化时间管理,提高整体工作效率。

团队时间管理不仅仅是有效利用时间的技巧,更是优化团队工作流程的重要策略。通过明确优先级、使用时间管理工具、实行时间块管理法、设定截止日期以及定期检查与调整,企业可以显著提升团队的工作效率和生产力,确保项目按时且高质量完成,为企业的长期发展奠定坚实的基础。

第十节 团队文化建设:优化团队精神的实践

企业文化不是说教,而是企业内部每个成员的共同信仰与行为准则。

——(美国)杰克·韦尔奇

一、案例导读

在全球处于领先地位的家居零售企业宜家(IKEA),团队文化建设始终是其成功的核心要素之一。宜家以其独具特色的企业文化而闻名,这种文化不但渗透到公司的每一个角落,更是塑造了宜家独特的团队精神与工作氛围。

宜家的团队文化以开放、创新以及合作为核心。在宜家的每一家门店,员工被称作"同事",而非传统意义上的"员工"或"下属",这充分体现了公司平等、合作的精神。每一位同事都有权提出自己的想法,并参与到公司的各项决策之中,这种文化极大地激发了员工的创新精神与主人翁意识。

此外,宜家鼓励员工勇于尝试和创新,即便在试错中学习也无妨。这种鼓励创新、包容失败的文化使得宜家能够不断推陈出新,保持市场竞争力。宜家的"家庭日"活动更是强化了员工之间的联系,通过团队建设活动与社交活动,增强了团队的凝聚力与归属感。

宜家的成功案例表明,团队文化建设不仅能够塑造团队的精神面貌,还能增强团队的合作能力与创新力,为企业的长期发展提供强大的内在动力。

(资料来源:容布卢特.宜家创业史[M].北京:机械工业出版社,2007.)

思考:

1. 宜家是如何通过文化建设来强化团队精神的?

2. 在宜家的团队文化中,创新和合作如何得到平衡和体现?

3. 团队文化建设对宜家在市场竞争中的表现有何帮助?

二、案例延伸

"文化在企业成功中所起到的作用是不可替代的,甚至超越了策略。"宜家通过深入的团队文化建设,成功地将文化融入每个员工的日常工作之中,从而塑造了一个充满创新与合作精神的团队。

（一）团队文化建设的概念

团队文化建设是指通过设定共同的价值观、信念和行为准则,塑造团队成员之间的共同认同感和行为方式。有效的团队文化建设能够统一团队成员的思想,引导团队成员的行为,形成具有凝聚力和向心力的团队精神。

（二）知名企业团队文化的成功经验

1. 明确的价值观和使命

许多知名企业都拥有明确的价值观和使命,这些价值观和使命成为团队成员共同的信仰和追求,激励着他们为实现共同目标而努力奋斗。

2. 鼓励创新和冒险

创新是企业发展的动力源泉,知名企业通常鼓励员工勇于尝试新事物,敢于冒险,不怕失败。

3. 注重员工发展

这些企业高度关注员工的个人发展,提供丰富的培训和发展机会,帮助员工提升自身的能力和素质。

4. 营造良好的沟通氛围

有效的沟通是团队协作的基础,知名企业致力于营造开放、透明的沟通氛围,鼓励员工之间相互交流和分享。

5. 强调团队合作

团队合作是实现目标的关键所在,知名企业注重培养员工的团队合作精神,通过各种方式促进团队成员之间的协作。

（三）优化团队文化建设的技巧

1. 避免形式化和空洞化

团队文化建设不能仅仅停留在口号和表面文章上,而必须通过实际行动和具体举措来加以落实。如果文化建设仅仅是形式化的宣传,员工很容易产生抵触情绪,认为团队的

图 3.10　优化团队文化建设的技巧

文化是空洞和虚伪的。因此,管理者应当通过具体的行为、政策和决策来体现文化的真实内涵,确保文化建设具有实质性内容。管理者应将企业的文化价值观融入团队文化的建设中,确保企业文化成为团队成员日常工作中的行为指南。

2. 防止单一文化的过度强调

在团队文化建设中,过度强调某一种文化价值可能会导致团队的多样性和创造力受到限制。一个健康的团队文化应当包容多样性,尊重不同的观点和背景,以便吸纳广泛的思想资源。单一文化可能会导致团队思维僵化,削弱创新能力,因此应注意文化建设的多样性和平衡性。

3. 兼顾文化与绩效的平衡

在推动文化建设的同时,企业应当注意保持文化与绩效目标之间的平衡。过分关注文化建设可能会导致忽视绩效管理,或者使文化建设与企业的绩效目标脱节。管理者应确保文化建设与企业战略目标一致,使文化成为提升团队绩效的动力,而非负担。

4. 有效处理文化冲突

在多元化团队中,不同的背景、经验和价值观可能会引发文化冲突。如果这些冲突得不到有效处理,可能会削弱团队的凝聚力和协作效率。管理者应及时识别和解决文化冲突,通过沟通、协调和培训,促进团队成员之间的相互理解和尊重,避免文化冲突带来的负面影响。

5. 保持文化的灵活性和适应性

团队文化并不是一成不变的,随着市场环境、行业变化以及企业发展阶段的不同,文化建设需要不断进行调整和优化。企业应保持文化建设的灵活性,及时响应内部和外部环境的变化,确保文化能够持续有效地引导团队行为,支持企业的长远发展。

6. 防止文化灌输

文化建设不应是自上而下的强制灌输,而应是一个团队共同参与、逐步形成的过程。强制推行某种文化可能会导致员工的反感和抵触情绪,削弱文化建设的效果。管理者应通过参与式的方式进行文化建设,鼓励员工参与讨论和决策,使文化成为团队成员共同的信仰和行为准则。

7. 持续关注与评估文化建设效果

文化建设是一个长期的过程,需要持续的关注和定期评估。企业应通过员工反馈、文化评估等方式,定期检查文化建设的效果,了解员工对文化的认同度和实施情况。根据评估结果,管理者应及时进行调整和改进,确保文化建设能够与企业发展同步推进。

"企业的成功与文化的深度紧密相关。"团队文化建设不仅是塑造团队精神的基础,更是增强团队凝聚力、激发创新力、提升责任感和塑造企业竞争力的重要途径。通过明确核心价值观、打造开放的文化氛围、开展团队建设活动、强化文化表彰与奖励机制以及建立持续反馈机制,企业可以有效优化团队文化建设,推动团队在激烈的市场竞争中立于不败之地。

第四章

人才管理篇

第一节 "三有"人才的标准

要使山谷肥沃,就得时常栽树,我们应该注意培养人才。

——(法国)约里奥·居里

一、案例导读

2002 年,刚从学校毕业的谢某某怀着无限憧憬来到国家电网某下属公司修试工区,新的环境,新的生活,新的同事,还有新的电气设备,一切都是新的。这一切对谢某某来说都是一种新鲜和挑战。业余的时间,她很爱看书,并从书上不断汲取知识。2009 年 8 月,谢某某第一次参加国家电网某下属公司变电检修技能竞赛。她很重视这个机会,经常看书到深夜,有时候连饭都顾不上吃,遇到不懂的地方做好记号,第二天就和老师傅进行探讨。"我要尽自己最大的努力做到最好,我要再向前一步。"正是这个"再向前一步",让她拿到了此次竞赛继电保护专业个人第一名的好成绩,从此一发不可收拾。她主创的《变压器吸湿器油杯拆卸工具的研制》《基于 1+5 联动的偏远山区变电站运维机制创新与实践》等多个项目,解决了遂昌电网各变电所分布散、路程远、运维人员紧张等问题,获得了不少奖项。2022 年,在谢某某的带领下,国家电网某下属公司薪火创客质量管理(QC)小组被评为全国优秀质量管理小组,小组成果先后荣获全国优秀质量管理(QC)成果一等奖、浙江省优秀质量管理(QC)成果一等奖,小组多人被评为浙江省青年工匠、丽电工匠等称号。在同事们看来,谢某某是一个极具韧劲、拼劲和干劲之人,她的成功充分诠释了"三有"人才的标准。

(资料来源:国网浙江电力:谢某某:像迎春花一样绽放,微博,2023 年 7 月 11 日,https://weibo.com/ttarticle/p/show?id=2309404922256278290996)

思考:

1. 谢某某的韧劲、拼劲和干劲如何在她的工作中体现?

2. 韧劲、拼劲和干劲这三种精神品质对个人和团队的成功有何重要性?

3. 如何在企业中推广"三有"人才的标准?

二、案例延伸

"我们最大的弱点在于轻易放弃,而最确定的成功方式就是再试一次。"谢某某的事迹表明,坚持不懈的韧劲、不断进取的拼劲以及持之以恒的干劲,乃是她成功的关键要素。这些品质不仅助力她个人成就卓越,也为企业和团队带来了杰出的贡献。

(一)"三有"人才标准的内涵

"三有"人才,即指具备有韧劲、有拼劲、有干劲的人才。这一标准不仅是对个人能力的全面要求,更是企业持续发展的重要基石。有韧劲,意味着在面对困难与挑战时能够坚韧不拔,勇于克服;有拼劲,体现在敢于挑战自我,追求卓越;有干劲,则是对工作充满热忱与投入,持续推动任务向前发展。

(二)"三有"人才的具体表现

1. 有韧劲

对刚毕业的谢某某来说,修试工区的工作是一项挑战。不仅有许多体力活要做,还需经常前往变电站进行设备检修维护。遂昌山区乡间的道路蜿蜒曲折,对于会晕车的她无疑是一种严峻考验。恰在那段时间,35千伏遂昌金矿变进行改造,变电站向无人值班模式转变,时间紧迫、工作量巨大,还有诸多技术难题亟待解决。

"困难就如同弹簧,你强它就弱。"

图 4.1 "三有"人才的具体表现

谢某某秉持不懂就问、不懂就学的态度,利用闲暇时间为自己"充电",并从书籍中不断汲取知识。她与同事们起早贪黑,吃住在变电站,硬是用 23 天时间完成了 35 千伏遂昌金矿变改造,比预计时间提早了 12 天。她十年如一日,兢兢业业奋战在遂昌电网继电保护第一线,凭借扎实的专业技能、丰富的工作经验以及大胆的创新精神,获得多个质量管理、群创项目荣获市、县电力局创新成果奖。

2. 有拼劲

"变电检修学问高深莫测,要想干出一番名堂,必须下苦功夫钻研进去。"阅读的书籍越多,就越能察觉到自身的不足。谢某某一方面学习书本上的理论知识,另一方面对照着老师傅们的培训实践,将"多学、多问、多记、多干"这八个字牢牢铭记于心。

在工作中遇到难题，谢某某喜欢刨根问底，有时甚至会把老师傅都问得哑口无言。这种执着的求知精神也深深打动了老师傅们，大家纷纷将自己的"绝活儿"传授给她。也正是这种坚韧不拔的"拼劲"，一直支撑着她朝着更远的目标迈进。

在担任国家电网某下属公司调控分中心主任工作后，谢某某又进一步强化生产技能，针对遂昌电网网架基础薄弱、设备年限长、抗扰动能力差等问题，积极推进单线单变变电站跨电压等级备自投安装，降低单线单变变电站全站失压的电网风险，提高电网"自愈"能力，同时深化小电流接地选线装置数智应用，提升变电站源端选线准确性，进一步提高供电可靠性。

3. 有干劲

在修试工区，谢某某一干就是 18 年。2016 年，以谢某某名字命名的工作室成立，她也完成了从徒弟到师傅的身份转变。她时常对徒弟们说："变电检修是个细致活儿，工作时需心无旁骛、全神贯注。干技术就要从简单的学起，由易到难、循序渐进。"

"师者，所以传道授业解惑也。"谢某某作为青年员工成长道路上的"引路人"，鼓励班组青年员工学习新技术、钻研新业务，形成比学赶超的良好氛围，共同进步。

2017 年，谢某某工作室被国家电网某下属公司评为劳模工作室，2022 年 12 月又被续评为 A 级劳模创新工作室。

2022 年，在谢某某的带领下，国家电网某下属公司薪火创客质量管理（QC）小组被评为全国优秀质量管理小组，小组成果先后荣获全国优秀质量管理（QC）成果一等奖、浙江省优秀质量管理（QC）成果一等奖，小组多人被评为浙江省青年工匠、丽电工匠等称号，取得了人才培养和科技创新的"双丰收"。

（三）如何培养"三有人才"？

1. 构建挑战性环境

企业应通过设定具有挑战性的目标和任务，激发员工的潜能与斗志，培养他们面对困难时的韧劲和拼劲。

2. 营造积极氛围

建立积极向上的企业文化，鼓励员工勇于尝试、敢于创新，同时给予他们充足的支持和资源，让他们在实践中不断锤炼自己的干劲。

3. 提供成长机会

为员工提供多元化的培训和发展机会，帮助他们不断提升自己的专业能力和综合素质，从而更好地适应企业和市场的需求。

正如爱迪生所言："天才是百分之一的灵感，加上百分之九十九的汗水。"在激烈的市场竞争洪流中，企业要破浪前行、独树一帜，离不开那些兼具韧劲、拼劲与干劲的"三有"精英。这些宝贵的人才不仅是个人成长的驱动力，更是企业长远发展不可或缺的基石。因此，管理者在慧眼识才与精心育才的过程中，应将"三有"标准视为重要标尺，确保从基层到高层的每一个岗位都汇聚着推动企业持续成功的核心力量，共同铸就企业的辉煌未来。

第二节　人才管理：构建高效团队的关键

优秀的领导者能够把一群平凡的人组织起来，形成一支不可战胜的团队。

——（美国）乔治·华盛顿

一、案例导读

在全球科技行业领域，微软公司被广泛认为拥有非常成功的人才管理体系。比尔·盖茨认为，员工乃是公司最为宝贵的资产，而人才管理则是公司成功的核心要素。通过严格的招聘流程，微软选拔出最具潜力与能力的员工，并借助完善的培训和发展计划，将这些人才培育成为技术专家和行业领导者。微软还高度注重团队建设，鼓励员工进行合作与创新，确保每个团队成员在实现个人目标的同时，为公司的整体发展贡献力量。

（资料来源：刘茗溪.图解管理学一本通［M］.北京：中国华侨出版社，2016.）

思考：

1. 微软公司如何通过人才管理体系打造高效团队？

2. 人才管理在企业长期发展中的重要性体现在哪些方面？

3. 如何将微软的成功经验应用到其他企业的人才管理中？

二、案例延伸

"管理的本质在于组织人力资源，以最佳的方式达成目标。"微软公司的成功表明，科学而有效的人才管理乃是构建高效团队的关键所在。通过系统化的选拔、培养、激励与管理，企业能够激发员工的潜力，推动团队不断取得卓越的成绩。

（一）人才管理与高效团队建设的关系

人才管理是企业战略管理的重要组成部分，它不仅决定了企业能否吸引和保留优秀人才,还直接影响着团队的效率和协作水平。通过科学的人才管理,企业可以确保团队成员的技能、经验和性格相互补充,从而形成一个协作顺畅、执行力强的高效团队。有效的人才管理还能够增强员工的归属感和责任感,使他们更愿意为团队的成功而努力奋斗。

(二)构建高效团队的人才管理特点

1. 明确的目标

高效团队的成员能够清晰地理解共同目标,认可各自被分配的任务。

2. 良好的沟通

高效团队的成员间具备良好的沟通机制和顺畅的沟通渠道。团队成员间能够及时、清晰地表达自己的观点,沟通效率高。

3. 相互信任

高效团队的成员间相互信任,认可彼此的能力和价值,团队包容性强。

图 4.2 构建高效团队的人才管理特点

4. 分工协作

高效团队能够根据成员的优势和特长进行合理分工,让每个人都能在自己擅长的领域发挥作用。在分工时注重团队协作,形成有机整体。

5. 优秀的领导

高效团队具备优秀的领导,能够为团队明确方向,激发成员的工作热情,协调资源,确保工作顺利开展,并具备良好的沟通、决策和团队建设能力。

6. 不断学习

高效团队的团队成员具备持续学习和创新的意识,主动提升知识和技能,适应环境变化。

(三)构建高效团队的实施策略

1. 明确团队目标

团队领导应与成员共同制定具体、可衡量的目标,确保目标与组织战略一致,并能够激励成员。定期回顾和调整目标,使其与实际情况相符,鼓励成员将个人目标与团队目标相结合,推动团队与个人共同发展。

2. 选拔合适的成员

根据团队需求,选拔具备必要技能和合作精神的成员。除了专业能力之外,还应考察沟通、学习和适应能力。通过定期评估,确保成员与团队目标相匹配,及时解决不匹配问题,提升团队整体实力。

3. 建立良好的沟通机制

营造开放、透明的沟通环境,建立定期会议、讨论和一对一沟通等渠道,确保信息流畅传递,培养成员的倾听和表达能力,及时解决问题和冲突,不断改进沟通机制。

4. 培养团队合作精神

组织团队建设活动,如户外拓展、团队聚餐、文化活动等,增强成员之间的感情和信任。鼓励成员之间相互帮助、支持和协作,共同解决问题。通过设立合作项目、小组任务等方式促进团队合作。培养成员的团队意识,让他们明白团队的成功离不开每个人的努力,只有相互合作才能实现共同目标。及时表彰和奖励团队合作的优秀表现,树立榜样,激励其他成员积极参与团队合作。

5. 明确角色和职责

明确每个成员在团队中的角色和职责,避免职责不清和重复劳动。可以通过制定岗位说明书、工作流程等方式来明确。根据成员的能力和特长,合理分配工作任务,确保每个人都能发挥自己的优势。定期对角色和职责进行评估和调整,以适应团队的发展和变化。鼓励成员之间相互了解彼此的角色和职责,以便更好地协作和配合。

6. 提供支持和资源

为团队提供必要的物质资源,如办公设备、资金、技术等,确保团队能够顺利开展工作。提供培训和学习的机会,帮助成员提升能力和素质,适应团队的发展需求。给予团队成员情感上的支持,关心他们的工作和生活,帮助解决遇到的困难和问题。协调与其他部门或团队的关系,为团队争取更多的支持和资源。

7. 激励和奖励

建立合理的激励机制,包括薪酬激励、晋升激励、荣誉激励等,奖励团队成员的优秀表现。设定明确的绩效标准,让成员清楚工作目标和要求,以及如何获得奖励。及时给予成员反馈和表扬,让他们感受到工作得到认可和重视。激励机制应公平、公正、透明,避免出现不公平现象,影响成员积极性。

8. 持续学习和改进

鼓励团队成员不断学习新知识和技能,提供学习资源和机会。定期组织分享和交流活动,总结经验教训,推动团队持续改进和创新发展。

团队合作是一个组织成功的基石。构建高效团队是企业实现长期发展的关键。通过科学的人才管理,企业可以确保团队成员的能力和资源得到最佳配置,增强团队的凝聚力和执行力。优秀的人才管理不仅能够提升团队的工作效率,还能为企业在竞争激烈的市场中赢得优势地位。管理者应不断优化人才管理策略,以确保企业能够持续发展,团队能够不断取得更大的成就。

第三节　企业管理中不可或缺的"三类人才"

要想成功,一个人必须学会利用所有的资源,尤其是他人的智慧和经验。

——(美国)戴尔·卡耐基

一、案例导读

A 公司一位负责人，在团队工作群里，罕见地发了一条消息：

"@所有人：最近有三四位同事迟到的情况愈发严重，9 点上班，可接近 9∶30 了还见不到人。在此提醒大家：珍惜自己的时间，关注自身的效率，切勿轻视工作。说到底，你们都是在为自己而努力，并非为公司。若有事，需提前申请请假。也请各位负责人明确强调：争做人才有出路，争做废材必淘汰！"

A 公司的这一现象在许多企业或部门中都时有出现，那么此时就不得不思考一个问题，即"争做人才有出路"，那么，究竟什么样的人可称之为"人才"呢？

（资料来源：切斯特·巴纳德. 组织与管理[M]. 北京：中国人民出版社，2009.）

思考：

1. 能管好别人的人才需要具备哪些具体能力？

2. 能管好自己的人才在工作中有哪些具体表现？

3. 为什么是电力企业？企业应该如何根据人才层次分类来进行人才管理？

二、案例延伸

南加州大学校长史蒂·B·桑普尔在《卓越领导的思维方式》中曾经提到一个"哈利规则"。根据哈利规则，如果最高领导者的综合能力只有 90%，那么他将雇佣相当于自己能力 90% 的人——即这些人的绝对能力为 81%。依次类推，这些绝对能力为 81% 的人所雇用的人的绝对能力就会降为 66%，到了企业第四层，雇员的综合能力绝对值只有 43%。这样的结果是非常令人震撼的：一个领导如果不能擅于任用人才，那么整个团队的综合能力将会直线下降。

松下幸之助曾被问道："成为经营者的条件是什么？"他回答道："经营者要善于任用比自己能力更强、天分不同的人才。"从现代企业管理的角度出发，人才可以划分为三个基本层次：能管好别人的人才、能管好自己的人才、能被管理好的人才。[①]

---

① 申望. 中层领导实用全书[M]. 北京：中国致公出版社，2007.

图 4.3　企业管理中不可缺的"三类人才"

（一）能管好别人的人才

能管好别人的关键，并非单纯的"管"，而是通过"管"促使别人更好地开展工作。能管好别人的人才不只是进行"管"，更是通过"管"助力团队成员更好地工作，实现个人与团队的双重成长。这类人才通常具备以下五项关键能力：

（1）帮助设定目标：此类人才能够为团队成员设定明确且切实可行的目标。他们拥有出色的规划能力，能够依据团队的整体战略，将宏大目标分解为每个成员可执行的小目标，确保每个人都有清晰的工作方向。

（2）帮助制定计划：他们能够为团队成员制定详尽的工作计划，并且能够灵活应对变化，及时调整计划，以确保团队目标能够顺利达成。在制定计划时，他们会综合考虑资源配置、时间管理以及团队成员的特点，使得每一步都能有效推进。

（3）监督进展：能管好别人的人才擅长监控团队工作进展，及时察觉问题，并提供解决方案。他们具备敏锐的观察力和强大的问题解决能力，能够在问题初现端倪时采取有效措施，防止问题扩大化。

（4）帮助拿到成果：他们懂得如何协调资源、调动团队力量，帮助团队成员克服困难，顺利完成任务。这类人才善于利用企业内部和外部的资源，确保团队能够在既定时间内交付高质量的工作成果。

（5）帮助获得评价：他们还会为团队成员提供及时的反馈和公正的评价，助力成员在工作中不断提升。通过有效的绩效评估和发展计划，这类人才能够激发团队成员的潜力，帮助他们持续进步。

能管好别人的人是企业中极为宝贵的管理人才，他们不仅推动团队高效运作，更是企业文化和团队精神的重要塑造者。

（二）能管好自己的人才

一个连自己都管不好的人，无法管理团队，也难以成为更高级的人才。管好自己，意味着在自我要求和自我激励方面树立高标准。具体表现为：

（1）清晰的个人目标：能管好自己的人才总是拥有明确的个人目标，并且在每个阶段都能设定适合自己的具有挑战性的任务。他们善于规划自己的职业生涯，并通过持续努力达成目标。

（2）高标准执行：无论任务难易程度如何，能管好自己的人才始终保持高标准执行。他们不满足于仅仅完成任务，而是力求做到极致，追求卓越。

（3）主动遵守规章：这类人才具有高度的纪律性，能够主动遵守企业的规章制度，并且无须外界的强制约束。他们以身作则，展现出强烈的职业操守和责任感。

（4）传递正能量：即便在最为艰难的情况下，能管好自己的人才依然保持乐观态度，并向周围同事传递正能量。他们不仅自己不消极，还能带动团队保持积极向上的氛围。

管好自己的人才，深知工作不仅是为了团队，更是为了自身的成长。他们通过自我管理，不断提升自己的价值，迈向精英阶层。

（三）能被管好的人才

这类人才虽然缺乏明确的个人目标和自我管理能力，但他们具有强烈的执行力。特点如下：

（1）按时完成任务：这类人才有着强烈的执行意识，他们会严格按照上级的指示完成任务，从不拖延或找借口。

（2）坚决服从指令：他们对上级的指令高度服从，能够在任务繁重的情况下保持高效执行。他们是团队中的执行者，能够确保团队的日常运作顺利进行。

（3）乐观耐劳：能被管好的人才通常性格乐观，愿意接受挑战，并且具备很强的吃苦耐劳精神。他们能够在高压力环境下工作，始终保持积极态度。

虽然他们不能管理他人，但在合格管理者的指导下，他们是企业执行力的坚实基础。正是这些默默无闻的员工，构成了企业稳定发展的基石。

"人才是企业的核心竞争力，也是企业长远发展的根本所在。"企业管理者应识别并培养三类人才：能管好别人的领导者、能管好自己的自律者以及能被管好的执行者。通过正确识别和管理不同层次的人才，企业可以打造一个高效、协作的团队，为企业的长久发展奠定坚实的基础。

第四节　人才管理：企业成功的基石

将我所有的工厂、设备、市场、资金全部夺去，但是只要保留我的组织、人员，四年以后，我将仍是一个钢铁大王。

——（美国）安德鲁·卡内基

一、案例导读

华为公司作为全球首屈一指的信息与通信技术解决方案提供商,在全球范围内拥有超过19万名员工。华为创始人任正非曾多次着重强调,华为的成功不仅仅在于其卓越的技术创新,更关键在于对人才的高度重视与科学管理。华为每年都会投入巨额资金用于员工的培训与发展,并且建立了极为完善的人才激励机制和职业发展通道。通过大力推行"奋斗者文化",华为成功激发了员工的巨大潜力与非凡创造力,使其在异常激烈的市场竞争中始终保持着领先地位。

华为的成功案例不但充分展示了人才管理在企业发展进程中的至关重要性,同时也引发了我们对于如何切实有效地进行人才管理的深入思考。那么,企业究竟应该如何通过行之有效的人才管理来确保自身的成功以及持续稳定的发展呢?

(资料来源:程东升,刘丽丽.华为经营管理智慧[M].北京:当代中国出版社,2005.)

思考:

1. 华为公司是如何通过人才管理来保持其在市场中的竞争力的?

2. 有效的人才管理对于企业的长期发展意味着什么?

3. 企业在进行人才管理时应重点关注哪些方面?

图4.4 人才管理的核心要素

二、案例延伸

用人之长,天下无不可用之人;用人之短,天下无可用之人。企业的成功决然离不开对人才的有效管理,而有效的人才管理并不仅仅局限于招聘和培养员工,它更涉及如何充分发挥每个人的潜力,使其与企业的发展目标高度一致。人才管理的核心要素涵盖识才、育才、用才、留才这四个方面,它们相互依存、相辅相成,共同有力地推动着企业的蓬勃发展。

（一）识才：慧眼识珠

识才乃是人才管理的首要步骤。企业需要具备一双敏锐的慧眼，能够精准无误地识别出那些具备巨大潜力和卓越能力的人才。这绝不仅仅是通过简单的简历审查和面试来进行判断，更为重要的是通过多维度的考察来全面深入地了解候选人。例如，通过精心设计的情景模拟、细致入微的行为面试以及科学合理的心理测评等手段，企业可以更加深入地了解候选人的价值观、团队合作精神、学习能力以及应对复杂问题的能力。

识才的过程还包括在企业内部发掘那些潜在的优秀人才。企业内部很可能已经存在一些具有极大发展潜力但尚未被充分挖掘的员工，通过内部推荐、全面深入的绩效评估等方式，企业可以成功发掘并精心培养这些潜在的优秀人才。最终，识才不仅仅是发现那些已经具备高能力的人，更是要发现那些具备强大成长潜力、能够为企业的长期发展做出卓越贡献的人。

（二）育才：个性化培养

人才培养是确保人才持续成长并为企业创造更大价值的关键环节。企业应当根据每位员工的独特特点和具体需求，制定个性化的培训计划和职业发展路径。个性化培养不仅包括定期的专业技能培训，还应当涵盖领导力发展、跨部门合作技能、创新思维培养等多个方面的内容。

此外，企业可以通过建立完善的导师制度为员工提供一对一的悉心指导和有力支持，让那些经验丰富的员工帮助新员工快速融入团队并切实提升自身能力。轮岗制也是一种极为有效的育才手段，通过让员工在不同的岗位上积累丰富的经验，可以帮助他们更加全面地理解企业的运作模式，并为未来的职业发展奠定坚实的基础。通过提供多元化的学习资源和广阔的发展平台，企业能够充分激发员工的潜力，使其在工作中不断取得进步。

（三）用才：人尽其才

用才的关键在于将合适的人放置在合适的岗位上，使其能力和才华能够得到最大限度的发挥。为了实现这一目标，企业需要建立起科学合理的用人机制。首先，企业应当根据岗位的具体需求和员工的特长进行合理的匹配，使员工能够在最适合自己的岗位上充分发挥作用。其次，企业应制定公平、公正的绩效考核和晋升机制，让每位员工都能够清晰地看到自己努力的方向和上升的空间。

在用才的过程中，企业还应当鼓励员工自主创新和独立思考，让他们在自己的岗位上不仅仅是机械地完成任务，而是能够主动地发现问题、提出切实可行的解决方案并加以有效实施。这样，员工的工作不仅能够为企业创造巨大的价值，也能够带来强烈的个人成就感和职业满足感，从而极大地增强对企业的忠诚度和归属感。

（四）留才：增强归属感

留住人才是企业长期发展的重要保障，而要留住优秀人才，企业必须从多个方面入手。首先，企业应当建立健全完善的薪酬和福利体系，确保员工在物质上得到充分的保障和有力的激励。除此之外,企业还应当高度关注员工的职业发展,通过设立明确清晰的职业发展路径和晋升机制,给予员工看得见的发展前景。

此外,企业文化在留才方面也起着至关重要的作用。营造一个积极向上、相互尊重、全力支持的工作环境,让员工感到自己不仅仅是企业的一部分,更是被企业所高度重视和充分认可的一员。通过丰富多彩的团队建设活动、贴心周到的员工关怀计划、灵活多样的工作安排等方式,企业可以极大地增强员工的归属感和忠诚度,减少人才流失,保持团队的稳定性和持续竞争力。

企业的成功不仅仅依赖于良好的市场环境和先进的产品技术,更为关键的是如何有效地管理和充分利用人才。"用人如器,各取所长。"通过识才、育才、用才、留才这四个核心要素,企业能够成功打造一支高效、忠诚的团队,为企业的持续成功提供强有力的支持。人才管理是企业成功的基石,只有高度重视和善用人才,企业才能在激烈的市场竞争中脱颖而出,保持领先优势。

第五节 善用"雷尼尔效应"吸引和留住人才

一个优秀的企业不仅要提供丰厚的薪资,还要提供让员工心灵安宁的工作环境。

——(美国)彼得·德鲁克

一、案例导读

美国西雅图的华盛顿大学曾计划修建一座体育馆,然而这一消息传出后,教授们纷纷表示强烈反对。最终,校方顺从了教授们的意愿,取消了这项计划。教授们反对的原因在于,一旦体育馆建成,将会挡住教职员工餐厅窗外那美丽如画的华盛顿湖景。校方之所以如此尊重教授们的意见,是因为与美国教授的平均工资相比,华盛顿大学教授的工资低了大约 20%。教授们愿意接受较低的工资而不跳槽去其他大学,正是因为他们深深留恋西雅图的湖光山色。西雅图地处太平洋沿岸,周围环绕着如华盛顿湖等大大小小的水域,在天气晴朗的时候,还可以眺望到美国最高的雪山——雷尼尔山。为了这迷人的景色,教授们甘愿放弃更高的收入机会,这种现象被华盛顿大学经济系的教授们戏称为"雷尼尔效应"。

(资料来源:赵丽荣.职场心理魔法书[M].上海:上海科学普及出版社,2012.)

思考:

1. 为什么教授们愿意接受较低的工资而留在华盛顿大学?

2. 华盛顿大学尊重教授们意见的原因是什么?

3. 企业应该如何运用"雷尼尔效应"来吸引和留住人才?

二、案例延伸

在现代企业管理中,"雷尼尔效应"绝非仅仅是一个关于美丽景色的故事,它更深刻地揭示了如何通过创造极具吸引力的文化氛围来吸引和留住人才。

(一)"雷尼尔效应"的内涵

"雷尼尔效应"是指优质的工作环境和文化氛围对员工具有极其强大的吸引力,这种吸引力在某些时候甚至会超越物质报酬所带来的激励作用。它着重强调企业除了提供具有竞争力的薪酬福利之外,还应当高度关注员工的工作体验以及成长环境,以全面提升员工的满意度和忠诚度。

图 4.5 用"雷尼尔效应"吸引和留住人才

(二)"雷尼尔效应"产生的原因

1. 物质需求的满足

当员工的基本生活需求得到充分满足后,他们会更加关注工作环境以及精神层面的需求。在这种情况下,一个舒适、安全、和谐的工作环境能够让员工感到愉悦和满足,进而极大地提高他们的工作积极性和效率。

2. 对美好环境的追求

人们都向往美好的自然环境和人文环境,这些环境能够给人带来愉悦感和满足感。在企业中,如果能够提供一个优美的工作环境、良好的人际关系以及积极向上的企业文化,员工会更愿意留在这样的企业中工作。

3. 企业文化的吸引力

优秀的企业文化能够让员工产生强烈的认同感和归属感,从而愿意长久地留在企业中。企业文化是企业的灵魂所在,它能够充分体现企业的价值观、经营理念和发展目标。当员工认同企业的文化时,他们会更加努力地工作,为实现企业的目标而奋力拼搏。

(三) 善用"雷尼尔效应"吸引和留住人才

1. 亲和的文化氛围

出色的企业家深知,仅仅靠高薪并不足以吸引和留住最优秀的人才。例如,全球领先的商务旅行管理公司卡尔松旅游公司总裁纳尔逊女士,凭借着她的非凡魅力和卓越智慧,不仅为员工提供了丰厚的薪资,还成功建立了一个温暖人心的工作环境。公司为员工提供一周的带薪休假,对好的建议和出色的工作给予丰厚奖励,甚至设立了内部幼儿园。这些举措不仅极大地增强了员工的工作满意度,还成功培养了员工对公司的高度忠诚度。同样地,国内知名企业红豆集团通过"加心"策略留住人才。除了提高工资之外,红豆集团还在情感、文化、福利等方面进行了大量投入。通过丰富多彩的娱乐生活、合理的职位晋升空间以及对员工的贴心情感关怀,红豆集团成功地将员工的个人利益与企业利益紧密结合在一起,让员工感受到家的温暖,从而大大提升了员工的工作积极性。

2. 加薪与"加心"并重

在薪酬管理方面,"雷尼尔效应"同样适用。当工资达到了基本生活需求后,员工对工作环境的舒适度、企业文化的认同感、职业发展的空间等因素会变得更加重要。例如,通过提供职业发展机会和增强企业文化认同来替代单纯的薪酬增长。这种"加薪"与"加心"并重的策略,可以最大限度地吸引和留住人才,为企业的长远发展奠定坚实的基础。企业要想吸引和留住优秀的人才,除了提高薪资水平之外,更要加大对员工的精神关怀,营造一个温馨、包容的企业文化氛围。只有这样,员工才能在工作中找到强烈的归属感,并愿意为企业的成功而努力奋斗。

3. 构建良好的人际关系网络

企业应当加强内部沟通与交流,建立和谐的人际关系网络。通过组织丰富多彩的团建活动、开展员工互助计划等方式,增强员工之间的友谊和信任感,提高团队的凝聚力和战斗力。

企业最好的资产是人。企业要想吸引和留住人才,就必须高度重视"雷尼尔效应",通过营造良好的环境和文化,满足员工的需求,让员工感受到企业的关爱和尊重。只有这样,企业才能拥有一支稳定、高素质的人才队伍,实现可持续发展。

第六节　人才战略：如何构建企业核心竞争力

企业的竞争最终是人才的竞争,谁拥有一流的人才,谁就拥有了核心竞争力。

——(中国)任正非

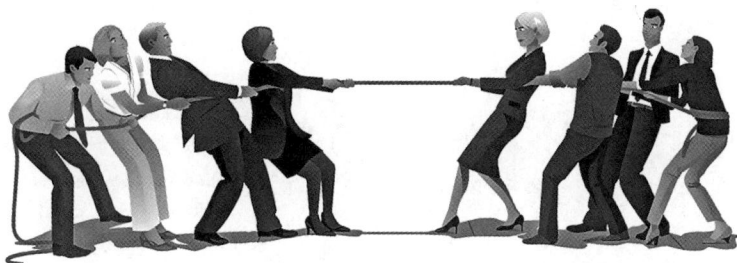

一、案例导读

在全球科技领域的激烈竞争中,华为公司犹如一颗璀璨的明星,凭借其强大的研发能力和持续创新的精神,迅速崛起成为国际一流的科技企业。华为之所以能够在如此白热化的市场竞争中脱颖而出,关键在于其始终坚定不移地坚持以人才为本的战略。华为每年都会将10%以上的收入投入到研发领域,这一举措不仅成功吸引了大批顶尖的科技人才,还通过其完善的内部培养机制,不断提升员工的创新能力和技术水平。正是这种强大无比的人才战略,使得华为在5G技术、人工智能等前沿领域始终保持着全球领先的地位,成功构建起了强大的核心竞争力。

(资料来源:陈雨点.华为人才管理之道[M].北京:人民邮电出版社,2020.)

思考:

1. 华为的人才战略有哪些特点?

2. 人才战略如何促进企业的技术创新?

3. 企业应该如何制定和实施有效的人才战略?

二、案例延伸

"管理的本质是激发人的潜能,让每个人都能发挥出最大的价值。"在华为的生动案例中,我们可以清晰地看到,正是通过科学合理的人才战略,华为才能够充分挖掘和利用人才的巨大潜力,始终保持企业在激烈竞争中的领先地位。

（一）人才战略的概念

人才战略是指企业通过系统性地选拔、培养、使用人才和激励措施,确保企业拥有能够适应其发展需求的高素质人才队伍,从而构建和保持企业的核心竞争力。人才战略不仅是企业人力资源管理的重要组成部分,更是企业战略管理的关键环节。通过科学有效的人才战略,企业可以实现人才资源的最优配置,为企业的可持续发展提供坚实可靠的人力保障。

人才战略涉及多个层面,包括人才的选拔、培养、使用和保留等方面。企业在制定人才战略时,需要充分考虑自身的发展战略、市场环境以及竞争态势,确保人才战略能够有效支撑企业的长期目标和发展规划。

（二）人才战略的特点

图 4.6　人才战略的特点

1. 长期性

人才战略具有显著的长期性,企业在制定和实施人才战略时,需要充分考虑到未来几年甚至几十年的发展需求。通过长远的规划布局,确保企业能够持续不断地吸引和培养高素质人才,满足企业在不同发展阶段上的用人需求。

2. 系统性

人才战略是一项庞大的系统工程,涵盖了人才的选拔、培养、使用和保留等多个环节。企业需要从全局出发,统筹规划各个环节,确保人才战略的系统性和整体性,避免因局部问题而影响整体效果。

3. 动态性

市场环境和技术的快速变化要求企业的人才战略具有高度的动态性。企业应根据内外部环境的变化,适时调整人才战略,保持其与企业发展战略的一致性和适应性。

4. 创新性

现代企业的竞争不仅仅是产品和服务的竞争,更是创新的竞争。人才战略必须充分体现创新性,通过引进和培养创新型人才,提升企业的创新能力,保持企业在市场中的领先地位。

(三)重塑企业核心竞争力的人才战略实施策略

1. 精准定位关键岗位与核心人才

企业的首要任务是精确识别出推动其核心竞争力提升的关键岗位和核心人才。通过详尽深入的岗位剖析与人才价值评估,锁定对实现企业战略目标具有决定性作用的岗位与人才,从而集中资源优化这些领域的人才配置。

2. 构建高效人才选拔体系

建立多维度、全方位的人才选拔机制,确保选拔过程公平、公正且高效。融合面试、能力测评、背景调查等多种手段,全面评估候选人的能力、潜力以及与企业文化的契合度,选拔出最适合企业需求的人才。

3. 推行定制化人才培养路径

基于企业战略发展需求,设计并实施涵盖各层级、各岗位的专业技能培训、在职实践、轮岗锻炼等多元化个性化的人才培养方案,促进员工能力全面提升。同时,结合内部培养与外部引进策略,确保企业人才梯队的连续性和稳定性。

4. 构建全面激励体系

构建包含物质奖励与精神激励在内的多元化激励机制。通过设立奖金、股票期权、职业晋升路径、荣誉表彰等多种方式,满足员工不同层次的需求,以激发员工的积极性和创造力,促使他们为企业的长远发展贡献力量。

5. 培育积极向上的企业文化

通过营造积极向上的工作氛围,打造开放、包容、创新、协作的企业文化环境,增强员工的归属感和认同感,提升员工满意度和忠诚度,吸引并留住更多优秀人才。

6. 优化人才流动与保留策略

持续关注核心人才的职业发展动态和满意度,通过定期评估与反馈机制,为表现突出的核心人才提供更具吸引力的职业发展机会和激励措施,及时调整和优化人才管理策略,确保他们长期服务于企业,共同推动企业的持续发展。

7. 保持人才的多样性

鼓励多元化思维不仅限于性别、年龄或文化背景,更重要的是要包容不同的思维方式和问题解决能力。企业应打造一个包容的文化氛围,使来自不同背景和持有不同观点的人才能够自由表达和合作,从而最大化团队的创造力和协作力,进而带来更丰富的创新思维,增强企业的竞争力。

"人才是企业最宝贵的财富。"企业要在激烈的市场竞争中脱颖而出,必须高度重视人才战略的制定和实施。通过识别关键岗位和核心人才、建立科学的人才选拔机制、实施全面的人才培养计划、制定激励机制、营造良好的企业文化,以及优化人才流动与保留机制,企业能够构建起强大的核心竞争力,为企业的持续发展奠定坚实的基础。

第七节　人才管理的艺术：平衡招聘与培养

培养一个人才和引进一个人才同样重要,因为企业的成长依赖于内外力量的共同作用。

——（日本）松下幸之助

一、案例导读

阿里巴巴作为中国首屈一指的电子商务公司之一,一直在全球范围内积极招聘顶尖人才,以此确保其在技术和市场上的领先地位。然而,阿里巴巴绝非仅仅依赖于外部招聘,还极为注重内部人才的培养。阿里巴巴每年都会投入大量的资源在内部员工的培训和发展上,例如设立了阿里学院,精心开设各种管理课程和技能培训,旨在帮助员工不断提升自我,更好地适应快速变化的市场需求。通过这种招聘与培养并重的策略,阿里巴巴得以持续创新,并成功保持了在全球市场的竞争优势。

（资料来源：陈伟.阿里巴巴人力资源管理[M].苏州：古吴轩出版社,2017.）

思考：

1. 阿里巴巴是如何通过招聘与培养并重的策略保持市场竞争力的？

2. 企业在招聘与培养人才时应如何找到平衡点？

3. 如何评估招聘与培养的效果,以确保企业人才战略的成功？

二、案例延伸

"人才是企业成长的根本动力。"在阿里巴巴的案例中,我们清晰地看到了平衡招聘与培养的至关重要性。要实现企业的长远发展,不仅需要从外部引进新鲜血液,更需要从内部挖掘和培养潜力人才。

（一）精准招聘：寻找最合适的拼图

1. 明确需求

在正式启动招聘流程之前，企业需要进行深入细致的岗位分析，明确每个职位所需要的核心能力、技能集合、工作经验以及未来的发展方向。这其中包括制定详细的能力模型，涵盖专业技能、软技能、领导力等多个方面，确保招聘标准与企业战略目标和业务需求紧密相关。通过明确岗位需求，企业能够更加精准地定位所需人才，避免盲目招聘带来的资源浪费。

2. 多元化渠道

为了吸引更为广泛的人才群体，企业应当充分利用多元化的招聘渠道。社交媒体平台如 LinkedIn、微博等，可以用于发布职位信息，吸引主动求职者和潜在候选人的关注；专业招聘网站则提供了丰富的简历库和精准的搜索功能，有助于快速锁定目标人才；校园招聘活动则是发掘潜力新人的重要途径，通过与学生群体的互动，企业可以培养并储备未来的领导者；此外，内部推荐机制也是不可忽视的一环，员工的推荐往往能够带来更高质量的候选人，同时增强团队间的信任和凝聚力。

3. 科学评估

在候选人筛选和面试过程中，企业应采用科学、全面的评估方法。结构化面试能够确保每位候选人接受相同标准的评价，减少主观偏见的影响；能力测试则能直观地展示候选人的专业技能和知识水平；背景调查则有助于核实候选人的工作经历和职业素养，降低用人风险。试用期观察是评估候选人是否适合企业文化的关键环节，通过实际工作表现，企业可以更全面地了解候选人的能力和潜力。

（二）强化培养：激发内部潜能

1. 个性化发展计划

企业应根据每位员工的兴趣、能力和职业规划，量身定制职业发展计划。这包括设定明确的职业目标、规划职业发展路径、提供针对性的技能培训等。导师制度是一种有效的培养方式，通过经验丰富的导师指导，新员工能够更快地适应工作环境并提升专业能力。轮岗体验则有助于员工拓宽视野、了解不同部门的运作方式，为未来的职业发展打下坚实的基础。

2. 营造学习氛围

企业应积极营造学习型组织的氛围，鼓励员工持续学习、不断进步。内部培训是提升员工能力的重要途径，通过定期组织专业技能培训、管理培训课程等，提升团队的整体素质。同时，企业还可以邀请行业专家进行外部研讨会或讲座，为员工提供更多元化的学习机会。在线课程则以其灵活性和便捷性受到员工的欢迎，企业可以鼓励员工利用业余时间进行自我提升。

3. 激励机制

为了激发员工的积极性和创造力，企业应建立完善的激励机制。绩效考核是评估员工工作表现的重要手段,通过设定明确的目标和指标,对员工的工作成果进行量化评价。晋升路径则为员工提供了明确的职业发展方向和上升通道,让他们看到自己在企业中的未来。股权激励则是一种长期激励方式,通过让员工持有企业股份或期权等方式,将员工的利益与企业的长期发展紧密捆绑在一起。

(三)平衡的艺术:策略与实践

图 4.7　人才管理的策略与实践

1. 动态调整

在招聘与培养的过程中,企业应根据业务发展阶段、市场环境变化以及人才结构现状进行动态调整。例如,在业务快速扩张阶段,企业可能需要加大招聘力度以快速补充人才;而在业务稳定期,则更注重内部人才的培养和提升。同时,企业还应关注人才市场的变化趋势和竞争对手的人才策略,确保自己的招聘与培养计划具有前瞻性和竞争力。

2. 文化融合

无论是通过招聘引入的新人还是内部培养的员工,都应注重企业文化的传承与融合。企业可以通过入职培训、团队建设活动等方式向新员工传达企业文化和价值观;同时鼓励内部员工积极参与企业文化的传播和建设活动。通过文化融合,企业可以增强团队凝聚力和向心力,确保每位员工都能够认同并践行企业的核心价值观。

3. 持续沟通

建立有效的沟通机制是确保招聘与培养工作顺利进行的关键。企业应定期与员工进行面对面的交流或通过员工满意度调查等方式了解他们的需求和期望。在沟通过程中,企业应真诚倾听员工的意见和建议,为他们提供必要的支持和帮助。通过持续沟通,企业可以增强员工的归属感和忠诚度,促进企业与员工之间的共同成长和发展。

人才是企业的核心竞争力。在现代企业管理中,如何平衡招聘与培养,是每个企业必须面对的重要课题。通过明确岗位需求、制定综合性人才策略、建立评估机制以及促进内部人才流动和晋升,企业可以在招聘与培养之间找到最佳的平衡点,确保企业在激烈的市场竞争中始终保持领先地位。

第八节 人才管理的心理学：理解员工动机与行为

管理功能的精髓在于知人善任,激励优秀人才。

——（英国）山姆·托伊

一、案例导读

在一家大型科技公司中,有一位工程师连续数月工作表现平平。团队领导曾多次与他进行谈话,但却未能取得明显的改善效果。直到有一次,一位善于洞察人心的管理者偶然间发现,这名工程师对公司的创新项目表现出了极为浓厚的兴趣,然而却因长期从事重复性的任务而感到枯燥乏味。于是,管理者为他安排了一个全新的项目,让他负责技术创新工作。结果,该工程师重新焕发出了强烈的工作热情,不仅在新项目中表现出色,还成功带动了整个团队的积极性。

（资料来源：方军.员工不是管出来的[M].北京：中国华侨出版社,2005.）

思考：

1. 这位工程师的行为变化说明了动机与行为的什么关系？

2. 管理者如何通过理解员工动机来激发其工作潜力？

3. 企业在人才管理中应如何运用心理学原理提升员工的表现？

二、案例延伸

正如马斯洛所说："人的动机源于内心的需求。"在上述案例中，我们清晰地看到了管理者通过理解员工的内在动机，成功地激发了其工作热情和创造力。理解员工的动机与行为，乃是企业人才管理的重要一环。

（一）动机的多元性：解锁员工的内在驱动力

1. 动机的层次与需求

马斯洛的需求层次理论为我们揭示了人类动机的五个层次：生理需求（如食物、水）、安全需求（如安全感、稳定性）、社交需求（如友谊、归属感）、尊重需求（如自尊、被尊重）以及自我实现需求（如成就感、潜能发挥）[①]。在人才管理中，这意味着管理者需要认识到每位员工可能处于不同层次的需求，并据此设计激励措施。例如，对于刚入职的员工，可能更注重薪酬和工作环境的安全稳定；而对于资深员工，则可能更追求职业发展和个人价值的实现。

2. 个性化动机识别

除了普遍的需求层次外，每位员工还可能拥有其独特的动机来源。这可能与个人兴趣、职业目标、家庭背景等因素密切相关。管理者应通过与员工进行深入的交流，观察其行为模式以及利用心理测评工具等方式，识别并理解这些个性化动机，以便能够更精准地激励员工。

（二）行为背后的心理机制：洞察员工的行为模式

1. 情绪与行为

情绪是影响员工行为的重要因素。积极的情绪，如快乐、满足能够激发员工的工作热情和创造力；而消极情绪，如焦虑、沮丧则可能导致工作效率下降以及团队合作出现障碍。管理者应密切关注员工的情绪状态，通过提供心理支持、创造良好的工作氛围等方式，帮助员工保持积极的情绪。

2. 认知与行为

员工的认知方式（如乐观主义与悲观主义）、价值观（如工作伦理、道德观念）以及信念系统（如对成功的定义、对失败的看法）都会对其行为选择产生影响。管理者应了解员工的这些心理特征，以便在决策过程中充分考虑到员工的认知差异，促进更有效的沟通和协作。

3. 习惯与行为

员工的行为还会受到习惯的影响。长期形成的工作习惯、思维方式以及行为模式往往难以改变。管理者在引导员工改正不良行为时，需要采取渐进式的方法，帮助员工逐步建立新的习惯和行为模式。

---

① 马斯洛.动机与人格[M].北京：民主与建设出版社，2023.

（三）激励机制的构建：激发员工的积极性与创造力

图 4.8 员工激励机制的构建要素

1. 个性化激励措施

针对不同员工的动机特点，管理者可以设计个性化的激励方案。例如，对于追求职业发展的员工，可以提供更多的培训机会和晋升机会；对于注重物质奖励的员工，则可以设置更具吸引力的薪酬制度和福利待遇。

2. 目标设定与反馈机制

与员工共同设定清晰、可衡量的工作目标，并建立及时、有效的反馈机制。这有助于员工了解自己的工作进展以及需要改进的地方，同时增强他们的责任感和成就感。管理者应确保反馈机制既能够指出问题所在，又能够提供建设性的改进建议。

3. 职业发展路径规划

为员工规划明确的职业发展路径，提供必要的培训和支持。这有助于员工看到自己在企业中的未来发展方向和成长空间，从而激发他们的工作热情和忠诚度。管理者应与员工保持密切的沟通，了解他们的职业规划和发展需求，为他们提供个性化的指导和支持。

4. 团队文化建设

加强团队建设，营造积极向上的工作氛围。通过组织团队建设活动、分享会等方式，促进员工之间的交流与合作，增强团队凝聚力和向心力。同时，管理者应倡导开放、包容的企业文化，鼓励员工提出新想法和建议，激发他们的创造力和创新精神。

（四）心理契约的维护：增强员工的归属感与忠诚度

1. 诚信经营与承诺兑现

企业应秉持诚信原则，履行对员工的承诺。无论是薪酬福利、工作环境还是职业发展机会等方面，都应确保员工得到应有的回报和待遇。

2. 文化认同与归属感

通过企业文化建设，强化员工对企业价值观的认同感和归属感。企业可以通过组织文化活动、宣传企业理念等方式,让员工深入了解企业的使命、愿景和价值观,并将其内化于心、外化于行。这有助于员工在工作中找到归属感和意义感,从而更加积极地投入工作。

3. 情感关怀与支持

关注员工的情感需求,给予他们足够的关怀和支持。管理者应了解员工的生活和工作情况,关心他们的身心健康和职业发展需求。在员工遇到困难或挫折时,及时给予帮助和鼓励;在员工取得成就时,给予认可和表扬。这有助于增强员工的归属感和忠诚度。

4. 公平公正原则

在薪酬分配、晋升机会等方面坚持公平公正原则。企业应建立完善的绩效考核制度和晋升机制,确保每位员工都能根据自己的工作表现和能力获得相应的回报和晋升机会。这有助于维护员工的积极性和工作动力,同时增强企业的凝聚力和竞争力。

动机是行为的源泉,理解动机才能有效管理行为。在企业管理中,理解员工的动机与行为,是激发员工潜力和提高工作绩效的关键。通过运用心理学的原理,管理者可以制定更为有效的激励策略,创造一个支持性的工作环境,提供成长与发展机会,并通过定期反馈和调整,持续提升员工的工作动力和满意度,最终实现企业的长期发展。

第九节　人才管理:如何平衡个人与团队的目标

一个人做事的动机决定了他的行为,而动机则源自内心的需求。

——(美国)亚伯拉罕·马斯洛

一、案例导读

在一家国际知名的咨询公司里,张华是一位表现极为出色的咨询顾问,拥有广泛的客户资源以及深厚的行业经验。然而,随着公司业务的不断扩展,张华发现自己越来越多地被要求参与团队合作项目,而非单独负责客户项目,这让他感到困惑与不满,因为他认为自己在独立工作时更能充分发挥自身优势。不过,团队领导者在了解到张华的想法后,决定与他进行深入沟通,共同探讨如何在完成团队目标的同时,兼顾他的个人发展需求。最终,团队领导者为张华量身定制了一份全新的工作安排,让他在参与团队合作的同时,还保留了一定的个人项目。如此一来,张华不仅在团队中发挥了重要作用,也得以继续推进自己的职业生涯发展。

(资料来源:赵伟.给你一个团队,你能怎么管[M].江苏:江苏文艺出版社,2013.)

思考:

1. 团队领导者是如何在与张华的沟通中发现并解决目标冲突的?

2. 在企业管理中如何平衡个人目标与团队目标?

3. 在日常管理中,企业如何确保员工个人成长与团队发展同步?

二、案例延伸

"一个成功的团队依赖于每个成员对团队目标的理解与认同,同时也尊重和支持个人的目标与发展。"在上述案例中,团队领导者通过积极沟通,巧妙地平衡了张华的个人目标与团队目标,使他在团队中能够发挥更大的作用,同时也满足了他的职业发展需求。这种平衡不仅增强了团队的凝聚力,也提升了个人的工作动力。

(一) 个人与团队目标的平衡概念

在企业管理中,个人目标与团队目标的平衡指的是在实现团队整体目标的过程中,充分考虑并满足员工的个人发展需求。个人目标通常涵盖职业发展、技能提升、个人成就感等方面,而团队目标则主要聚焦于组织的战略目标和绩效目标。实现这种平衡,能够有效激发员工的积极性,提升团队的整体效能,最终促进企业的持续发展。

(二) 个人目标与团队目标的关系

1. 一致性

个人目标与团队目标之间的一致性是实现高效协作和共同成功的基石。当个人目标与团队目标相契合时,每个成员都会感到自己的工作对团队整体成功有着直接贡献,从而增强工作动力和归属感。一致性不仅要求个人在设定目标时考虑团队的整体方向,也要求团队在规划目标时充分考虑成员的个人发展需求,确保两者在方向上保持一致。

2. 互补性

每个成员都拥有独特的技能、经验和视角,个人目标与团队目标之间的互补性,体现在资源的优化配置和能力的最大化利用上。充分利用个人优势在团队中形成的合力,共同推动团队目标的实现;团队作为一个整体,拥有更广泛的资源、更丰富的信息和更强大的平台,这些都为成员个人目标的实现提供有力支持。通过互补,个人与团队之间能够形成良性循环,相互促进,共同成长。

3. 动态性

随着市场环境、技术趋势、客户需求等外部因素的变化,团队需要不断调整和优化其目标,以确保与外部环境保持同步。这种调整不仅涉及团队层面的战略调整,也要求成员个人根据团队目标的变化调整自己的个人目标。同时,随着个人能力的提升、职业发展的变化以及个人兴趣爱好的转移,个人目标也会发生相应的变化。因此,个人与团队之间需要建立一种灵活的沟通机制,确保双方能够及时了解对方目标的变化,并据此进行相应的调整和优化。

(三) 如何平衡个人与团队的目标

1. 明确目标共识

(1) 确立共同愿景:管理者需要与团队成员共同明确团队的长远目标和使命,使每个成员都能理解并认同自己在这个宏伟蓝图中的角色和贡献。通过共同愿景的引导,个人目标将自然而然地与团队目标相契合。

(2) 个人目标对齐:在共同愿景的基础上,管理者应鼓励员工设定个人目标。通过一对一的沟通、目标设定会议等方式,管理者可以帮助员工理解如何将个人职业规划融入团队发展之中,并确保这些目标与团队目标保持一致,从而实现个人与团队的双赢。

图 4.9 平衡个人目标与团队目标的策略

2. 促进沟通与协作

(1) 建立开放沟通渠道:管理者应建立开放的沟通渠道,通过定期的团队会议、非正式交流等方式,鼓励员工表达自己的想法、需求和困惑,促进信息的流通和共享,减少误解和冲突。

(2) 强化团队协作:管理者应通过团队建设活动、跨部门合作等方式,增强团队成员之间的信任和默契。当团队成员能够相互支持、协作共进时,个人目标的达成也将更加顺畅地推动团队目标的实现。

3. 灵活调整策略

(1) 关注个体差异:每个员工都是独一无二的个体,他们的动机、能力和需求各不相同。管理者应关注这些个体差异,灵活调整管理策略,以满足不同员工的需求。例如,对于追求职业发展的员工,可以提供更多的培训机会和晋升机会;对于注重工作生活平衡的员工,可以给予更灵活的工作安排。

(2) 适时调整目标:在实际工作中,个人与团队的目标可能会受到各种因素的影响而发生变化。管理者应保持敏锐的洞察力,及时发现并调整目标。当个人目标与团队目标出现偏差时,管理者应与员工共同分析原因、探讨解决方案,并适时调整目标以确保两者之间的平衡。

4. 激励机制的协同作用

(1) 个性化激励与团队激励相结合:在激励机制的设计上,管理者应将个性化激励与团队激励相结合。个性化激励关注员工的个人需求和成就感,如设置个性化的绩效奖金、提供职业晋升机会等;而团队激励则强调团队合作和集体荣誉感,如设立团队奖项、组织团队建设活动等。通过两者的协同作用,既能激发员工的个人潜能和积极性,又能增强团队的凝聚力和向心力。

(2)认可与奖励的平衡:在给予员工认可和奖励时,管理者应注意平衡个人与团队的贡献。既要肯定员工个人的努力和成就,也要强调团队合作的重要性。通过公平的认可和奖励机制,引导员工在追求个人目标的同时,也关注并促进团队目标的实现。

平衡个人与团队目标,是企业实现可持续发展的关键。在企业管理中,只有当个人目标与团队目标能够和谐统一时,员工才会真正感受到工作的价值与意义。通过清晰的沟通、灵活的工作安排、双赢的激励机制以及目标的有效整合,管理者可以在激发员工积极性的同时,提升团队的凝聚力与执行力,从而为企业的发展奠定坚实的基础。

第十节 人才管理的误区:如何避免常见的陷阱

一个管理者的成功,往往不是因为他做了多少事情,而是因为他避免了多少错误。

——(美国)亚伯拉罕·马斯洛

一、案例导读

在2017年,全球知名的科技公司Uber遭遇了一场严重的管理危机。尽管该公司在短短几年内迅速扩张,成为全球最大的网约车平台之一,但其内部管理问题却逐渐暴露出来,引发了广泛关注。在公司快速扩张期间,过度依赖外部招聘来快速填补关键岗位,却忽视了内部人才的培养,这导致了员工的不满以及高层管理团队的频繁更替。此外,公司在人才选拔上过于注重候选人的背景和行业经验,而忽视了对他们实际工作能力和团队协作精神的考察,结果致使团队内部矛盾不断,影响了公司的运营效率。

与此同时,Uber缺乏科学的绩效评估和反馈机制,员工的努力和贡献得不到应有的认可,士气低落。这些问题最终引发了公司内外的动荡,导致了一系列的管理层变动和企业文化的重塑。

(资料来源:Uber动荡不安的2017,网易科技报道,2017年12月30日,https://m.163.com/tech/article/D6SSJ9R100097U7R.html.)

思考:

1. Uber在人才管理过程中犯了哪些具体的错误?

2. Uber在人才培养方面的问题是什么?

3. 如何避免这些误区?

二、案例延伸

正如彼得·德鲁克所言:"管理就是让事情通过他人来完成!"Uber的经历表明,成功的企业管理不仅在于识别和培养人才,还在于避免常见的管理误区。通过反思这些误区,企业可以更好地构建一支高效且富有竞争力的团队。

图4.10 "现代管理学之父"彼得·德鲁克

(一) 人才管理误区

1. 忽视个性化需求与发展

在人才管理中,许多企业倾向于采用标准化的流程和政策来管理所有员工,从而忽视了每位员工的独特性和个性化需求。

2. 过分注重学历背景

在招聘和选拔过程中,许多企业过分注重学历背景作为评估候选人的主要标准。过分注重学历会导致企业错失那些没有高学历但具备丰富实践经验和实际能力的人才。此外,这种偏见还可能加剧社会不平等,限制来自不同背景的人才流动和发展。

3. 缺乏职业发展规划

许多企业在员工入职后,没有为他们制定明确的职业发展规划,这使得员工对自己的职业道路感到迷茫和不确定,缺乏明确的目标和动力,进而影响员工的工作满意度和忠诚度。当员工看不到自己在企业中的发展前景时,他们可能会寻求其他更具吸引力的机会。此外,缺乏职业发展规划还可能影响企业的整体人才战略,导致关键岗位的人才短缺和流失。

4. 忽视工作环境与氛围

工作环境和氛围对员工的工作效率和创造力有着重要影响。不良的工作环境(如噪声、污染、不舒适的办公设施)和压抑的工作氛围(如缺乏沟通、缺乏认可、竞争激烈)会严重影响员工的工作体验和心理健康,降低员工的工作效率和创造力,进而导致员工流失和招聘困难。

5. 培训与发展不足

许多企业在培训和发展方面投入不足,导致员工无法跟上行业发展和技术变革的步伐,这既影响了员工的职业发展,又限制了企业的创新能力和竞争力。

6. 单一的人才评价标准

在评价员工时,许多企业采用单一的标准(如业绩、专业技能等)来衡量他们的表现。单一的评价标准往往无法全面反映员工的综合素质和潜力,从而导致员工之间的恶性竞争和内部矛盾。

7. 监督机制不完善

许多企业在监督机制方面存在不足,这可能导致任人唯亲、裙带关系、腐败等一系列问题。这些问题会影响企业的声誉和形象,还可能破坏企业的内部公平公正。

(二) 避免人才管理误区的方法

1. 实施个性化管理

通过定期的员工满意度调查、一对一沟通、团队建设活动等方式,深入了解员工的个性化需求、兴趣爱好、职业目标等。根据员工的个人特点和职业目标,为他们制定涵盖技能提升、领导力培养、职业路径规划等方面的个性化培训和发展计划。为员工提供灵活的工作安排、学习资源和学习平台等支持措施,帮助他们实现个人发展目标。

2. 综合评估能力

利用社交媒体、专业招聘网站、校园招聘、内部推荐等多种渠道吸引不同背景的人才。在招聘和选拔过程中,除了关注学历背景外,还应采用面试、笔试、案例分析、团队讨论等多种评估方式,关注候选人的实践经验、专业技能、创新能力、团队协作能力等多方面的能力。在评估过程中,注重挖掘候选人的潜力和发展空间,而不仅仅关注他们当前的表现。

3. 制定职业发展规划

与员工共同制定明确的职业发展路径和晋升标准,让员工了解自己在企业中的发展前景和机会。建立导师制度或职业导师计划,以帮助员工在职业道路上获得指导和支持。通过轮岗、跨部门合作、海外工作等方式,为员工提供多样化的发展机会。定期对员工的职业发展计划进行评估和调整,以确保其符合员工的个人发展需求和企业的战略目标。

4. 改善工作环境与氛围

通过组织团队建设活动、定期举办员工大会或分享会等方式,促进员工之间的交流和沟通,增强团队的凝聚力和归属感。同时,鼓励员工提出意见和建议,让员工感受到自己的声音被重视和尊重。通过企业文化的传播和实践,营造积极向上、和谐共进的工作氛围,明确并强化企业的核心价值观和使命愿景,让员工认同并融入企业文化中。鼓励员工关注自己的身心健康,保持积极的生活态度和工作状态,提供心理健康支持和咨询服务,帮助员工应对工作压力和挑战。

5. 加强培训与发展

制定全面的培训计划,涵盖新员工入职培训、在职技能提升、领导力发展等多个方面。通过内部培训、外部培训、在线学习等多种方式,为员工提供多样化的学习和发展机会。鼓励员工制定个人学习计划,并积极参与自主学习活动。提供如在线课程、电子书籍、行业报告等学习资源和学习平台,支持员工的学习需求。定期对员工的工作表现进行评估和反馈,根据评估结果制定个性化的改进计划和发展建议,帮助员工了解自己的工作成果和不足之处,促进员工的持续成长和进步。

6. 建立多元化的人才评价标准

在评价员工时,不仅关注其业绩和专业技能等硬性指标,还应通过综合考量多方面能力来全面评估员工的综合素质和潜力,关注其领导力、团队协作能力、沟通能力等软性技能。在评价员工时,不仅关注其当前的表现和成果,还应关注其成长和进步的速度和潜力。通过鼓励员工设定个人发展目标并为之努力,实现个人与企业的共同成长。

7. 完善监督机制

设立独立的监督部门或岗位,负责监督人才管理政策的执行情况和效果。通过内部审计,确保管理决策的准确性和合规性,降低潜在的风险和损失。定期对人才管理相关流程和政策进行内部审计,以发现和纠正存在的问题。建立员工举报和投诉机制,鼓励员工积极参与监督和管理活动,及时发现并纠正管理中的问题,维护员工的合法权益。

人才管理中的误区往往是企业管理者在高速发展和复杂环境中容易忽视的问题。这些误区不仅影响员工的工作积极性和团队的整体效能,还可能对企业的长期发展造成不利影响。通过识别并避免这些常见陷阱,企业能够更有效地管理和利用人才,构建一个高效、稳定的团队,为企业的持续成功奠定坚实的基础。

第五章

绩 效 管 理 篇

第一节 绩效考核要"功劳"不要"苦劳"

请别再说"我没功劳也有苦劳"。请你记住,苦劳是企业的一种负担,它会让企业慢慢消亡,功劳才是你存在的条件和价值。

——(中国)董明珠

一、案例导读

某供电局在其检修计划中,安排了对某乳品厂所在供电线路进行计划检修。原计划时间定在3月13日上午8:30停电,至下午16:30送电,总计停电时长为8小时。供电局提前7天以书面形式将停电计划通知了乳品厂。该厂接到通知后,对生产计划进行了重新调整,并做好了相应的准备工作。

然而,在距离计划检修停电还有3天的时候,供电局接到上级生产科技部的通知,由于系统原因,检修时间需延后1天,并且要求供电局做好通知客户的工作。但由于工作人员的失误,未能及时将这一变更通知乳品厂。3月13日,乳品厂全厂放假休息,然而预期的停电却并未发生。乳品厂对此深感困惑,经电话询问后才得知停电变更未被告知,这一情况导致生产计划被打乱,并造成了一定的经济损失。乳品厂对此极为不满,并向有关部门进行了投诉。

事后,供电局对该工作人员进行了记过处分。该工作人员对此感到不满,认为自己是因为工作过于忙碌才导致犯错,虽然没有功劳但也有苦劳,不应受到如此严厉的处罚。

(资料来源:佚名,供电服务典型案例汇编,原创力文档,2017年2月24日,https://m. book118. com/html/2017/0223/93235797. shtm?from=search_vip&index=1.)

思考:

1. 在绩效考核中,应该如何区分"功劳"和"苦劳"?

2. 为什么仅凭"苦劳"而无实际成效的工作不应被认同?

3. 企业如何建立以"功劳"为导向的绩效考核体系?

二、案例延伸

华为作为全球领先的 ICT(信息与通信)基础设施和智能终端提供商,其核心领导人任正非主张进行有效劳动和创造性的工作,他认为"苦劳就是无效劳动,无效劳动就是浪费"。[①] 在一次会议上,华为的一个员工说了句:"没有功劳也有苦劳。"任正非立刻一拍桌子,生气地说道:今后不准再说这种话,什么叫苦劳? 我没有让你赔钱就不错了,还胡说什么苦劳?

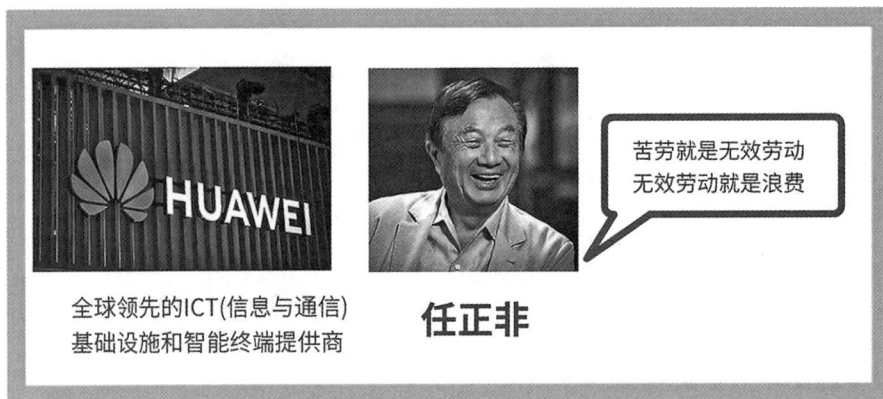

图 5.1　华为技术有限公司创始人任正非

(一) 绩效考核应以"功劳"为导向

在现代企业管理中,绩效考核乃是激励员工、提升企业竞争力的重要手段。然而,许多企业在考核员工时,常常会受到"苦劳"的影响,认为只要员工努力工作,即使没有显著的成果,也应该得到认可。这种观念在市场竞争激烈的环境中是不可取的。

以华为公司为例,任正非明确表示,"苦劳就是无效劳动,无效劳动就是浪费。"他强调,企业不需要"苦劳",而是需要"功劳",即实际的工作成果。企业要实现发展,就必须明确绩效考核的核心是结果导向,而非过程导向。员工的努力只有在转化为实际贡献时,才能真正被认可和奖励。这种考核方式不仅能够有效提升员工的工作效率,也能帮助企业在市场竞争中立于不败之地。

(二) 从"苦劳"到"功劳"的转化

在实际工作中,许多员工都会遇到像供电局案例中的情境:工作繁忙,任务繁重,但最终却因一个小错误导致所有的努力付诸东流。在这种时候,管理者的任务就是引导员工从"苦劳"中总结经验,避免错误的重复发生,最终将"苦劳"转化为"功劳"。

---

① 黄志伟. 华为管理法[M]. 苏州:古吴轩出版社,2023.

例如,格力集团的董明珠在首次直播带货失败后,明确指出:"你辛苦,但如果没有结果,那就是无效的。"通过这样的管理理念,企业不仅能够让员工认清自己的问题,还能帮助他们找到改进的方法,避免同样的错误再次发生。通过持续的培训和明确的绩效目标,员工可以逐渐掌握如何将自己的努力转化为实际成果,从而在绩效考核中获得应有的认可和奖励。

（三）建立以"功劳"为导向的绩效考核体系

1. 明确绩效考核的总体目标

确保员工的工作直接支持公司的核心任务,通过以"功劳"为导向的绩效考核体系,激励员工提高工作效率和质量。根据不同的部门和岗位,制定具体、可量化的绩效指标。

2. 分层考核

1）高层管理考核

（1）指标:战略目标的实现情况、团队领导能力、重大决策的有效性。

（2）考核频率:以年度考核为主,辅以季度考核。

（3）考核方式:业绩报告、自我评估、360 度反馈（包括下属、同级和上级的反馈）。

2）中层管理考核

（1）指标:部门业绩、团队协作、任务执行情况、创新能力。

（2）考核频率:季度考核。

（3）考核方式:部门业绩数据分析、项目进度报告、员工反馈。

3）一线员工考核

（1）指标:任务完成质量和效率、安全操作标准、创新贡献。

（2）考核频率:月度和季度考核相结合。

（3）考核方式:工作日志检查、同事与领导评估、现场检查结果。

3. 实时反馈与调整

1）定期反馈机制

（1）月度会议:各部门每月召开绩效反馈会议,由主管汇总员工的工作表现并提出改进建议。

（2）季度回顾:对前一季度的工作情况进行全面回顾,确认是否需要调整考核指标或目标。

2）实时调整

（1）灵活性:根据市场环境、客户需求和技术发展,适时调整绩效指标。

（2）个性化支持:为表现不佳的员工提供个性化的支持和培训,帮助他们改进工作方法。

4. 奖励与惩罚并重

1）奖励机制

（1）物质奖励:根据绩效考核结果,发放绩效奖金、特别奖金,或提供额外的休假时间。

（2）晋升与发展：将绩效考核结果与员工的职业发展计划挂钩，为优秀员工提供晋升机会或调任重要岗位。

（3）荣誉奖励：设立"年度优秀员工"称号、颁发荣誉证书，并在公司内外进行表彰。

2）惩罚机制

（1）绩效改进计划：对未能达到考核标准的员工，制定详细的绩效改进计划，定期跟踪进展。

（2）岗位调整：连续多个周期绩效未达标的员工，可考虑调岗或降级处理。

（3）最终淘汰：对于屡次未达标且无明显改进的员工，进行劝退或解聘。

5．培养结果导向的企业文化

1）宣传与教育

（1）绩效文化宣导：通过公司内部刊物、培训课程和会议，持续向员工传达"以结果为导向"的工作理念。

（2）榜样引导：通过树立典型和标杆，向全体员工展示高效工作和卓越贡献的范例，激励大家向优秀看齐。

2）结果导向的日常管理

（1）日常工作管理：在日常管理中，领导者要注重强调任务结果而非过程中的努力。各级管理者要以身作则，在考核中重视"功劳"而非"苦劳"。

（2）持续改进：定期收集员工对绩效考核体系的反馈，调整和优化考核标准，使其更加适应企业发展需求和员工的实际情况。

企业的绩效考核必须以"功劳"为核心，而非"苦劳"。没有实际成果的工作，只是在浪费时间和资源。通过科学的绩效考核体系，企业可以激励员工将努力转化为成果，从而推动企业的持续发展。只有明确"功劳"导向，企业才能在竞争中立于不败之地，实现长远的成功。

第二节　明确责任，锁定绩效结果

责任不仅仅是义务，更是企业成功的基石。

——（英国）理查德·布兰森

锁定责任
才能锁定结果

一、案例导读

某地的庄园豪都小区采用专用变压器供电,该变压器连接至 110 kV 保亭站的 10 kV 庄园豪都线。电缆铺设长达 100 米,延伸至小区内部配电房,而线路及配电房的产权皆归小区所有。2021 年 12 月 20 日上午 12 时左右,受强台风"雷伊"的影响,庄园豪都小区专用变压器进线高压开关出现绝缘击穿故障(此故障部位属于小区产权范围),进而导致110 kV 保亭站、10 kV 庄园豪都线因过流段而跳闸,整个小区数千户居民瞬间陷入断电困境。事发之后,由于小区开发商一直未曾将供电系统移交给供电部门,供电部门在确认故障原因后,便告知小区物业,并要求其自行联系具备电力作业资质的施工单位进行抢修。小区物业先后联系了两家电力施工企业尝试进行修复,然而却未能有效解决问题。

小区居民认为这是供电部门与小区物业在相互推卸责任,致使未能有效恢复供电,于是纷纷向国家电网、省电网以及保亭县 12315 热线进行投诉。在相关部门的强力干预下,供电部门才于当日下午 4 时左右决定派遣工程车前来更换相关设备。经过长达十余小时的漫长等待,小区居民终于在当晚 9 时恢复了供电。

(资料来源:海南庄园豪都小区用电问题,欢太浏览器,2022 年 1 月 20 日,https://baijiahao.baidu.com/s?id=1722436712334908943&wfr=spider&for=pc&searchword=％E6％B5％B7％E5％8D％97％E5％BA％84％E5％9B％AD％E8％B1％AA％E9％83％BD％E7％94％A8％E2％98.)

思考:

1. 供电部门和小区物业在责任分配上出现了哪些问题?

2. 如何通过明确责任来提高供电抢修的效率?

3. 在类似的管理情境中,企业如何确保责任不被推卸?

二、案例延伸

效率是做对的事,效能是把事做对。在企业管理中,只有明确责任、锁定结果,才能确保每一项工作都高效完成,并达到预期的效果。

(一)海尔的责任管理制度

作为知名企业,海尔集团在绩效管理方面有自己独到的方式,绩效考核与责任锁定制度挂钩,极大地促进了企业管理效能的提升。

在海尔集团位于某地的电冰箱厂里,有一栋五层楼的材料库。这栋楼一共拥有 2 945 块玻璃,每一块玻璃上都贴着一张小小的纸条,上面印着两个编码。一个编码是指负责擦拭这块玻璃的人,而第二个编码则是指由谁来负责检查这块玻璃。在考核方面,海尔有着明确的规定:一旦发现哪块玻璃脏了,要为此负责的,并非擦拭玻璃的人,而是那些负责检查的人。如此一来,玻璃脏了,责任就落在了检查的人身上,而不能推给擦玻璃的人。这便是海尔经典的管理方法。这种做法是将工作分为了"三个一",也就是一个人、一天、一项工作。海尔冰箱在制作的过程中一共有 156 道工序,海尔将这 156 道工序分为了 545

项责任,然后将这545项责任逐一落实到每个人的身上。在海尔,不管是机器设备,还是一小块玻璃,都会有相关的责任人与检查人员,并且都有着极其详尽的工作内容与考核标准。正是由于这样的责任锁定制度,让海尔做到了"奖有理、罚有据"。

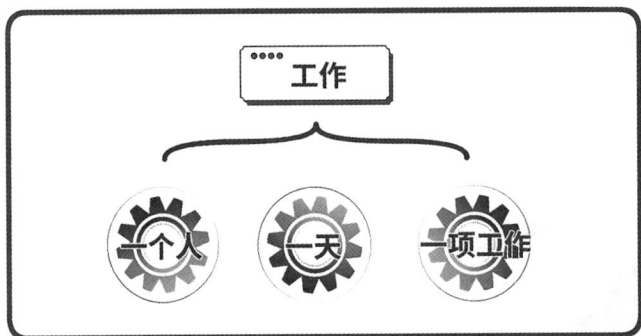

图5.2 海尔"三个一"责任管理法

(二) 管理者与下属的责任关系

在企业管理中,每一个人都要对自己的工作负责,管理者同时还对管理负责,管理者对下属的责任关系是监督与指导。管理者经常会遭遇这样的情况:当你早上刚刚抵达企业的时候,就会有员工向你询问:"您昨天给我布置的工作,有点小问题想要请教您,您看这件事要怎么解决?"通常情况下,作为领导的你会采取以下两种回答方式中的一种。一种是"你等下,我想想,一会儿再告诉你";另一种则是直接告诉下属这个事情应该怎么处理。

管理者几乎每天都会处理大量这样的事情,但是却很少会有管理者想到,员工这样做其实是在逃避责任和回避风险。在你将工作下发给下属的时候,员工就有了要做好这份工作的责任。而当下属向你请教的时候,在不知不觉中,其实你已开始替下属担责了。

(三) 下属责任逃避的情况

在工作场景中,下属责任逃避的情况时有发生。比如当下属向管理者请教问题时,如果管理者的回答是"你等下,我想想,一会儿再告诉你"。这种回应错误地让他们认为自己可以暂时搁置问题,等待管理者来解决。过了一会儿,下属很可能会继续询问,因为他们没有主动去思考和寻找解决方案的动力。实际上,这个问题原本应该由下属独立思考和解决,管理者的职责是检查最终的结果。然而,由于管理者这种不明确的回应,使得下属产生了依赖心理,不愿承担解决问题的责任。这种情况如果频繁出现,会导致下属逐渐丧失独立解决问题的能力,总是期待管理者给出答案,从而严重影响工作效率和个人成长。

(四) 管理者担责的后果

当管理者直接告诉下属处理问题的方法时,可能会引发一系列不良后果。如果员工按照管理者提供的方法去执行,但是最终出了问题,当管理者对其进行责备时,员工往往会毫不犹豫地回应:"这是您告诉我的处理方法。"这种情况会导致彼此的定位发生混乱。

管理者原本的职责是监督和指导,而不是直接代替下属做决策。一旦出现问题,责任的界定就会变得模糊不清。这不仅会削弱管理者的权威,也会让下属失去对自身行为负责的意识。长此以往,下属可能会更加依赖管理者的决策,而不愿意主动思考和承担责任。同时,这也会让管理者陷入不断为下属的错误"买单"的困境,无法专注于更重要的管理工作,进而影响工作绩效。

锁定责任,才能锁定结果! 在管理中,责任不清必然会导致工作效率低下和绩效不佳。管理者应避免替下属承担责任,而是要通过明确的责任分配和考核机制,确保每个人都对自己的工作结果负责。只有这样,才能有效防止责任的推卸,确保企业的整体效率和业绩。

第三节　合理考核：激发员工潜力的"发动机"

询事考言,循名责实。

——（宋朝）王安石

一、案例导读

宋朝的王安石在《乞退表》中写道:"询事考言,循名责实。"这两句的大致意思是:询问他所做的事务,考查他所说的言论,按照他所任职位的名称来追究他的实际政绩。这表明在古代,君主就应考核臣子的工作是否与其所任官职名实相副。可见,从古代开始,在管理人才方面,就已经存在一套绩效考核制度了。

20世纪90年代,IBM(国际商用机器企业)的管理一度陷入危机。管理者仅仅在形式上用一些无关紧要的指标来对员工进行评判,然后作出奖惩决定。久而久之,员工们不再考虑如何提高自己的绩效,相反,他们开始留意那些没有作为却依旧享有差不多工资和福利的同事,对领导的作为明显表示出不满。

当时薪酬制度存在着严重的缺陷与不足：各级员工的收入主要由薪水构成,此外有一些奖金、股票期权和部门绩效工资。工资待遇差别小,且过分强调福利,使得员工的薪水并不能够根据业务的好坏拉开差距。

针对这样的情况,管理者开始调整企业的绩效制度。将固定工资与业绩捆绑在一起,使其变成浮动工资,同时加大了股票期权与奖金在员工总收入中的比例。对用心完成自己工作、积极改进绩效的员工予以奖励,废除了家长式的福利制度。对于完成工作不认真、绩效差的员工只发放保底工资,不再让其享受企业福利。

通过这样的改革,企业将绩效考核作为了检验工作成果的重要标准,并使其成为衡量薪水水平的重要依据。IBM 企业管理者通过调整已经严重脱离现实的绩效考核制度,为员工量身定做了切合实际的绩效目标,设立了更加合理科学的评价标准,让员工能够形成一种只有认真完成工作才能够享受高薪的思想。

(资料来源：申望. 中层领导实用全书[M].北京：中国致公出版社,2007.)

思考：

1. 企业如何通过合理的绩效考核制度提高员工的执行力？

2. 绩效考核的标准应如何制定,才能有效激励员工？

3. 如何避免考核制度流于形式,真正发挥其促进企业发展的作用？

二、案例延伸

当人们知道自己的工作成绩有人检查时,会加倍努力。绩效考核不仅是衡量员工工作的标准,更是激发员工工作热情的重要手段。通过合理的考核制度,企业可以有效地提升员工的执行力,确保工作效率的持续提升。

(一)"合理考核"的概念

合理考核是指在确保公平、公正的基础上,通过科学的考核方法和标准,全面评估员工的工作表现和潜力,从而激发员工的积极性和创造力。

(二)构建"合理考核"体系的要素

图 5.3 构建"合理考核"体系的要素

1. 多维度评价

考核体系应综合考虑员工的多个方面,包括但不限于工作成果、工作态度、团队合作精神、解决问题的能力以及创新思维。通过360度反馈机制,收集来自同事、上下级、客户甚至自我评估的反馈,以获得全面的员工表现视图。这样可以避免单一评价主体的局限性,更加客观地反映员工的实际工作情况。

2. 透明公正

制定清晰的考核标准和流程,确保所有员工都能够理解并认同考核体系的公正性。公开考核结果,让员工明白自己的成绩是如何得出的,以及如何改进。只有在透明公正的考核环境中,员工才会对考核结果心服口服,从而更加积极地投入到工作中。

3. 及时反馈

在考核周期结束后,迅速向员工提供反馈,帮助他们认识到自己的长处和需要改进的地方。建立一个开放的沟通渠道,鼓励员工就考核结果提出疑问或建议。及时反馈可以让员工及时调整自己的工作方法和态度,提高工作效率和质量。

4. 激励与支持

将考核结果与奖励机制相结合,对表现优秀的员工给予物质或精神上的奖励,对于表现不佳的员工,提供个性化的培训和发展计划,帮助他们提升能力。激励与支持可以让员工感受到企业对他们的关心和重视,增强员工的归属感和成就感。

(三)"合理考核"的实施策略

1. 重实效,而不是重形式

很多管理者认为,有了考核就不用再担心了,其实不然。制定的考核标准不能脱离实际,因为一旦脱离实际,虽然看上去员工的表面事情做得都不错,但实际上却没有实效,这种情况会影响企业的实际发展。考核指标应当与企业的核心目标和员工的具体职责相结合,确保每一项考核内容都能够直接促进企业的发展。只有注重实效的考核制度,才能真正激发员工的工作积极性和创造力,提高企业的竞争力。

2. 公平性和透明度

之所以如此强调公平,是因为只有在公平的考核制度下,员工的积极性才能够被激发出来。在考核的时候,不要一味地凭借学历、职称这些死板的标准来评定,而是要注重员工的业绩,"以业绩论英雄"。同时,考核过程应当公开透明,员工应当了解考核的标准和结果,这样才能增强员工对考核制度的信任感,激励员工更加努力地工作。公平透明的考核制度可以让员工感受到企业的公正和公平,增强员工的凝聚力和向心力。

3. 建立激励机制

合理的绩效考核体系应当与激励机制相结合。对于那些在考核中表现突出的员工,企业应当及时给予奖励,既可以是物质上的,如奖金、升职机会,也可以是精神上的,如荣誉称号、公开表扬等。通过这些激励措施,可以增强员工的归属感和成就感,激励他们在工作中追求更高的目标。激励机制可以让员工感受到企业对他们的认可和尊重,激发员工的工作热情和创造力。

4. 及时反馈与指导

在绩效考核过程中,管理者应当及时向员工反馈他们的工作表现,并提供具体的改进建议。通过定期的绩效回顾会议,帮助员工调整工作方法,确保目标的实现。管理者应当发挥指导作用,帮助员工找到工作中的问题并及时解决,提升他们的工作效率和质量。及时反馈与指导可以让员工感受到企业对他们的关心和支持,增强员工的自信心和责任感。

总之,企业要想通过"合理考核"激发员工的潜力,就必须将考核与员工的个人发展紧密结合,构建一个既能反映员工表现,又能激励员工成长的考核体系。只有这样,企业才能在激烈的市场竞争中保持活力,实现长远发展。

第四节　"绩效飞轮"企业提升利润的系统工具

卓越不是单一的行动,而是习惯。

——(古希腊)亚里士多德

绩效飞轮

一、案例导读

A 公司在过去的一年中遭遇了诸多问题:销售增长缓慢,员工凝聚力不强,缺乏主人翁精神,以及工作态度不够积极。这些问题在一次例行的企业会议中被集中提出。会上,有人提议可以参考"绩效飞轮"管理工具,尝试改变当前的困境。那么,究竟什么是"绩效飞轮"呢?具体又该如何应用呢?

(资料来源:卢锐军.其实,绩效管理并不难[M].北京:中国石化出版社,2020.)

思考:

1. "绩效飞轮"如何帮助 A 公司改善销售增长和员工凝聚力?

2. 在 A 公司如何通过"绩效飞轮"工具设定和分解目标?

3. 绩效飞轮在 A 公司中的实施步骤有哪些关键点?

二、案例延伸

"卓越源于持续的努力,成功来自不断的精进。"通过"绩效飞轮",企业能够逐步提升内部运营效率,将短期的绩效目标转化为长期的利润增长动能。

（一）"绩效飞轮"的概念

"绩效飞轮"这一概念最早源于美国企业管理学者吉姆·柯林斯(Jim Collins),他在其著作《从优秀到卓越》中提出了这一理念。所谓"绩效飞轮",指的是通过持续、渐进的努力,将企业的各项运营要素逐步优化,并转化为长期的利润增长动能。[①] 这一过程就如同推动一个沉重的飞轮,起初需要付出巨大的力气,但一旦飞轮开始运转起来,企业的利润增长就会进入一个良性循环的轨道。

在实际操作中,"绩效飞轮"并非单纯依靠一次性的重大变革,而是通过一系列的连续改进,实现企业内部各要素的相互推动和协同发展。对于企业来说,这不仅仅是一个工具,更是一种管理理念,旨在通过系统化的管理方法,实现企业利润的持续提升。

（二）"绩效飞轮"包含的要素

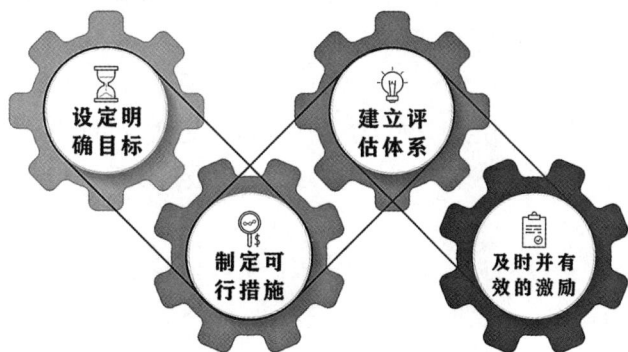

图5.4　"绩效飞轮"的四个要素

1. 设定明确目标

企业要明确自身的长期和短期目标,这些目标要与企业的战略规划相一致,具有可衡量性、可实现性和相关性,能够为企业的发展指明清晰的方向。

2. 制定可行措施

根据设定的目标,制定具体、详细且具有可操作性的执行措施,能够有效地将目标转化为实际行动。

3. 建立评估体系

建立科学、公正的绩效评估体系,涵盖工作成果、工作质量、工作效率等多个方面,确保能够全面、客观地反映员工的工作情况,对员工的工作表现进行准确评估。

---

① 柯林斯. 从优秀到卓越[M]. 北京：中信出版社,2019.

4. 及时并有效的激励

根据绩效评估结果，建立及时、有效的激励机制。对表现优秀的员工给予物质和精神奖励，激发员工的工作积极性和创造力；对表现不佳的员工进行辅导和改进，帮助他们提升绩效。

(三) 如何启动"绩效飞轮"

1. 启动飞轮—制定明确的目标

(1) 目标设定原则：在实施"绩效飞轮"的第一步，企业必须制定明确且合理的目标。目标设定应遵循五项原则：明确性、合理性、挑战性、可量化性和时间限制。没有明确目标的工作是毫无方向感的，企业应根据现有的状况，先制定切实可行的短期目标，并确保其实现，然后再逐步迈向长期目标。

(2) 目标分解与量化：制定目标后，企业应将整体收入、成本、利润等经济指标层层分解到各级管理者，直至分解到每个员工身上。不仅要进行数字分解，还要进行时间分解，将年、月、周、日的指标细化到个人。只有通过这些详细的数字分解，企业才能准确评估员工的表现。

(3) 目标沟通与激励：在设定目标时，企业应与员工进行互动沟通，确保利益共享和责任分担。员工需要了解达成目标时的奖励和未达成目标时的惩罚措施，这样可以激发他们的潜力，整合资源，实现共同目标。

2. 推动飞轮—制定行动方案

(1) 制定实施计划：在制定目标后，企业应立即制定实现目标的行动方案和时间表。方法越详细，时间表越明确，实施起来就越有效。可以通过明确的步骤和方法来推进每一项任务，确保目标的达成。

(2) 执行与反馈：在执行过程中，企业应根据实际情况进行不断的反馈和调整。通过持续的行动和及时的反馈，企业可以确保每一个目标都朝着既定方向迈进。

3. 检修维护—评估与检查

(1) 定期评估：执行目标的过程并非一帆风顺，企业需要在行动中不断反思和评估进展情况。通过"定时、定点、定人、定量、定责"这五定原则，企业可以确保每一阶段的目标都得到准确的评估。

(2) 及时纠偏：在评估过程中，如果发现问题或偏差，企业应立即采取措施进行调整，确保目标始终在正确的轨道上。通过这种持续的监控和调整，企业可以大大提高目标实现的成功率。

4. 加油加料—激励与处罚

(1) 目标达成后的激励：当员工实现既定目标后，企业应立即进行相应的激励和奖励，如奖金、晋升机会等，以激发员工的工作动力。

(2) 未达成目标的处罚：对于未能完成目标的员工，企业应通过分析原因和障碍，制定改进措施并进行适当的处罚。这种奖罚分明的机制可以有效提高员工的责任感和工作效率。

(3) 绩效文化建设：通过不断的激励和反馈，企业可以逐步在内部形成一种结果导向的绩效文化,激发员工追求卓越的精神,使整个团队进入一个持续进步的良性循环。

总之,"绩效飞轮"是一套环环相扣的管理工具,通过明确目标、制定方法、持续评估和有效激励,企业可以不断提升运营效率,最终实现持续的利润增长。将"绩效飞轮"应用到运营、销售、管理、质量和服务的各个环节,不仅可以帮助企业解决当前面临的问题,还能为其未来的发展奠定坚实的基础。

第五节　"双因素激励理论"在绩效管理中的应用

激励是点燃员工热情的火焰,而良好的工作环境则是保持这火焰持续燃烧的空气。

——(美国)肯·布兰查德

一、案例导读

在一墙之隔的两家企业中,甲企业因经营不善而导致职工下岗,而乙企业的产品在市场上销路畅通,职工不仅每月能按时领到工资,还表现出了前所未有的工作积极性。乙企业的管理者对此深感困惑,因为在有奖金的时候,员工们也未曾如此积极。这一现象可以通过赫兹伯格的"双因素激励理论"来进行深入分析。赫兹伯格将影响员工积极性的因素划分为两大类:保健因素和激励因素。

(资料来源:刘茗溪.图解管理学一本通[M].北京:中国华侨出版社,2016.)

思考:

1. 乙企业员工积极性提高是因为保健因素还是激励因素?

2. 甲企业经营不善,在激励方面可能存在哪些问题?

3. 企业应如何平衡保健因素与激励因素,以最大化员工的工作效能?

二、案例延伸

赫兹伯格的"双因素激励理论"表明,员工的工作满意度不仅仅取决于薪资和工作环境等保健因素,更依赖于工作本身能否为员工提供成就感和自我实现的机会。

(一)"双因素激励理论"的概念

"双因素激励理论"(Two-Factor Theory of Motivation),也被称为"赫茨伯格的双因素理论"(Herzberg's Two-Factor Theory)或"激励-保健理论"(Motivator-Hygiene Theory),是由美国行为科学家弗雷德里克·赫茨伯格(Frederick Herzberg)于 1959 年在其著作《工作的激励因素》中提出的。这一理论主要探讨了影响员工工作满意度和工作动机的因素,并区分了两种不同类型的因素:保健因素(Hygiene Factors)和激励因素(Motivators)。

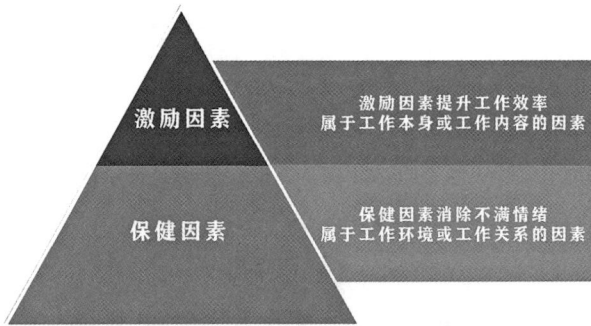

图 5.5 "双因素激励理论"的两种因素

保健因素(Hygiene Factors)作为双因素激励理论中的基础组成部分,主要聚焦于工作环境与关系的外围条件。公司政策与管理、监督方式、人际关系质量、工作条件的舒适度、薪水的合理性、工作安全性以及个人生活与工作的平衡等,均属于保健因素的范畴。管理者需要确保这些因素得到妥善安排,以维护员工的基本满意度,避免不满情绪的累积,从而保持团队的稳定性和工作效率。

激励因素(Motivators)与保健因素形成鲜明对比,它们直接触及工作本身及员工内在的心理需求。成就感的获得、来自上级或同事的认可、工作本身的吸引力、强烈的责任感、个人成长与发展的机会,以及晋升的潜力等,都是激励因素的具体体现。管理者应深刻理解并有效利用这些内部动机,通过设计富有挑战性的任务、建立有效的认可机制、提供持续的学习和发展机会等策略,来激发员工的内在动力,推动组织向更高目标迈进。

(二)优化保健因素

1. 改善工作环境

为了全面优化保健因素,企业应采取多维度策略,以营造一个既有利于身体健康又促进心理健康的工作环境。在物理环境方面,确保办公室或工作区域的设计符合人体工学原理,如安装通风系统、调节适宜的光线与温度,并配备舒适的座椅和桌面,以减少职业病的发生。同时,强化安全环境建设,通过加强安全培训、提供必要的防护装备、实施定期的安全检查与应急演练,为员工创造一个无安全隐患的工作环境。在心理环境层面,减少噪声污染,播放宁静或激励性的背景音乐,设置休息区供员工适时放松,以减轻工作压力,提升工作效率。

2. 提供稳定的工作机会

企业应提供长期雇佣合同,明确界定岗位职责与薪酬体系,让员工感受到职业的稳定性和可预见性。面对经济波动或行业变革,企业应建立有效的危机应对机制,力求将裁员影响最小化,并为受影响的员工提供转岗机会或再培训计划,保障其职业发展路径的连续性。

3. 建立和谐的人际关系

通过定期组织团队建设活动,不仅能够增强团队内部的凝聚力,还能促进不同部门之间的沟通与理解,打破壁垒,促进协作。同时,建立公正透明的冲突解决机制,确保员工间的任何争议都能得到及时、公正且妥善的处理,维护良好的工作秩序和人际关系。

(三)激活激励因素

1. 工作设计

设计具有挑战性的多样化任务,避免单调重复的工作内容。通过岗位轮换制度,让员工定期在不同岗位之间轮换,拓宽视野,增加工作的趣味性。同时,赋予员工在一定范围内的自主决策权,增强他们的控制感和责任感,从而激发他们的参与度和创新力,让工作更加投入和富有成效。

2. 认可机制

建立即时反馈机制,确保员工的优秀表现能够及时得到认可和正面评价。同时,定期举办表彰大会,公开表扬表现突出的员工,增强他们的荣誉感和归属感。此外,根据员工的兴趣和需求,设计个性化的奖励方案,如旅行奖励、学习基金等,满足员工的个性化需求,进一步提升激励效果。

3. 职业发展

为员工提供个性化的职业规划服务,帮助他们明确职业发展方向和路径。通过设立完善的培训体系,提供内部晋升和外部学习机会,持续提升员工的技能和能力。同时,实施导师制度,为新员工或具有潜力的员工配备经验丰富的导师,帮助他们加速成长,迅速融入工作环境,并在职业发展道路上得到更多的支持。

(四)平衡保健与激励因素,塑造企业积极氛围

1. 保健与激励的动态平衡

在企业管理中,保健因素是构建稳定工作环境的基础,涉及薪酬、工作条件等,它们是员工基本需求的保障。而激励因素则关联到员工的发展潜力,包括工作内容的丰富性、职业成长机会等,能够激发员工的内在动机。这两者并非固定不变,而是可以相互转化。例如,物质奖励在初次提供时具有激励作用,但如果成为常态,可能会退化为保健因素,失去

其原有的激励效果。

2. 满足员工多层次需求

根据马斯洛的需求层次理论,员工的需求是多层次的,从基本的生理和安全需求到更高层次的社交、尊重和自我实现需求。管理者在追求持久而高效的激励时,应该超越基本的薪酬认可,通过改进工作内容、任务再设计,为员工提供表扬、认可以及成长和发展的机会。在那些领导力强、绩效管理体系完善、沟通顺畅、工作环境优良且员工满意度高的企业中,员工的需求往往已经超越了基本层面,而达到了尊重和自我实现的更高层次。

3. 塑造积极的企业氛围

当保健因素未能得到满足时,员工可能会产生不满和消极情绪,甚至采取对抗行为。相反,激励因素的恰当运用能够显著提升员工的工作热情和生产效率。企业管理人员若能深刻理解和应用"双因素激励理论",不仅能提升员工的工作满意度,还能有效提高企业的整体绩效。这种平衡艺术要求管理者具备敏锐的洞察力和创新的管理策略,以确保企业在不断变化的市场环境中保持竞争力和活力。

总之,通过精心设计的保健和激励机制,企业能够营造出一个积极的工作环境,让员工感受到自己的价值和成长,进而激发出无限的创造力和生产力。这种环境不仅能够吸引和留住人才,更能在激烈的市场竞争中为企业赢得优势。最终,正如亚伯拉罕·马斯洛所言:"大多数人只有一部分潜能被利用,而大多数人并没意识到自己还有未被利用的潜能。"通过"双因素激励理论"的应用,企业可以帮助员工发掘并实现这些潜能,共同推动企业向着更高的目标前进。

第六节　绩效目标制定的"双向沟通三步法"

一流的执行力源于清晰的目标设定和双向沟通的管理艺术。

——(美国)彼得·德鲁克

一、案例导读

葛某是某地国网公司电力运维班组的一名资深班组长,她深刻地认识到,在快速变化的电力行业中,团队的凝聚力和执行力乃是成功的关键要素。因此,在制定新季度的绩效目标时,葛某精心召集了班组全体成员,运用 PPT 生动地展示并详细说明了上一季度的数据对比图,同时清晰地阐述了实现目标后可能带来的一系列正面影响,例如减少用户投诉、大幅提升客户满意度等。随后,葛某积极鼓励每位成员发表自己的想法和建议,专门设立了"圆桌讨论"环节,让每个人都有机会轮流发言。无论是经验丰富的资深技术员,还是刚刚入职的新员工,都能够在这个环节中充分表达自己的见解。

葛某全神贯注地认真倾听,并仔细记录下每个人的意见。与此同时,她还适时地引导讨论,确保话题始终围绕目标展开。并且,葛某要求各级员工认真草拟自己的工作目标。经过充分的讨论之后,葛某对所有意见进行了全面汇总,并结合实际情况对原定的绩效目标进行了精心调整,最终确定了新的绩效目标框架,细化每个子目标,并清晰地标注了每个子目标对应的负责人和预期完成时间。

(资料来源:供电服务典型案例汇编,原创力文档,2017 年 2 月 24 日,https://m. book118. com/html/2017/0223/93235797. shtm?from=search_vip&index=1)

思考:

1. 如何通过双向沟通确保绩效目标的合理性和可执行性?

2. 为什么员工参与绩效目标的制定能够提高目标达成的可能性?

3. 绩效目标制定过程中,管理者如何有效引导员工提出建设性意见?

二、案例延伸

葛某的案例生动地体现了"双向沟通三步法"在绩效管理中的应用,这种方法不仅仅是一种策略,更是一种文化,它要求在管理者与员工之间建立起基于信任和尊重的坚实沟通桥梁。

(一)"双向沟通三步法"的概念

"双向沟通三步法"是一种极为有效的绩效目标制定方法,其旨在通过管理者与员工之间的双向沟通,切实确保目标的合理性、可行性和可执行性。

(二)"双向沟通三步法"的步骤

1. 说明阶段

在这个阶段,管理者首先要根据企业的战略目标和部门的工作重点,向员工详细地说明即将设定的绩效目标的背景和初步设想。管理者需要清晰而准确地阐述这些目标是如何服务于企业的整体战略,以及这些目标的达成将对企业和员工个人产生的积极影响。确保员工充分理解企业的期望,并为接下来的讨论奠定坚实的基础。

图 5.6 "双向沟通三步法"的基本步骤

2. 草拟阶段

在说明阶段之后,管理者要积极鼓励员工根据自身岗位职责和工作情况,提出具体的绩效目标草案。这一阶段是双向沟通的核心环节,员工可以根据自己的工作经验和对岗位的深刻理解,提出合理的、可执行的目标建议。管理者在这个过程中要积极主动地倾听员工的意见,认真记录并深入分析这些建议,以便在最终确定目标时作为重要参考。

3. 确定阶段

在双方进行了充分的讨论和深入交流后,管理者与员工共同确定最终的绩效目标。在这个阶段,双方需要达成高度一致,明确目标的具体内容、考核标准、完成时间等细节。如果有必要,管理者还可以对目标进行适当的调整,以确保目标既具有一定的挑战性,又在员工的能力范围之内。确定阶段的关键在于双方共同认可目标的可行性和现实性,从而形成强有力的执行力。

(三)"双向沟通三步法"的优势

1. 提高目标的可行性

通过员工参与目标的制定过程,可以充分利用他们对工作实际的深入了解,确保目标符合实际情况,不至于过高或过低。员工对自身岗位的深刻理解能够帮助管理者制定出更为合理的绩效标准,减少因目标不切实际而导致的执行困难。

2. 增强员工的责任感和执行力

当员工参与目标的制定时,他们会感到目标不仅仅是被动接受的任务,而是自己主动设定的方向。这种心理契约极大地增强了员工的责任感,促使他们更加努力地去实现这些目标,从而显著提升整体的执行力。

3. 促进团队凝聚力

通过双向沟通,管理者与员工之间的信任感和合作精神得以增强。这种互动不仅有助于提升团队凝聚力,还能激发员工的创造力和积极性,形成一个良性循环,使团队更加紧密地为共同的目标努力奋斗。

(四)实施"双向沟通三步法"应注意的问题

1. 避免"形式化"沟通

管理者在实施双向沟通时,必须确保沟通的真实有效性,而非仅仅流于形式。员工的意见应得到认真倾听和充分考虑,而不是为了完成流程而进行的表面沟通。只有当员工切实感受到他们的意见被真正重视,双向沟通的效果才能得到充分体现。

2. 处理好分歧

在沟通过程中,管理者与员工之间可能会出现意见分歧。管理者需要学会求同存异,努力找到双方都能接受的解决方案。切勿在沟通中一味坚持己见或过于迎合员工的想法,应以企业目标和员工实际情况为导向,寻找最佳平衡点。

3. 确保目标的动态调整

企业的外部环境和内部情况可能随时发生变化,因此绩效目标不应是一成不变的。管理者应当为目标设置动态调整机制,在必要时进行修正,以确保目标始终具有挑战性和现实可行性。动态调整机制能够帮助团队更好地应对变化,保持工作的持续性和有效性。

"双向沟通三步法"是现代绩效管理中一项至关重要的工具,能够有效提升绩效目标的合理性和可执行性。通过员工的积极参与和管理者的有效引导,企业不仅可以制定出科学合理的绩效目标,还能激发员工的工作热情和责任感,提升团队的凝聚力和整体执行力。管理者在实施这一方法时,应注重沟通的真实有效性,妥善处理分歧,并确保目标的动态调整,从而实现更高效的绩效管理。

第七节　有效评估绩效的四大注意事项

考核是一面镜子,它既能照出业绩的成果,也能反映出管理的不足。

——(美国)彼得·德鲁克

一、案例导读

国家电网下属的某培训中心,培训师年末工作量考核明文规定:每公开发表一篇核心期刊论文,给予 20 分奖励,但公开发表普通期刊论文没有奖励;由于中心内部发行内部杂志,规定每发表一篇论文,给予 8 分奖励。一名爱岗敬业的培训师,曾经在七年期间主编并公开出版 3 本教材,公开发表一篇北大核心期刊论文和八篇普通期刊论文,一篇为内部杂志而撰写的论文,主持过两个二类项目并通过验收。年末计算工作量时,北大核心期刊论文获工作量 20 分,内部杂志论文获工作量 8 分,而先后公开发表的八篇普通期刊论文没有工作量,可见八篇公开发表的论文都不及一篇内参论文。假如一名高校教师 3 年之内不能公开发表著作、论文将面临转岗,领导认为该教师的知识储备已经落伍,缺乏创新、创意的老师不适合继续站在三尺讲台。相比之下国家电网下属的该培训中心的培训师,年度考核只看教学工作量,科研工作量只是锦上添花而已。[①]

思考:

1. 在绩效评估过程中,如何确保考核指标与岗位有效挂钩?

2. 如何避免绩效考核中的主观偏见和不公平现象?

3. 如何通过有效沟通提升绩效考核的透明度?

二、案例延伸

绩效评估乃是企业管理中的重要环节,它不仅仅是对员工工作的总结,更是企业管理能力的一种反映。然而,正如案例所呈现的那样,如果在绩效考核过程中责任界定不清、指标设定不合理或者沟通不畅,那么都会导致考核结果出现失真,进而引发员工的不满情绪。

(一) 有效评估绩效的概念

有效评估绩效指的是通过科学合理的评估方法和标准,对员工在工作中的表现和贡献进行客观、公正的评价。它不仅是对员工过去工作的总结,同时也是对未来工作的指导。通过有效的绩效评估,企业能够了解员工的优点与不足,帮助他们制定改善计划,并且为企业的决策提供数据支持,最终实现提升整体绩效的目标。

图 5.7 常用的绩效管理方法

(二) 常用的绩效管理方法

1. KPI 法(关键绩效指标)

KPI 是依据企业的战略目标设定的一系列量化指标,通过这些指标来衡量员工的工作表现和贡献。KPI 法具有直观、量化、易于操作等优点,是目前被广泛应用的绩效管理方法。

2. 360 度评估法

360 度评估法通过收集员工上级、同事、下级以及客户的反馈,对员工进行全方位的评估。这种方法能够提供更为全面的反馈,帮助员工了解自己在不同角色中的表现。

---

① 案例改编自《职场智慧管理实务》

3. MBO 法(目标管理)

MBO 法是由管理大师彼得·德鲁克提出的一种绩效管理方法,它通过设定明确的工作目标,并定期检查目标的达成情况,对员工进行评估。这种方法能够提高员工的责任感和主动性,因为他们参与了目标的设定过程。

4. 平衡计分卡法(BSC)

平衡计分卡是一种综合考虑财务、客户、内部流程、学习与成长等多个维度的绩效管理工具。它帮助企业将战略目标分解为具体的绩效指标,从而更好地衡量和管理员工的表现。

(三) 企业绩效评估存在的问题

1. 考核指标与岗位职责脱节

一方面,部分领导对下属的岗位职责不够清晰,难以对员工进行合理评价。另一方面,有些岗位虽然有明确的职责要求,但对员工的绩效要求远远超出职责范围,让员工感到不公平。此外,绩效要求明确,但工作中需要协调众多环节,若考核只看结果而不论过程,也存在一定的偏颇。

2. 员工对绩效考核缺乏理解与参与

许多员工认为绩效考核就是为了挑错并加以惩罚,对企业内部的考核方式、指标以及结果的得出过程一无所知,也不清楚自身工作存在的问题以及改进措施。

3. 实施过程难以做到客观公正

企业推行绩效考核的目的在于真实、客观、公正地评估员工与部门的工作成果,但在实际操作中却存在不公平现象。部分管理人员容易受到人情世故的影响,绩效考核存在平均主义,使得真正优秀的员工积极性受挫。

4. 考核者与员工在考核结果上沟通不畅

一方面,绩效考核人员未经有效培训,在沟通时缺乏技巧,无法为员工提供工作辅导与帮助,反而引发员工的不满。另一方面,部分管理者侧重事后奖惩,忽视事前的任务规划与分配,没有认识到绩效沟通的重要性。

(四) 绩效管理考核的有效实施

1. 设置科学的绩效考核指标

科学的绩效考核指标是有效评估绩效的基础。企业需要根据员工在流程中的角色、责任以及与其他部门的协作关系,制定具体的衡量标准。考核指标应与员工的岗位职责直接挂钩,并且应明确、可量化,避免出现目标过高或过低的情况。同时,企业应确保指标的合理性和可行性,避免员工因为无法达成目标而产生挫败感。

2. 搭建畅通的沟通渠道

在绩效管理的过程中,沟通是关键。部门主管应定期或不定期地与员工进行绩效沟通,了解他们对绩效目标的理解和看法,并及时提供反馈和建议。这不仅有助于发现和解决绩效目标执行中的问题,还能够增强员工的参与感和责任感。有效的沟通可以帮助员工更好地理解绩效考核的目的和意义,从而提高他们的工作积极性和满意度。

3. 确保具体操作公平公正

公平公正是绩效考核的核心要求。企业在进行绩效考核时,应采取多项措施确保考核过程的透明度和公正性。首先,考核指标必须清晰明确,并且尽可能量化,以减少主观判断的影响。其次,企业应对考核者进行培训,使其能够客观、公正地评估员工的工作表现。此外,建立员工申诉系统,确保员工在对考核结果有异议时,能够获得公正的处理途径,从而提升员工对考核制度的信任度。

4. 深化运用考核结果

绩效考核的最终目的在于提升企业整体绩效,企业应将考核结果与员工的薪酬、培训、晋升等紧密挂钩。通过将考核结果纳入员工的绩效档案,作为岗位调整、薪资调整、职务评聘等决策的重要依据,可以进一步激励员工,促使他们更加努力地工作。同时,企业还应定期分析绩效考核结果,从中发现管理中的不足,进行相应的调整和改进,以不断提高企业的管理水平和竞争力。

总之,通过科学的考核指标、公正的考核过程、及时的沟通反馈和合理的结果运用,企业可以更好地激励员工,提升整体绩效。管理者应当高度重视绩效评估的每一个环节,确保考核体系的公正性和有效性,从而为企业的长远发展奠定坚实的基础。

第八节　20/80 法则的应用

企业的成功,20%在策略,80%在执行。

——(美国)比尔·盖茨

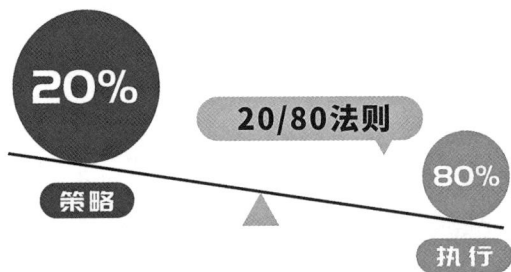

一、案例导读

海尔集团创立于 1984 年,乃是一家全球领先的家电和消费电子产品制造商。在责权划分方面,海尔提出了著名的 20/80 法则,即管理人员和员工责任分配的 20/80 法则。这一原则的核心思想在于:企业中发生的任何一件过错或失误,管理者要承担 80%的责任,而具体操作者则承担 20%的责任。海尔认为,优秀的工作是由优秀的员工做出来的,而优秀的员工又是由优秀的干部带出来的。在海尔,领导层的素质决定了企业的整体素质,张瑞敏有一句名言:"部下的素质低,不是你的责任,但不能提高部下的素质,那就是你的责任。"

在海尔看来,企业并不缺人才,最为缺乏的是培养人才的机制,因为人人都是人才,关键在于能否充分发挥每个人所具备的最优秀的品质和潜能。

(资料来源:红萍,海尔集团企业文化理念,百文网,2024 年 4 月 16 日,https://www.ohloo.com/qiyewenhua/1042873.html)

思考:

1. 20/80 法则的核心理念是什么?

2. 如何在不同管理层次中应用 20/80 法则?

3. 公司可采取哪些措施来运用 20/80 法则?

二、案例延伸

"管理的精髓在于将资源集中在最重要的领域。"20/80 法则是企业管理中的一个重要工具,通过集中资源在关键的少数领域,企业能够实现更大的效益。

(一) 20/80 法则的概念

20/80 法则,又称帕累托法则,由意大利经济学家维尔弗雷多·帕累托在 19 世纪末提出。他发现,社会中 20% 的人掌握了 80% 的财富,这一发现揭示了一个普遍存在的规律,即在许多现象中,少数关键因素往往决定了大多数的结果。在企业管理中,20/80 法则被广泛应用于多个领域,如销售管理、时间管理、团队管理等。其核心思想是通过聚焦少数重要因素,来实现资源的最优配置和成果的最大化。例如,企业中 20% 的客户可能贡献了 80% 的销售额,20% 的产品可能占据了 80% 的市场份额,因此,管理者应当将主要精力和资源集中在这些关键领域,以推动企业的整体发展。

(二) 20/80 法则的特点

1. 资源集中与优化

20/80 法则强调将资源集中在关键的 20% 要素上,从而实现 80% 的成果。这一特点在管理、销售和生产中尤为重要,因为它能够帮助企业在资源有限的情况下,最大化地利用资源,达到最佳效果。

2. 高度灵活性

20/80 法则具有高度的灵活性,适用于各种场景。无论是时间管理、团队管理还是产品营销,20/80 法则都可以根据具体需求进行调整。例如,在时间管理中,管理者可以优先处理 20% 的核心任务,以提高整体工作效率。

3. 聚焦关键要素

20/80 法则提醒管理者专注于那些对企业发展最为关键的要素,而不是平均分配资源。这意味着管理者需要具备识别企业核心要素的能力,确保资源分配能够带来最大化的效益。

(三)如何实施20/80法则

1. 关注核心业务

在企业发展过程中,明确核心业务至关重要。核心业务是企业的立足之本,是企业能够持续发展并在市场中占据优势的关键。企业应该深入分析自身的优势和劣势,结合市场需求和竞争态势,确定自己的核心业务领域。

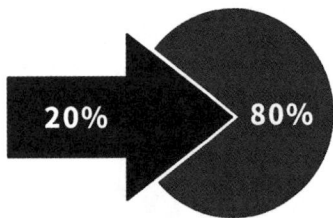

图 5.8 20/80 法则:聚焦核心与关键

将主要精力放在核心业务上,意味着要集中资源和力量,不断提升核心业务的竞争力。这包括持续改进产品或服务质量,提高生产效率,降低成本,加强品牌建设,拓展市场渠道等。通过不断优化和创新,使核心业务能够保持领先地位,满足客户的需求,并抵御竞争对手的挑战。

同时,要避免分散精力去涉足过多的非核心业务领域。虽然一些非核心业务可能在短期内带来一定的收益,但如果过度分散资源,可能会影响核心业务的发展,导致企业失去竞争优势。因此,企业应该专注于核心业务,不断强化自身的核心竞争力。

2. 培养关键人才

识别和培养20%的关键人才,是企业实现可持续发展的关键。这些关键人才通常具备卓越的专业技能、丰富的经验、创新能力和领导潜力,他们能够为企业带来巨大的价值。

为了培养关键人才,企业需要为他们提供培训和学习的机会等更好的发展机会和资源,让他们不断提升自己的能力和知识水平;给予他们挑战性的项目和任务,让他们能够充分发挥自己的潜力;建立激励机制,如薪酬奖励、晋升机会等,以激发他们的工作积极性和创造力。

同时,企业要注重营造良好的企业文化和工作环境,吸引和留住关键人才。提供良好的团队合作氛围、职业发展空间和福利待遇,让关键人才感受到企业的重视和关爱,从而增强他们的归属感和忠诚度。

通过优化资源配置、关注核心业务和培养关键人才,企业能够更好地运用20/80法则,实现高效管理,提升企业的竞争力和绩效。

3. 建立目标和评价体系

为了有效实施20/80法则,管理者应建立清晰的目标和评价体系,帮助企业监控关键领域的投入和产出,确保资源的最优配置。例如,在销售管理中,可以通过客户反馈、销售数据等指标来评估重点客户的贡献度,从而调整资源分配。

4. 动态调整与持续优化

20/80法则的实施不是一成不变的。管理者应根据市场环境和企业发展的变化,定期监控和评估法则的实施效果,通过数据分析,及时调整资源分配策略,以确保企业始终在最关键的领域投入足够的精力,保持竞争优势。将资源集中投入到关键因素上,是运用

20/80法则的核心策略之一。这意味着企业需要精准识别那些对业务成果产生80％影响的20％关键因素,例如核心产品、关键客户、关键市场和关键技术等。通过深入分析和评估,确定这些关键因素的优先级,并将大部分资源倾斜于它们。

　　20/80法则不仅是一个管理工具,更是一种思维方式,它指导管理者在复杂的企业运营中抓住重点、精简策略。"管理的精髓在于将资源集中在最重要的领域。"通过正确实施20/80法则,企业可以在激烈的市场竞争中获得显著的优势,实现可持续的发展。

第九节　用"1234"看绩效管理

　　绩效管理的最终目标是帮助员工实现个人目标,同时实现组织目标。

——(美国) 罗伯特·巴克沃

一、案例导读

　　某地国网公司的一处大型变电站由于运行时间较长,部分设备出现了故障。为保障变电站的正常运行,有关专家召开了专门的研讨会。最初,专家们认为设备故障的主要原因是设备老化,因而设计了一套复杂而详尽的设备维修和更换方案。

　　然而,随着研究的不断深入,专家们发现导致设备故障的直接原因是过高的运行温度,而过高的温度则是由于散热系统效果不佳所致。进一步的调查表明,散热通道被杂物堵塞,而杂物的来源是变电站周围聚集的大量鸟类,这些鸟类被附近的昆虫所吸引,而昆虫大量繁殖的原因是植被环境适宜,且附近有充足的水源和温暖的气候。

最终,解决问题的办法十分简单:定期清理变电站周围的杂物,并对植被进行适当的修剪和管理。而此前设计的复杂设备维修和更换方案由于未能抓住问题的根本原因,成了一纸空文。

(资料来源:汪洪明.变配电设备典型事故或异常100例[M].北京:中国电力出版社,2017.)

思考:

1. 如何在绩效管理中实施系统思考,避免表面化的解决方案?

2. "1234"绩效管理路径如何帮助企业深入问题核心,提升管理效率?

3. 在绩效管理中,如何通过系统的思考来优化目标设定和评估标准?

二、案例延伸

面对复杂问题时,系统性的思考和追根溯源的分析至关重要,这一理念同样适用于优化企业的绩效管理。只有通过科学的管理路径,企业才能有效提升全员的工作效率和整体竞争力。

(一)"1234"绩效管理路径的具体内容

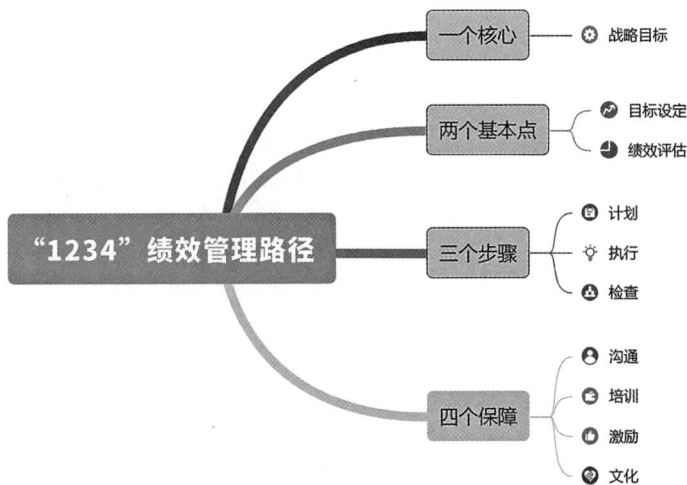

图5.9 "1234"绩效管理路径

1. 一个核心

战略目标是企业绩效管理的核心,它为企业的发展指明了方向。企业应根据自身的愿景和使命,制定明确的战略目标,并将其分解为具体的绩效指标,确保员工的工作与企业的战略目标相一致。

2. 两个基本点

(1)目标设定:目标设定是绩效管理的起点,企业应根据战略目标,为员工设定明确、可衡量的目标。同时,要确保员工理解这些目标的重要性,并给予他们足够的资源和支持来实现这些目标。

（2）绩效评估：绩效评估是对员工工作表现的定期检查，企业应建立科学、公正的绩效评估体系，根据设定的目标和标准，对员工的工作表现进行客观、准确的评估。

3. 三个步骤

（1）计划：在计划阶段，企业应制定详细的工作计划，明确工作任务、责任人、时间节点等，为工作的顺利开展提供指导。

（2）执行：执行阶段是将计划付诸实践的过程，企业应加强对执行过程的监控，确保员工按照计划完成工作任务。

（3）检查：检查阶段是对工作成果的评估和反馈，企业应及时对工作成果进行检查，发现问题及时解决，并对员工的工作表现进行评价和反馈。

4. 四个保障

（1）沟通：沟通是绩效管理的重要保障，企业应建立良好的沟通机制，确保信息的及时、准确传递，让员工了解企业的战略目标、绩效要求等。

（2）培训：培训是提高员工能力的重要手段，企业应根据员工的需求和企业的发展战略，为员工提供有针对性的培训，提高员工的工作能力和绩效水平。

（3）激励：激励是激发员工积极性的重要因素，企业应建立合理的激励机制，根据员工的绩效表现，给予相应的奖励和惩罚，激发员工的工作积极性和创造力。

（4）文化：文化是企业的灵魂，企业应营造积极向上的企业文化，让员工认同企业的价值观和目标，增强员工的归属感和忠诚度。

（二）"1234"绩效管理路径的实施步骤

1. 制定绩效管理方案

（1）绩效管理的目标：确定绩效管理的总体目标，例如提高员工绩效、实现组织战略目标、促进团队合作等。同时，将总体目标分解为具体的、可衡量的阶段性目标。

（2）原则：制定绩效管理应遵循公平公正、透明公开、客观准确、激励导向等原则，确保绩效管理的公正性和有效性。

（3）流程：详细规划绩效管理的流程，包括绩效计划制定、绩效辅导与沟通、绩效评估、绩效反馈与面谈、绩效结果应用等环节，明确每个环节的具体操作步骤和责任人。

（4）方法：选择合适的绩效评估方法，如关键绩效指标（KPI）、目标管理（MBO）、平衡计分卡（BSC）等，根据不同岗位的特点和需求，确定相应的评估指标和权重。

2. 加强培训

企业应组织全面的员工培训，确保员工深入了解绩效管理的目的、意义、方法等。培训内容包括绩效管理的基本概念、流程、评估标准等，以帮助员工明确自己在绩效管理中的角色和责任。在培训方式上，可以采用集中授课、小组讨论、案例分析等多种形式，以增强培训效果。同时，为员工提供实践机会，让他们在实际工作中应用所学知识，从而加深对绩效管理的理解。

3. 实施绩效管理

在绩效评估阶段,应根据事先确定的评估方法和标准,对员工的工作表现进行客观、准确的评估。评估过程中,要注重收集多方面的证据,如工作成果、工作质量、工作态度等,确保评估结果的公正性。在反馈与沟通环节,管理者应及时将评估结果反馈给员工,与员工进行面对面的沟通,帮助员工了解自己的优点和不足,制定改进计划。同时,鼓励员工提出自己的意见和建议,共同探讨提高绩效的方法。

总之,在实施"1234"绩效管理的过程中,要加强对过程的监控,发现问题及时解决。可以建立定期的绩效跟踪机制,对员工的绩效进展情况进行监控和分析,及时调整策略,确保绩效管理的有效性。通过系统的目标设定、科学的评估标准、有效的执行步骤和全方位的保障机制,企业可以显著提升全员的工作效率和整体竞争力,最终实现企业的长远发展。

第十节　打通绩效管理"铁三角"

伟大的成就不是靠单一的努力,而是团队合作的结果。

——(美国)亨利·福特

一、案例导读

华为,作为全球领先的信息与通信技术(ICT)解决方案供应商,以其独特的管理和运作模式备受瞩目。华为绩效管理的"铁三角"模式是其成功的关键因素之一。

华为的铁三角模式是由客户经理(AR)、方案经理(SR)和交付经理(FR)三个角色组成的工作团队。这个团队在华为的销售过程中发挥着至关重要的作用,通过立体化协同式作战,实现了高效的客户服务和项目管理。该模式的核心角色与职责包括:

客户经理(AR):主要负责客户关系、业务需求管理、商务谈判、合同与回款。他们是销售项目的主导者,负责销售目标制定、组建团队、项目运作管理与监控、竞争管理等。

方案经理(SR):主要负责产品需求管理、产品与方案设计、报价与投标、技术问题解决。他们的角色定位是产品格局的构造者、品牌的传播者以及盈利的守护者。

交付经理(FR)：主要负责从订单、制造、物流、安装到交付验收的项目管理。他们是项目交付团队的领导者,负责项目的合规运营,确保项目交付遵从公司的相关管理制度和规定。铁三角模式强调三者的紧密合作与信息共享,以提升整体效率和客户满意度。

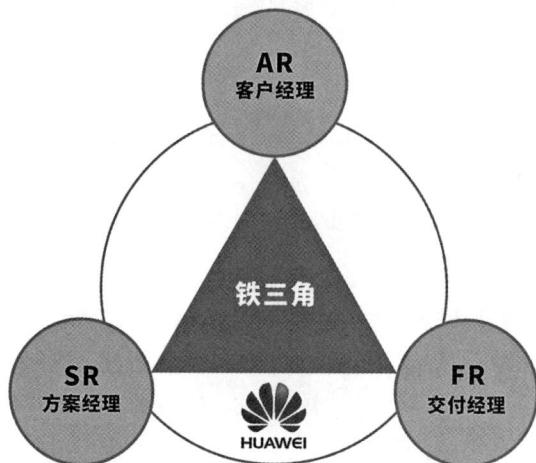

图 5.10　华为"铁三角模式"核心角色

(资料来源:汪廷云.华为绩效管理法[M].广州:广东经济出版社,2017.)

思考:

1. 华为的铁三角模式如何通过协作提升整体绩效?

2. 企业在构建绩效管理体系时,应如何确保各部门协同工作?

3. 在绩效管理中,如何利用信息共享和快速响应机制提高团队效率?

二、案例延伸

正如福特所言,伟大的成就源于团队合作,华为的铁三角模式通过三方协同作战,实现了高效的客户响应和产品创新。绩效管理的"铁三角"模式通过管理者、员工和绩效支持系统的协同作用,实现了绩效目标的高效达成。

(一) 绩效管理"铁三角"的具体内容

1. 管理者的角色和职责

管理者在绩效管理"铁三角"中扮演着重要的角色,他们负责设定绩效目标、提供指导和支持、评估员工绩效等。管理者需要与员工进行沟通,确保员工理解企业的战略目标和绩效要求,并帮助员工制定个人发展计划。

2. 员工的参与和发展

员工是绩效管理的主体,他们需要积极参与绩效目标的制定和实现过程。员工应该明确自己的工作职责和目标,努力提升自己的能力和绩效水平。同时,员工也应该及时反馈工作中的问题和建议,与管理者共同探讨解决方案。

3. 绩效支持系统的作用

绩效支持系统包括绩效评估工具、数据分析平台、培训资源等,它为管理者和员工提供了必要的支持和保障。绩效支持系统可以帮助管理者更准确地评估员工绩效,为员工提供个性化的培训和发展建议,同时也可以促进信息共享和沟通交流。

(二)"铁三角"模式的特点

1. 目标一致性

目标一致性是"铁三角"模式的核心原则。所有角色在这一模式下都朝着共同的目标努力,即满足客户需求并实现组织目标。通过客户需求的中心地位、跨部门协作和共同作战单元的建设,企业能够确保各方资源和行动集中于关键目标,提升整体绩效。

2. 沟通与协作

沟通与协作是确保团队高效运作的关键因素。在"铁三角"模式中,明确的角色和职责、频繁的沟通、信任和尊重是成功的基础。管理者和团队成员通过定期会议、工作报告等形式,保持信息流通和资源共享,从而提高团队协作效率。

3. 角色互补

角色互补是"铁三角"模式成功的关键之一。通过客户经理、解决方案经理和交付经理各自的专业能力和职责的相互补充,形成强大的协同效应。这种分工合作不仅提升了工作效率,还确保了客户需求的全面满足和项目的顺利交付。

(三)如何实施"铁三角"模式

1. 明确角色定位

管理者应清晰界定各团队成员的角色和职责,确保每个人都能在自己的专业领域内充分发挥作用。同时,建立明确的目标导向,确保各方资源和行动集中于企业的核心目标。

2. 建立有效沟通机制

建立高效的沟通机制,包括定期的团队会议、即时通信工具和工作报告系统,确保信息的及时传递和资源的高效共享。信任和尊重是沟通与协作的基础,团队成员应相互信任对方的专业能力和决策。

3. 完善绩效支持系统

通过完善的 IT 系统、数据分析工具和绩效管理制度,为管理者和员工提供必要的支持和保障。这些支持系统能够帮助团队更好地完成目标,并在工作中不断优化和提升绩效。

(四)避免常见误区

在实施"铁三角"模式时,管理者需要特别注意避免以下常见误区,以确保模式的有效性和团队的高效运作。

1. 信息孤岛

信息孤岛现象指的是团队或部门之间缺乏信息共享,导致各自为政,影响整体协作。

在铁三角模式中,如果销售、服务和研发团队之间的信息不能及时流通,将导致决策失误、客户需求得不到有效响应,进而影响客户满意度和企业业绩。

应对策略:

建立统一的信息共享平台,确保所有团队成员能够及时获取必要的信息。

定期组织跨部门沟通会议,促进信息的流通与共享。

在绩效考核中引入信息共享的指标,激励团队成员主动分享信息。

2. 责任推诿

在铁三角模式中,各团队成员有各自的职责,但由于责任划分不清或考核压力,可能会出现相互推卸责任的情况。这不仅会拖延项目进度,还可能影响团队士气和客户满意度。

应对策略:

明确每个团队成员的职责范围和具体工作内容,确保责任分工清晰。

建立问责机制,对责任推诿行为进行及时处理,防止问题扩大。

通过团队建设活动和培训,培养成员的合作意识和责任感,促进团队协作。

3. 形式主义

形式主义是指在执行铁三角模式时,过分强调表面上的流程和形式,而忽视了实际效果。这种做法可能导致团队成员陷入繁琐的程序,忽略了对实际工作成效的关注,最终影响整体绩效。

应对策略:

强调结果导向,以实际数据和绩效结果来衡量工作成效,而不是单纯依赖流程。

简化流程,避免过度的程序化操作,使团队成员能够专注于核心任务。

定期评估和调整流程,确保管理活动贴近实际需求,避免流于形式。

4. 忽视员工发展

在追求绩效目标的过程中,管理者可能过于关注短期业绩,忽略员工的长期职业发展需求。这种忽视会导致员工缺乏成长机会,进而降低工作积极性和团队凝聚力。

应对策略:

兼顾员工的职业规划,帮助他们制定长期发展目标,提供成长机会。

定期组织培训和发展活动,提升员工的技能和职业素养,增强团队整体能力。

建立公平透明的晋升机制,激励员工不断提升自我,实现个人与团队目标的双赢。

绩效管理的"铁三角"模式通过管理者、员工和绩效支持系统的协同作战,实现了企业绩效目标的高效达成。这一模式不仅提升了团队的协同能力,还增强了信息透明度,激发了员工的潜能,优化了资源配置。正如福特所言,团队合作是成就伟大的关键。企业在绩效管理中应充分运用这一模式,推动企业实现持续发展和成功。

第六章

"言值"担当篇

第一节 多方位沟通，消除"沟通死角"

在一个组织中，沟通就像是血液流动，如果血液不流通，组织就会瘫痪。

——（美国）彼得·德鲁克

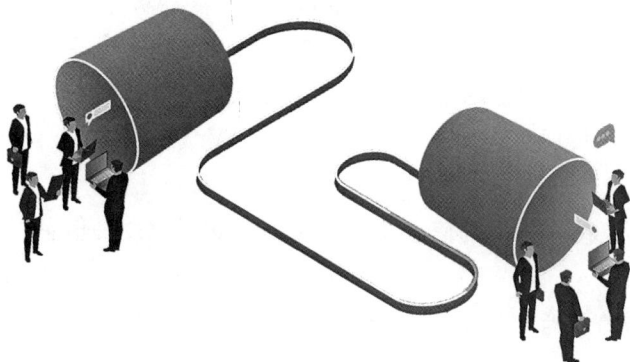

一、案例导读

2023 年春，胡工通过某地电网公司的校园招聘，成功获得了在该地区供电局为期两个月的实习机会。在入职初期，胡工被分配至"政策与业务审批部"进行实习，主要协助李主任负责电力政策宣传、优化电力服务环境以及电力业务许可证的审核与更新工作。其中，胡工参与最多的是协助区域内各供电所进行电力业务许可证的年度复审与换发流程。

某日，李主任指派胡工前往省公司领取某供电所的许可证。李主任已提前与省公司的魏工沟通好，并告知胡工只需到省公司后联系魏工即可取证。然而，当胡工到达省公司并见到魏工后，说明了来意，魏工却表示需要胡工先联系曹科长，由曹科长再联系市局的陈主任，最后由陈主任联系他们的王主任，才能最终拿到证件。胡工按照要求联系了曹科长，在等待了一个小时后，魏工告知胡工，由于王主任正在开会，证件无法及时领取。结果，胡工白跑了一天，证件也未能领到。

这一事件深刻揭示了在团队协作中，沟通不畅将导致工作效率低下、误解增多以及项目延迟。

（资料来源：鸿雁.团队沟通的艺术[M].长春：吉林文史出版社，2020.）

思考：

1. 如何识别和避免组织中的"沟通死角"？

2. 多方位沟通在提升工作效率和团队协作中扮演什么角色？

3. 实施有效沟通策略需要哪些关键要素？

二、案例延伸

多方位沟通不仅仅是信息传递的工具，更是确保组织内部协作顺畅的重要手段。通过建立有效的沟通渠道和机制，企业可以消除"沟通死角"，从而提升整体的工作效率和决策质量。

（一）多方位沟通的要素

多方位沟通是指通过垂直、水平、交叉等渠道，确保信息在组织内无障碍传递，有效提升了企业的协作能力和效率。其核心要素包括：

1. 垂直沟通

确保上下级之间的信息流通，上级的决策和指示能够准确传达到执行层，同时执行层的反馈能够及时传回管理层。

2. 水平沟通

促进同部门或同级别之间的信息共享，确保团队成员之间的信息流通和协作。

3. 交叉沟通

加强跨部门或跨职能的信息互动，促进不同部门之间的协同工作，减少因信息孤岛造成的误解和效率低下。

（二）多方位沟通的深层价值

1. 提升运营效率与决策质量

多方位沟通不仅仅是信息传递的工具，更是提升企业内部运营效率和决策质量的关键手段。通过及时准确的信息传递，管理层可以更快速地掌握真实的业务情况，做出更加科学的决策。员工也能更清楚地理解企业战略和具体任务，从而更高效地完成工作。

2. 增强市场适应与品牌影响力

在外部沟通中，多方位沟通能够帮助企业更敏锐地捕捉市场动态，快速调整策略以适应变化，从而增强市场适应能力。通过有效的沟通策略，企业可以加强与客户、合作伙伴以及媒体的互动，提升品牌的知名度和美誉度。

3. 促进信息流通与减少冲突

有效的多方位沟通确保信息能够在企业内无障碍地流通，从而减少信息不对称带来的误解和冲突。在日常运营中，各部门、层级和职能之间的信息共享至关重要。通过建立透明的沟通机制，企业可以避免因信息封闭或滞后导致的内耗，增强组织的整体协同能力。

（三）实施沟通策略

1. 制定沟通策略

要实施多方位沟通，企业首先需要制定明确的沟通策略。具体来说，企业应明确沟通的目标，识别所有关键的利益相关者。明确目标有助于确保沟通的方向性，而识别利益相关者则确保所有相关方都能参与到沟通过程中。

2. 选择沟通渠道

根据不同利益相关者的特点和沟通目标,企业应选择最合适的沟通渠道。可以选择如面对面的会议、电子邮件、视频会议、即时通信工具等多种方式。每种渠道都有其优势,例如,面对面的会议适合解决复杂问题,而即时通信工具则适合快速反馈。同时,在使用这些渠道时,必须运用有效的沟通技巧,如清晰表达观点、积极倾听对方、适时提问等,确保沟通的有效性和精确性。

3. 促进互动与反馈

有效的沟通不仅仅是信息的传递,更重要的是建立互动与反馈机制。在沟通过程中,鼓励员工积极参与讨论,并通过反馈机制确保信息能够双向流通。此外,跨文化沟通也是不可忽视的部分。在全球化企业中,尊重并理解不同文化背景的差异,是促进沟通成功的关键。

(四)有效的沟通技巧

图 6.1 有效的沟通技巧

1. 清晰表达

在沟通中,使用简明扼要的语言来传达你的观点和需求,避免使用冗长、复杂的句子。这样可以确保对方准确理解你的意图,减少误解的可能性。例如,在会议上陈述意见时,先总结关键点,然后再详细解释,以便让听众快速抓住重点。

2. 积极倾听

倾听不仅仅是听到对方的话,而是要真正理解对方的意思。通过点头、微笑或适时的简短回应来表示你在认真倾听。这样不仅可以让对方感受到被尊重,还能促进更深入的交流。

3. 适时提问

在沟通过程中,适时提出问题可以帮助澄清疑惑并引导对话深入。使用开放性问题(如"你怎么看这个问题?")可以鼓励对方分享更多信息,而闭合性问题(如"这个解决方案你能接受吗?")则有助于确认具体的细节和决定。

4. 非语言沟通

非语言信号,如身体语言、面部表情和姿态,往往比言语本身传达更多的信息。保持自信而专注的姿态,确保与对方的眼神接触,可以传递出你的专注和诚意。

5. 书面沟通

当需要通过书面形式传达信息时,确保内容简洁明了,避免复杂的句式和冗余的描述。逻辑清晰的结构可以帮助读者快速理解你的意图。在发送邮件或正式文件前,务必仔细检查语法和拼写错误,以保证传递的信息准确无误。

良好的沟通是任何领导者的职责,它不仅能带来理解,更能激发信任和合作。在现代企业中,信息的畅通传递是高效运作的关键。通过建立有效的多方位沟通机制,企业不仅可以提升内部的协同效率,还能增强外部适应能力,最终推动企业持续发展和竞争力的提升。

第二节　私下批评并非全是良策

批评可以造就一个更强大的人,但前提是,批评要被恰当地传达。

——(英国)伯纳德·巴尔扎克

一、案例导读

史瑞德作为部门主管,每周都会主持例会,共同探讨如何解决现阶段的一系列问题,以确保能够按期完成季度目标。在他的团队当中,有一位名叫史密斯的员工,由于未能赶上两个关键的截止日期,致使整个项目不得不延期完成。史瑞德对这件事心知肚明,并且也清楚,史密斯已经不止一次犯下类似的错误。其他员工对史密斯的表现极为失望。然而,史瑞德决定不在例会上公开批评史密斯,而是选择私下处理此事。可是,其他员工看到史瑞德并未对犯错的员工进行公开批评,便认为犯错并无大碍,这导致团队中散漫拖沓的情形有所增加。不仅员工的责任感受到了极大的影响,高层领导对史瑞德的管理能力也产生了怀疑,最终不得不撤销了他的职位。

(资料来源:薛志娟. 做个会带人、会管人、会帮人的中层领导[M]. 成都:成都时代出版社,2016.)

思考:

1. 私下批评是否总是最佳选择?

2. 公开批评会影响团队的责任感和协作精神吗?

3. 管理者应如何平衡私下批评与公开批评?

二、案例延伸

在管理实践中,"私下批评"作为一种策略,确实在某些时候能够减少矛盾,避免伤人,并以委婉的方式解决问题。然而,私下批评并非全是良策,公开批评有时更能明确责任,促进团队的责任感和效率。而私下批评过度可能传递错误信息,助长不良风气。正如巴尔扎克所言,批评必须恰当地传达,否则可能无法实现其应有的效果。

(一)"私下批评"的局限性

1. 容易导致信息不对称

私下批评通常只在管理者和犯错员工之间进行,其他员工可能对具体情况一无所知。这可能会导致他们对事情的真相产生误解或进行无端猜测,从而影响团队内部的信任和沟通。例如,在史瑞德的案例中,其他员工只知道项目延期了,但不清楚具体原因是史密斯的多次失误。他们可能会认为是其他因素导致的,或者对史密斯产生无端的猜测,认为他可能有特殊的背景或关系,才得以避免公开批评。这种信息不对称会破坏团队的凝聚力,使员工之间产生隔阂。

2. 助长不良风气

当犯错的员工没有受到应有的公开批评时,其他员工可能会认为这种行为是被默许的,从而降低对自己的要求,导致类似的错误再次发生。比如,其他员工看到史密斯多次犯错却没有受到公开指责,可能会觉得自己也可以放松对工作的要求,即使犯了错也可能不会受到严重的惩罚。这样一来,团队中的工作纪律和责任感会逐渐淡薄,不良风气会逐渐蔓延,最终影响整个团队的绩效。

3. 不利于问题的彻底解决

私下批评可能无法让犯错的员工充分认识到问题的严重性,因为他们可能会认为这只是与管理者之间的个别交流,不会对自己的形象和声誉产生太大影响。同时,其他员工也无法从中学到教训,因为他们没有亲眼看到犯错的后果和管理者的态度。

(二)公开批评的必要性

1. 明确责任

公开批评可以让犯错的员工明确自己的责任,使其无法逃避或推卸责任。在团队面前,他们会更加清楚地认识到自己的行为对整个团队的影响,从而更认真对待工作并努力改正错误。例如,如果史瑞德在例会上公开批评史密斯,史密斯就会明白自己的失误影响了整个团队的进度和目标,他会更加深刻地认识到自己的责任。

2. 促进公平

公开批评可以保证公平公正,避免员工之间产生不公平的感觉,增强团队的公平感和正义感。如果史瑞德对史密斯的错误进行公开批评,其他员工会看到管理者对所有员工一视同仁,无论是谁犯了错,都会受到相应的批评和处理。这样可以维护团队的公平环境,激励员工更加努力地工作。

3. 增强团队意识

公开批评可以让员工意识到自己的行为不仅仅影响个人,还会影响整个团队的利益和声誉。这有助于增强员工的团队意识和责任感,使他们更加注重团队的合作和整体利益。当史瑞德公开批评史密斯时,其他员工会意识到每个人的工作都与团队的成功息息相关,他们会更加关注团队的目标,积极配合其他成员,共同努力提高团队的绩效。

(三) 私下批评与公开批评的比较

1. 效果方面

公开批评能够更明确地指出问题,让犯错员工和其他员工都能清楚认识到错误的严重性,从而更能促使犯错员工改正错误,同时也能对其他员工起到警示作用,预防类似错误的发生。而私下批评可能无法达到这样的效果,犯错员工可能没有足够的压力去改正错误,其他员工也可能因为不了解情况而无法从中吸取教训。

2. 影响方面

公开批评可能会对犯错员工的自尊心造成一定的伤害,但如果处理得当,可以激发他们的斗志,促使他们更努力地工作。同时,公开批评也能增强团队的凝聚力和向心力,让员工更加团结在管理者周围。私下批评则可能会让犯错员工感到侥幸,认为自己的错误没有被公开揭露,从而可能会再次犯错。此外,私下批评也可能会让其他员工对管理者的公正性产生怀疑,影响团队的和谐氛围。

3. 适用情况

公开批评适用于一些严重的错误或涉及团队整体利益的问题,需要让所有员工都清楚地了解情况,以避免类似错误的再次发生。而私下批评则适用于一些轻微的错误或涉及员工个人隐私的问题,为了保护员工的自尊心,可以选择私下进行批评教育。

(四) 如何进行有效的公开批评

图 6.2　有效公开批评的注意事项

1. 选择合适的时机和场合

公开批评应该选择在适当的时机和场合进行,避免在员工情绪激动或紧张的时候进行批评,以免影响批评的效果。

2. 注意语言和态度

批评时应该注意语言和态度,避免使用过激或侮辱性的语言,以免伤害员工的自尊心。要用客观、理性的语言指出员工的错误和问题,并提出具体的改进建议。

3. 提出改进建议

批评的目的是为了帮助员工改进,因此在批评的同时,应该提出具体的改进建议,帮助员工找到解决问题的方法。

如托马斯·卡莱尔所言:"没有长夜痛哭过的人,不足以谈人生。"管理者也应明白,没有经历过批评的人,无法真正成长。想要让员工成为精英,管理者必须帮助他们具备在公开场合承受批评的能力,进而提升团队的整体表现和竞争力。

第三节　沟通管理也需"私人定制"

有效的沟通取决于沟通者对话题的充分掌握,而非措辞的甜美。

——(英国)葛洛夫

一、案例导读

乡镇供电所作为供电企业最基本的管理单元以及最基础的服务场所,直接面向"三农"工作,在服务乡村振兴方面发挥着至关重要的作用。它与当地的乡镇党委政府、村委会、企业和客户之间的沟通可谓至关重要。某地国网公司坚持以问题为导向,牢固树立"沟通创造价值"的理念,积极探索并大力推进乡镇供电所的沟通管理创新,成功构建了乡音"1+1"利益相关方"私人定制"沟通机制。该机制聚焦乡村振兴中的各类民生议题,切实加强供电服务信息资源的交流与共享,致力于让客户用电更明白、更舒心。

（资料来源:甘肃电力:乡音1＋1沟通零距离,澎湃新闻,2023年4月12日,https:/m. thepaper. cn/baijiahao_22669177）

思考:

1. 如何识别并解决沟通中的"堵点"?

2. 如何通过换位思考来优化沟通管理?

3. 如何在实际工作中落实"私人定制"沟通策略?

二、案例延伸

在现代管理中,沟通不仅仅是信息的传递,更是企业与利益相关方之间建立信任和共识的重要手段。定制沟通策略有助于提升客户的满意度,尤其在复杂业务中,通过定期沟通和反馈机制,企业可以更好地服务客户需求。

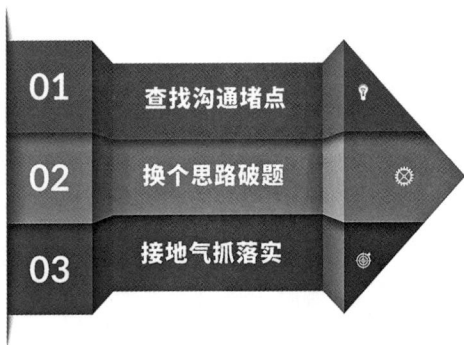

图6.3 定制化沟通策略

（一）查找沟通堵点

沟通是疏通企业与利益相关方之间"堵点"的关键所在。所谓"沟通堵点",是指信息传递过程中存在的障碍或滞后现象,导致利益相关方无法及时、准确地获取关键信息,进而影响决策或合作。案例中,针对这种情况,电力企业管理者需要积极主动地查找并解决这些堵点,以确保信息畅通无阻。

在乡镇供电所的日常运营中,与乡镇党委政府、村委会、企业和客户之间的沟通往往存在着层级多、流程长、信息不对称等问题。例如,乡镇供电所可能在面对村委会或企业时,无法及时传递最新的电价政策或电力服务调整信息,从而导致客户对供电服务产生不满和误解。因此,供电公司采取了主动沟通的策略,通过建立定期的双月汇报机制,与地方政府相关部门保持密切联系,确保在涉及地方经济和社会发展的重要事项上,能够第一时间与政府相关部门进行沟通,达成一致意见。此外,供电公司还通过"公众开放日""社会责任周"和"走进国家电网"体验活动等形式,加强与社会各界的互动,打破信息传递的壁垒,形成常态化、透明化的沟通格局。这些措施有助于减少信息滞后和误解,及时消除沟通中的"堵点",确保各方的利益得到维护和尊重。

（二）换个思路破题

要解决沟通不畅的问题,供电公司采取了"换位思考"的方式,从利益相关方的角度重新审视内部工作,优化沟通策略。具体来说,供电公司通过定期汇报、上门走访、座谈交流等多种形式,系统地识别各类利益相关方的期望、诉求和资源优势。针对这些信息,公司对利益相关方进行了分类管理,依据其重要性、诉求的紧迫性和实现的难易程度,制定了相应的沟通策略。

在实际操作中,供电公司充分调动了乡镇供电所员工的积极性和主动性,让他们在"点对点""一对一"的沟通中,深入了解各方的具体诉求,并及时、准确地披露电网建设规划、电力设施保护、电价电费等相关政策信息。这种定制化的沟通方式,有助于建立信任,增强利益相关方对供电服务的理解和支持。

此外,供电公司还特别注重沟通方式的优化,针对不同对象采用不同的沟通手段。比如,针对老年客户,公司会选择易于理解的语言和通俗易懂的表达方式,确保政策传达的有效性;而针对企业客户,公司则提供详细的数据支持和专业的技术解释,以满足企业对电力服务的高标准要求。通过这些差异化的沟通策略,供电公司能够更好地满足各类利益相关方的需求,促进内部工作外部化,确保信息传递的准确性和有效性,最终达到优化沟通效果的目的。

(三)接地气抓落实

在乡镇供电所的实际工作中,供电公司深入基层,通过与乡镇政府、村委会、企业和客户的紧密对接,建立了一对一的联络关系,以确保沟通的及时性和有效性。为此,供电公司不仅在每个乡镇设立了固定的沟通联络员,还建成了以员工为核心的"1+1"沟通网络。通过这个网络,供电所所长、班长和台区经理能够直接与各方保持联系,确保重要信息的及时传达。

在实际操作中,供电公司还通过"比邻"服务圈、网格化服务微信群、电话沟通和上门走访等多种形式,与客户保持紧密联系。例如,在面对可能的停电情况时,供电公司会提前通过微信群或电话通知相关客户,确保客户能够及时做好准备,减少停电对日常生活和生产的影响。此外,供电公司还不定期开展外部期望征集活动,收集客户和其他利益相关方的意见和建议。这些意见和建议被纳入供电公司的服务改进计划中,形成了一套闭环的反馈机制,确保供电服务能够不断优化。

这种"接地气"的沟通策略,不仅增强了供电公司的服务意识,也大大提高了客户的满意度。在沟通中,供电公司不仅传递了信息,更赢得了客户的信任和支持,为乡村振兴和地方经济发展做出了积极贡献。

"经济要发展,电力应先行"。电力公司肩负着为国民经济和人民生活提供安全、可靠电力的责任,通过主动、精准的沟通,提升服务质量,确保客户满意。通过深入的客户现场沟通,企业能够更好地了解客户需求,提升"服务于党和国家工作大局,服务于电力客户,服务于社会经济发展"的水平,实现社会效益和企业效益的双赢。

乡镇供电所的良好沟通管理对于乡村振兴至关重要。通过不断查找沟通堵点、换位思考优化策略以及扎实落实"私人定制"沟通机制,供电公司能够更好地服务乡村,为乡村经济发展提供坚实的电力保障。在查找沟通堵点方面,供电公司不仅要关注信息传递的及时性和准确性,还要深入分析信息不对称的原因,从流程优化、技术升级等多方面入手,确保信息能够顺畅地在各方之间流动。在换个思路破题的过程中,换位思考不仅仅是一种方法,更是一种理念,要真正站在利益相关方的角度去思考问题,了解他们的需求和痛点,才能制定出切实可行的沟通策略。而在落实"私人定制"沟通策略时,要注重细节,根据不同的对象和情况进行灵活调整,确保沟通的有效性和针对性。只有这样,乡镇供电所才能在服务乡村振兴的道路上发挥更大的作用,为实现乡村的繁荣发展贡献更多的力量。

第四节　"曲线沟通"给交流带上保护壳

沟通是一门艺术,需要技巧和策略,但更需要理解和耐心。

——(美国)约翰·C·麦克斯韦

一、案例导读

孟美是一家设计企业的新进员工,刚毕业便踏入了这家设计企业的市场部开启职业生涯。她的顶头上司是一位令人钦佩的女强人,平日里待人和善,尽显精明能干之姿。工作数月后,孟美接到了一项重要任务——起草标书,原来企业要参与投标一个小区的设计工程。这可是孟美首次接到独立制作标书的任务,她内心既兴奋不已,又隐隐有些担忧,毕竟此次竞标是否成功,似乎全都压在了她一个人身上。孟美紧锣密鼓地忙碌了好几天,最终将一份精心制作的 20 页标书呈交给了女上司。然而,经理只是匆匆粗略地扫了一眼,便让她先回去等候反馈。

等待反馈的过程着实难熬,孟美整日提心吊胆,生怕因为自己考虑不够周全而被经理叫到办公室狠狠批评一顿。可是,到了第二天,经理那边依旧毫无动静。就在孟美焦躁不安、为此愁眉不展的时候,部门里资历最老的同事主动过来询问道:"小孟,你的标书做得怎么样啦?需不需要我帮忙给你瞧瞧?"孟美犹如抓住了救命稻草,赶紧打印了一份标书拿给他看。这位老同事格外耐心、细心,用红笔在标书上进行了大量的修改,对一些关键数据进行了仔细查验,并改正了其中不正确的部分。耗费了整整一下午的时间,终于将标书完善得更加出色。后来,企业竞标成功,在庆功会上,经理对孟美的表现给予了高度赞扬,称她为企业立下了大功。

孟美对老同事的鼎力相助感激涕零,于是主动邀请他共进晚餐,以表谢意。在饭桌上,这位老同事透露,其实是经理特意安排他来帮助孟美,并告知他标书哪些地方需要改正和完善。"为什么不直接告诉我呢?"孟美满心疑惑。这位同事解释道:"可能是因为你刚来企业不久,又是第一次接到如此重要的工作,经理怕直接指出问题会打击你的积极性,所以采取了这样一种'曲线沟通'的方式。"听闻此言,孟美对经理顿时充满了深深的敬意。

(资料来源:薛志娟.做个会带人会管人会帮人的中层领导[M].成都:成都时代出版社,2016.)

思考:

1. 为什么上司选择通过第三方而不是直接对孟美进行反馈?

2. 在什么情况下,"曲线沟通"比直接沟通更有效?

3. "曲线沟通"在管理中的应用需要注意哪些关键点?

二、案例延伸

在管理领域中,有时直接的反馈可能会给员工带来巨大的压力和挫败感,尤其是对于那些刚入职的新员工而言。在这种情况下,选择一种更为柔和的"曲线沟通"方式,不仅可以达到同样的沟通效果,还能够有效地保护员工的自尊心和积极性。

(一)"曲线沟通"的概念

"曲线沟通"指的是管理者通过第三方或间接方式与员工进行沟通,以避免直接的对抗或尴尬局面的出现。

(二)"曲线沟通"的优势

"曲线沟通"的最大优势在于其柔和性和间接性。它能够在不直接对员工造成压力的情况下,巧妙地传达重要信息和反馈。通过第三方的介入,能够极大地减少冲突和对立的风险,使员工更容易接受批评和建议。同时,"曲线沟通"还能有力地促进团队内部的协作与信任,确保沟通更加顺畅无阻。

(三)适合"曲线沟通"的场景

1. 员工情绪敏感或自尊心较强时

当员工对批评比较敏感,直接指出问题可能会导致他们情绪低落或产生抵触情绪时,"曲线沟通"可以避免伤害他们的自尊心,同时让他们更容易接受建议。例如,对于一些性格内向、心思细腻的员工,直接的批评可能会让他们陷入自我怀疑和沮丧之中,而通过第三方的委婉传达,可以让他们在不感到过于难堪的情况下认识到自己的问题,并积极寻求改进的方法。

2. 涉及复杂问题或人际关系时

在处理一些复杂的问题或涉及人际关系的问题时，"曲线沟通"可以通过第三方的介入，更好地了解各方的想法和需求，从而找到更合适的解决方案。比如，在团队合作中出现矛盾和分歧时，如果管理者直接介入，可能会让双方感到压力，甚至加剧矛盾。而通过一个中立的第三方进行调解和沟通，可以让双方更加冷静地表达自己的观点，共同寻找解决问题的途径。

3. 需要保护员工隐私时

如果问题涉及员工的隐私，直接沟通可能会让员工感到尴尬或不安，"曲线沟通"可以在保护员工隐私的同时，有效地解决问题。例如，员工在工作中遇到一些个人问题影响了工作表现，管理者可以让该员工信任的同事去进行沟通，了解情况并提供帮助，既避免了直接询问员工隐私带来的不适，又能及时解决问题，保障工作的顺利进行。

（四）"曲线沟通"与直线沟通的比较

在沟通方式的选择上，管理者需要根据具体情况慎重决定采用"曲线沟通"还是直线沟通。直线沟通，即直接面对面沟通，通常适用于紧急情况或需要立即解决的问题。它的优点在于沟通效率高、信息传递清晰，并且可以快速获得反馈。然而，直线沟通的直接性有时会给员工带来压力，尤其是在负面反馈时，可能会严重影响员工的情绪和积极性。

相比之下，"曲线沟通"更为柔和，适合于在不损伤员工自尊的前提下传达批评或建议的场合。"曲线沟通"通过第三方的介入，减少了直接对抗的风险，并可以缓和紧张的气氛。然而，其缺点在于沟通过程可能较为缓慢，且信息传递的准确性可能受到第三方理解的影响。因此，在选择沟通方式时，管理者需要综合考虑问题的紧急程度、员工的个性特点以及沟通的目的等因素，以做出最合适的决策。

（五）"曲线沟通"的实施要点

图 6.4　实施"曲线沟通"时的注意要点

在实施"曲线沟通"时,管理者需要注意以下几个要点:

(1)选择合适的第三方:确保第三方与员工关系融洽且具备足够的能力和影响力,以便有效传达信息和提供帮助。第三方应该是员工信任的人,能够在不引起员工反感的情况下,准确地传达管理者的意图。同时,第三方还需要具备一定的沟通能力和解决问题的能力,能够在沟通中给予员工合理的建议和支持。

(2)明确沟通目的:在选择"曲线沟通"时,管理者应明确其目的,并确保第三方能够理解并准确传达管理者的意图。管理者需要清楚地知道自己想要通过"曲线沟通"达到什么样的效果,是解决问题、提供建议还是鼓励员工? 只有明确了沟通目的,才能更好地指导第三方进行沟通,并确保沟通的效果符合预期。

(3)关注沟通效果:管理者应及时跟进"曲线沟通"的效果,确保员工在接受反馈后能够做出积极的调整和改进。在"曲线沟通"实施后,管理者可以通过观察员工的行为变化、工作表现等方面来评估沟通的效果。

总之,沟通的目的是为了达成理解和共识,沟通不仅能带来理解,更能激发信任和合作,而"曲线沟通"则为此提供了一种温和而有效的途径。在管理中,懂得因人而异、因事而异地选择沟通方式,才能真正推动团队的协作与成长。

第五节 防止有效沟通"脱轨"

管理的艺术在于沟通。

——(美国)乔治·西蒙斯

一、案例导读

某日下午,客户服务部的孙工接到了 A 客户的电话,对方急需一份分析报告,且最迟需在当天晚上 8 点前给出,否则将会给 A 客户带来极大的损失。孙工在收到这一信息后,心急如焚,第一时间将问题反馈给了内部责任同事李工,并详细阐明了问题的严重性,明确要求必须在当晚8点前给出报告。然而,当晚8点,李工仍未能给出报告。孙工追问其原因,李工解释道:"我一收到你的要求后,马上就向A部的陈主管和B部的周工等人发出了邮件,也告知了他们这件事情的紧急程度。但截至目前,他们都没有提供相关资料。我刚才还在给他们打电话,可有些人已经下班了,根本联系不上。在这种情况下,你让我如何出报告呢?"说完,李工准备离开,并表示只能在明天上班后再找相关同事收集资料,争取第一时间赶出报告。在这个案例中,由于未能及时进行有效沟通,导致A客户遭受了惨重的损失。

(资料来源:杜慕群.管理沟通案例[M].北京:清华大学出版社,2013.)

思考:

1. 为什么李工没有及时跟进和确认其他部门的反馈?

2. 孙工在传达紧急任务时,应该采取哪些措施确保任务顺利完成?

3. 如何建立一套有效的沟通机制,防止类似问题再次发生?

二、案例延伸

沟通,在企业中乃是不可或缺的关键一环。有效的沟通不仅需要清晰表达,还必须建立跟进机制,以防任务进展出现偏差,确保沟通的闭环。

(一) 沟通的定义和有效沟通定律

沟通是为了设定的目标,将信息、思想和情感在个人或群体间进行传递,并达成共同协议的过程。

有效沟通定律是:你想怎样被对待,就怎样对待别人,以别人喜欢的方式去对待他们,其核心在于换位思考。[①]

(二) 言语表述因素和非言语表述因素

1. 言语表述因素

讲话堪称一门艺术,口头沟通能力的优劣决定了工作、社交以及个人生活的品质与效益。提升口头沟通表达力的方法包括:先对要表达的资料进行过滤,浓缩成几个要点,一次阐述一个;使用双方都能够理解的特定字眼和用语;长话短说,表述务必简明扼要;确认对方真正了解自己的意思。沟通的最终目的是说服他人采取积极正确的行动,在进行口头沟通时,讲话的内容要注意少讲讥笑、批评以及带情绪性的话语,多讲赞美、鼓励、就事论事的话。

此外,还可以运用以下沟通技巧:

(1) 清晰表达:确保自己的语言清晰、准确,避免出现模糊或歧义的表达;

(2) 积极倾听:给予对方充分的关注和倾听,理解他们的观点和需求;

---

① 李劲.沟通陷阱[M].苏州:古吴轩出版社,2021.

（3）反馈确认：及时给予对方反馈，确认自己理解了对方的意思，同时也让对方知道自己的意见被听到了；

（4）适当举例：通过举例来支持自己的观点，使表达更加生动、具体；

（5）尊重对方：尊重对方的意见和感受，避免争吵和冲突。

2. 非言语表述因素

手势、头部动作和眼神等非言语表述因素同样能够传达信息。例如，拍手表示高兴，捶胸表示悲痛，挥拳表示愤怒，摊开手表示真诚、坦然或无可奈何；点头表示同意，昂首表示骄傲，摇头表示否定，垂头表示沮丧，侧看表示不服；眼睛是灵魂之窗，人的一切情绪、态度和感情的变化都可以从眼睛中显示出来。

在非言语沟通中，要注意以下几点：

（1）保持良好的姿态：挺胸抬头，展现出自信和尊重；

（2）运用恰当的手势：手势要自然、得体，不要过于夸张或生硬；

（3）注意眼神交流：与对方保持眼神接触，表达专注和真诚；

（4）微笑：微笑是一种友好的信号，能够缓解紧张气氛，增强亲和力。

（三）有效倾听和沟通方向

1. 有效倾听

在沟通过程中，有效倾听至关重要。调整自己的心态，不要自认为知道对方要说什么，培养主动倾听的技巧，集中注意力，排除外来干扰和分神的事情。例如可以深呼吸，从一数到二十，找一个让自己一定要注意倾听的理由，在脑中把对方的话转换成自己能够理解的话，保持目光接触。

具体表现在：

（1）倾听时保持专注，不要打断对方的发言；

（2）用自己的语言重复对方的话，以确认理解是否准确；

（3）提出问题，以进一步澄清对方的意思；

（4）给予对方积极的反馈，如点头、微笑等。

2. 沟通方向

工作中的沟通方向包括和上级沟通、和同级沟通以及和下级沟通。和上级沟通要自动报告工作进度，对上司的询问有问必答且回答清楚，充实自己以了解上司的言语，接受批评，并确保同样错误不再发生三次，不忙的时候主动帮助别人，毫无怨言地接受任务，对自己的业务主动提出改善计划。和同级沟通要主动、体谅、谦让，先提供协助再要求对方配合，分析利弊，追求双赢结果，帮忙要在明处。和下级沟通要了解状况和瓶颈，提供方法、紧盯过程、接受意见、共谋对策，适当给予下属尝试的机会。

在不同的沟通方向中，可以根据具体情况选择合适的沟通方式和技巧，例如：

（1）和上级沟通时，要注意语言得体、尊重上级的意见，同时也要敢于表达自己的想法；

（2）和同级沟通时，要注重合作和协调，避免过于强势或消极；

（3）和下级沟通时，要给予鼓励和支持，明确工作目标和要求。

（四）提高沟通效率的方法

（1）提前准备：在沟通之前，明确沟通的目的和重点，准备好相关的资料和信息，以便能够清晰地表达自己的观点；

（2）选择合适的沟通方式：根据沟通的内容和对象，选择合适的沟通方式，如面对面沟通、电话沟通、邮件沟通等；

（3）控制沟通时间：避免沟通时间过长或过短，确保在有限的时间内传达关键信息；

图 6.5　提高沟通效率的方法

（4）建立良好的沟通氛围：营造轻松、开放的沟通氛围，让对方能够畅所欲言，表达自己的真实想法；

（5）及时反馈：在沟通中，及时给予对方反馈，确认对方是否理解了自己的意思，同时也表达自己的态度和意见；

（6）跟进落实：沟通后，及时跟进落实沟通的结果，确保双方达成的共识能够得到有效执行。

沟通是企业管理的基石，一个人的成功30％靠才能，70％靠人际关系。在企业中，良好的沟通不仅能够建立和谐的人际关系，更能确保信息的高效传递和执行，进而推动企业目标的实现。通过建立完善的沟通机制，企业可以有效地防止沟通"脱轨"，实现高效管理。

第六节　巧用"高帽子"管理下属

称赞就像阳光一样，它能让人茁壮成长。

——（美国）弗朗西斯·培根

一、案例导读

"戴高帽子"是一句俗语,通常用来形容通过夸奖或奉承的话语,故意让别人感到高兴或自豪。有个故事讲到,有一个官员要到外地去任职,离开前去和他的老师告别。他的老师说:"外面的官不容易做,应当谨慎些。"那人说:"我准备了一百顶高帽,逢人就送他一顶,应当不至于有关系不融洽的人。"老师生气地说:"我们以正直的原则做事,为什么要这样呢?"那人说:"天下像老师您这样不喜欢戴高帽的人,能有几人呢?"老师点了点头说:"你的话也不是没有道理。"那个人出来后对别人说:"我有一百顶高帽子,现在只剩九十九顶了。"同时,后人据《通俗篇·服饰》记载:"今谓虚自张大,冀人誉己者,曰:好戴高帽子,盖因乎此。"即是说,自此以后,凡是受人恭维或恭维别人,都称之为"戴高帽子"。

兴安供电公司送电工区 48 岁的牛师傅,一个人坚守库房整整三个月,全力进行带电作业工器具库房的筹建、监督以及工区旧库房改造工作。他起早贪黑,任劳任怨,无论遇到什么困难都从未退缩。领导参观后,对他给予了高度赞扬:"多亏了牛师傅的尽职尽责,为项目的建设提供了有力的保障。牛师傅这种敬业精神和无私奉献的态度值得我们所有人学习,他是我们的榜样,我们应当以他为标杆,努力在各自的岗位上发光发热……"。之后,他跟谁说起来都很自豪,仿佛所有的辛劳已在那一刻化作乌有。

翟灏. 通俗篇[M]. 北京:东方出版社. 2012.

思考：

1. 为什么说"戴高帽子"对管理下属有作用？

2. "戴高帽子"有哪些技巧和方法？

3. 如何避免"戴高帽子"过度产生不良影响？

二、案例延伸

管理的艺术在于如何有效地激励和引导员工，巧妙的称赞能够在无形中增强员工的工作动力和信心。管理者在适当时候通过赞扬员工的成绩，可以增强其自豪感和工作积极性，称赞应当真实且适时，避免虚夸和过度使用。[①] 但在管理实践中，"戴高帽子"虽有神奇功效，使用时却需要谨慎，方法得当才能取得预期效果。

（一）"戴高帽子"的优势

"戴高帽子"并非一概而论的不好行为，在管理中，它有着特定的积极作用。当一个人的才能得到他人赞扬、鼓励时，他会产生发挥更大才能的强烈欲望和巨大力量。对于管理者来说，恰当给下属"戴高帽子"，能赢得下属的好感和信任，尤其对于不太自信的下属，更是一种极大的激励，让他们充满自信地去完成任务。

例如，在兴安供电公司送电工区，牛春和师傅受到领导的表扬后，内心充满了自豪，脸上洋溢着幸福的笑容。这充分体现了"戴高帽子"对下属的激励作用，让他们感受到自己的价值和努力被高度认可，从而激发他们更加努力地工作，为实现团队的目标贡献自己的力量。

（二）"戴高帽子"的艺术

1. 深度洞悉团队成员

（1）细致观察工作风貌：管理者需细致入微地观察团队成员在日常工作中的具体作为，从任务完成的质量、效率到创新思维、团队协作等全面考量，不仅要关注他们的工作成果，还要留意他们在工作过程中所展现出的态度、方法和努力程度。

（2）挖掘个人独特优势：了解每位团队成员的个人长处，如沟通技巧、专业技能或潜在领导力，并据此给予针对性的赞美。每个人都有自己的闪光点，管理者要善于发现这些独特之处，给予个性化的赞扬，让员工感受到自己在团队中的不可替代性。

（3）见证成长轨迹：持续关注团队成员的成长轨迹，对他们的每一点进步都给予及时的肯定与鼓励。从新员工的适应过程到老员工的不断提升，都要给予关注和赞美，让员工感受到自己在不断成长和进步，增强他们的自信心和归属感。

2. 精准把握赞美时机

（1）成就辉煌时刻：当团队成员取得显著成就时，如项目圆满成功、客户高度评价等，及时送上赞美之词，强化正面效应。在这个时刻，员工的成就感最为强烈，此时的赞美能够让他们更加深刻地感受到自己的努力得到了回报，进一步激发他们的工作热情。

---

① 选自百度文库《管理中的激励策略》。

（2）挑战中的鼓舞：在团队成员面临挑战与困难时，用赞美为他们加油打气，增强其克服困难的信心与勇气，告诉他们"你有能力克服这个困难""你的努力大家都看在眼里"，让他们感受到自己不是一个人在战斗，有团队的支持和鼓励。

图 6.6　赞美能增强克服困难的信心与勇气

（3）团队协作亮点：在团队合作中，特别关注并赞美那些展现出色的团队精神和协作能力的成员，让员工明白自己的贡献不仅仅是个人的，更是团队的，增强团队凝聚力。

3. 运用具体而生动的语言

（1）描绘具体行为：在赞美时具体描述团队成员的行为与成就，让赞美更加具体、生动、有说服力。不要只是泛泛而谈地说"你做得很好"，而是要具体指出"你在这个项目中提出的创新思路，为我们节省了大量的时间和成本，非常了不起"。

（2）强调正面效应：阐述这些行为对团队或组织的积极影响，让团队成员感受到自己的价值所在。例如"你的高效工作让我们整个团队的进度提前了，为项目的成功奠定了坚实的基础"。

（3）融合个性特征：结合团队成员的个性特点进行赞美，使其感受到独一无二的被认可感。如果员工性格开朗，就可以说"你的乐观积极总是能感染大家，让团队充满活力"；如果员工比较细心，就可以说"你的细致入微让我们避免了很多错误，真是我们的贴心小天使"。

4. 保持真挚的赞美态度

（1）源自内心的赞美："戴高帽子"必须是真诚的，发自内心的赞扬才能真正打动下属。领导在赞扬下属时，要真正看到他们的努力和成就，而不是为了讨好而虚伪地赞扬。只有真诚的赞美才能建立起良好的信任关系，让员工感受到管理者的关心和尊重。

（2）避免夸大其词：赞美应基于事实，避免过度夸张以免产生反效果。不切实际的赞扬会让下属感到不真实，甚至会让他们怀疑自己的能力。要保持客观和真实，给予恰当的赞扬。

（3）全面考量表现：在赞扬下属时，不要只关注某一个方面的成就，而要综合考虑他们的整体表现。例如对一个员工，既赞扬他的工作成果，也肯定他在团队合作、学习进步等方面的表现。这样可以让员工感受到自己的全面发展得到了认可,激发他们在各个方面不断努力。

5. 融合多元激励策略

(1) 提供成长平台:在给下属"戴高帽子"的同时,可以结合提供发展机会,如培训、晋升、参与重要项目等。比如对表现出色的员工说:"你的能力非常突出,我会推荐你参加一个高级技术培训,让你在专业领域更上一层楼。"或者"你的领导潜力很大,下次有重要项目时,我会考虑让你担任负责人,锻炼一下你的领导能力。"

(2) 物质与精神并重:在赞美之余,适当给予物质奖励以资鼓励,同时强调精神层面的认可与肯定。可以根据下属的表现给予奖金、礼品或其他形式的奖励。但要注意物质奖励要与赞扬相结合,让下属明白奖励是对他们努力和成就的认可。

(3) 树立典范力量:将优秀团队成员树立为榜样人物进行宣传表彰,激发全体成员的进取心与荣誉感。可以定期评选优秀员工,将他们的事迹进行宣传,激励其他员工努力工作。可以在公司内部张贴优秀员工的照片和事迹介绍,或者在会议上请优秀员工分享经验,让大家学习他们的成功之道。

(三) 避免过度"戴高帽子"的不良影响

虽然"戴高帽子"有诸多好处,但也要把握好"度"。夸奖过度会让下属产生骄傲自满的情绪,反而不利于工作。管理者在"戴高帽子"的同时,也要对下属的错误及时批评并要求改正,这也是一种有效的激励方式。

管理中的"戴高帽子"不仅是一种称赞的艺术,更是一种有效的管理策略。通过巧妙的夸奖,管理者不仅能激发员工的积极性,还能提升团队的凝聚力和整体工作效率。然而,称赞时要恰到好处,才能真正发挥其应有的效果。

第七节　倾听也是一种沟通手段

上帝给了我们两只耳朵而只有一张嘴巴,其目的就是让我们少说多听。

——(古希腊)苏格拉底

苏格拉底

上帝给了我们两只耳朵而只有一张嘴巴,
其目的就是让我们少说多听。

一、案例导读

美国知名主持人林克莱特在某天访问了一名小朋友,问道:"你长大后想要当什么?"小朋友天真地回答:"我要当飞机的驾驶员!"林克莱特接着问:"如果有一天,你的飞机飞到太平洋上空,所有引擎都熄火了,你会怎么办?"小朋友想了一下说:"我会先告诉坐在飞机上的人绑好安全带,然后我挂上我的降落伞跳出去。"现场观众笑得东倒西歪之际,林克莱特继续注视这个孩子,想看看他是不是个自作聪明的家伙。没想到,接着孩子的两行热泪夺眶而出,这才使得林克莱特发觉这孩子的悲悯之情远非笔墨所能形容。于是林克莱特问他说:"为什么要这么做?"小孩的答案透露出一个孩子真挚的想法:"我要去拿燃料,我还要回来!"

(资料来源:海安,善于倾听,北音心理网,http://www.bjcma.com/ejwz/xlw/rigx/5666.html)

思考:

1. 为什么倾听在沟通中如此重要?
2. 如何做到有效的倾听?
3. 倾听过程中如何识别并应对非语言信号?

二、案例延伸

在企业管理中,倾听不仅仅是获取信息的一种方式,更是理解他人、建立信任的重要手段。有效的倾听可以帮助管理者更好地理解员工的需求与想法,从而做出更明智的决策。正如苏格拉底所言,"少说多听"是沟通中的一项基本原则,而这种倾听能力也是每个管理者必须具备的。

(一) 倾听的概念

倾听绝不仅仅是接收信息,更是一种心智与情感的互动。倾听的核心在于深刻理解对方的观点和情感,而绝非仅仅局限于表面的语言信息。在管理中,倾听能够助力管理者更好地了解员工的需求、想法和困惑,进而制定出更契合实际的管理策略。倾听的过程亦是一种尊重的体现,通过倾听,管理者能够赢得员工的信任和支持,建立起更为紧密的团队关系。

(二) 倾听的"四心"要诀

1. 专心:聚焦对方,无视干扰

倾听时,管理者应当将注意力完全集中在对方的表达上,坚决避免受到外界干扰或分心。专心倾听能够精准捕捉到对方表达中的细节和情感,帮助管理者更准确地理解对方的意图。

1)一对一沟通:专注倾听,建立信任

在一对一的沟通场景中,比如绩效面谈或同事间的求教,管理者应关闭手机等可能产生干扰的设备,保持专注的眼神交流,全神贯注地倾听对方的发言。通过这种方式,管理

图 6.7 倾听的"四心"要诀

者能够更深入地了解对方的想法、需求和困惑,为制定个性化的解决方案或发展计划提供有力依据。同时,这种专注的倾听态度也能让对方感受到被高度重视,从而增强彼此之间的信任与合作关系。

2)团队讨论:凝神倾听,促进共识

在团队讨论中,每个成员都应保持高度的专注与倾听状态,避免私下交谈或做与讨论无关的事情。通过凝神倾听他人的意见和建议,团队能够汇聚更多的智慧与创意,为项目计划的制定与实施提供更为全面和深入的视角。同时,通过重复对方的关键观点或提出相关问题来确认理解,可以进一步增强团队成员之间的互动与共识,提高团队的决策质量与效率。

2. 耐心:静待花开,尊重表达

在倾听过程中,尤其是当对方表达冗长或情绪激动时,管理者应保持足够的耐心,给予对方充分表达的空间。耐心倾听能够让对方感受到被尊重,从而显著增强沟通的效果。

1)会议场合:静待言毕,深化理解

当同事在会议上发表观点时,即使观点与自己不同或者表述较为冗长,也不要急于打断。耐心等待对方说完,这不仅能让同事充分表达自己的想法,还有助于避免因打断而引发的冲突。如果对同事的观点有疑问,可以在对方说完后,以礼貌的方式提问,而不是在对方发言过程中插嘴。

2)客户交流:耐心倾听,安抚情绪

客户在反馈问题或提出需求时,可能会比较啰唆或者情绪激动。此时,要有耐心地听完客户的话,切不可表现出不耐烦。例如,客户在投诉产品质量问题时,可能会讲述自己使用产品的整个过程以及遇到的各种问题,客服人员耐心倾听,能够让客户感受到被重视,从而缓解客户的情绪,为解决问题打下良好的基础。

3. 同理心:换位思考,感同身受

管理者应设身处地,从对方的角度去理解其感受和需求。同理心能够帮助管理者更深入地理解对方的困惑和压力,促进更有效的沟通和支持。

1)员工冲突:倾听心声,调和矛盾

当员工之间发生冲突时,作为管理者要以同理心去倾听双方的观点和感受。不要急于评判谁对谁错,而是先让双方都有机会表达自己的委屈和不满,尝试从双方的角度去分析问题,找出冲突的根源,并提出合理的解决方案。

2)客户沟通:理解需求,赢得信赖

当客户提出不合理的要求或者投诉时,以同理心去理解客户的情绪。不要直接拒绝客户的要求,而是先表示理解他们的感受,然后再解释公司的政策和实际情况。如果客户遇到了问题,不仅要解决问题本身,还要关注客户的情绪。可以适当表达关心和歉意,让客户感受到自己的重视。

4. 细心:捕捉细节,洞悉情感

细心要求倾听者不仅要听到对方说的话,还要留意对方的语气、表情、肢体语言等非言语信息。这些信息往往能够透露出说话者更深层次的情感和意图。

(三)如何学会倾听

1. 选择合适的倾听环境

在安静、不受干扰的环境中进行沟通,以确保更好地集中注意力。适合的环境能够让双方更自然地交流,避免因外界干扰而导致的信息遗漏或误解。

2. 专注与互动

通过注视对方的眼睛、点头、简短的回应等方式,表现出对对方话语的关注。这不仅能让对方感受到被重视,还能帮助管理者更好地理解对方的观点。

3. 抑制自我辩解

当对方表达的内容涉及自己的不足或错误时,管理者应抑制为自己辩解的冲动,先听完对方的意见,再进行思考和回应。避免过早地为自己辩解,让沟通更具建设性,减少冲突。

4. 避免过早下结论

倾听过程中,不要急于判断或打断,而是耐心等待对方完整表达后再做判断。过早下结论可能会扭曲对方的真实意图,导致沟通失效。

5. 做笔记

在重要的沟通场合,可以适当做一些笔记,记录对方的主要观点。这不仅能帮助管理者更好地理解和记忆对方的诉求,还能让对方感受到自己的话语被认真对待。

倾听不仅是一种沟通技巧,更是一种领导力的体现。正如沃伦·巴菲特所言:"成功的管理者,不仅要懂得说话,更要懂得倾听。"在企业管理中,学会倾听能够帮助管理者更好地理解员工的需求,化解矛盾,提升团队的凝聚力和工作效率。通过倾听,我们不仅能更好地引导和支持员工,也能为企业的发展奠定更加稳固的基础。

第八节 正面沟通,避免误解

沟通最大的问题在于,人们想当然地认为已经沟通了。

——(英国)萧伯纳

一、案例导读

1986 年 1 月 28 日,美国的"挑战者"号航天飞机在升空仅仅 73 秒后便爆炸解体,7 位机组成员全部不幸遇难,这一事件被称为美国航天史上最为严重的灾难之一。航天飞机失事之后,相关部门迅速展开了严密的调查。最后得出的结论是,右侧固体火箭推进器尾部一个密封接缝的 O 形环失效,导致加压产生的热气和火焰从紧邻的外部燃料舱的接缝处猛烈喷出,从而引发了这场可怕的爆炸。调查结果公布后,舆论一片哗然,很多参与项目的工程师都纷纷表示,当时他们在发射前就已经向管理层提出了这个问题发生的可能性,但是管理层害怕公布后会面临各方面的巨大压力,担心影响发射进度,因此毅然决然地否决了工程师们的异议,选择了闭口不言。

无独有偶,自 2016 年中旬起,三星 Note7 手机上市后,上百起电池爆炸事故让三星集团瞬间陷入了舆论和品牌危机之中,这一系列事件无疑是三星集团近些年来出现的最严重的产品问题。在此次事件中,三星总裁李在镕竟然是整个三星集团最后一个知道该消息的人,这着实让很多人都感到非常意外。原来三星集团内部流传着一个传统,那就是向领导报喜不报忧,一旦出了问题,基层员工会立刻进行公关处理,竭尽全力让高层认为一切业务都在正常运转。

(资料来源:太空史上最大惨剧:挑战者号航天飞机爆炸 30 年,环球网,2016 年 1 月 28 日,https://m. huanqiu. com/article/9CakrnJTvnJ;三星 Note7 电池事故报告,环球网,2017 年 1 月 23 日,https://tech. huanqiu. com/article/9CakrnJZZd6)

思考:

1. 在日常沟通中,如何确保信息传达时不会让人误解为指责或批评?

2. 管理者如何通过正面沟通有效地激励团队,避免不必要的误解?

3. 怎样防止被已有知识"诅咒",影响正面沟通?

二、案例延伸

有效的沟通就像润滑剂,能让人际关系的齿轮顺畅运转。正面沟通不仅仅是信息的传递,更是建立信任与协作的坚实基础。通过有效的沟通,管理者可以更好地了解员工的真实情况,及时发现问题,真正做到防患于未然。

(一)"不好意思说"的危害及克服方法

1. 危害

(1)工作失误与误解积累:当员工因为"不好意思说"而选择沉默时,工作中的那些小问题和误解就会逐渐积累起来,最终极有可能演变成难以解决的大问题。就如同一个个小小的蚁穴,若不及时处理,便可能导致整个大坝的崩塌。

(2)重大项目的风险:在涉及多个环节和复杂流程的重大项目中,如果员工因为沟通不畅而未能及时指出潜在问题,那么就可能会引发严重事故,造成不可挽回的巨大损失。比如在一项重大的工程建设项目中,若某个关键环节出现问题而员工却因"不好意思说"而保持沉默,那么可能会导致整个项目的失败,不仅浪费大量的资源和时间,还会对企业的声誉造成严重的损害。

(3)团队合作氛围受损:长期的沟通不畅会严重破坏团队合作的氛围,员工之间的信任和协作也会受到极大的影响,进而影响整个团队的凝聚力和工作效率。一个缺乏良好沟通的团队,就像一盘散沙,无法形成强大的合力,难以应对各种挑战。

2. 克服方法

管理者和员工都应深刻认识到及时沟通的极端重要性,努力培养一种开放、坦荡的沟通态度,勇于表达自己的想法和意见。只有当大家都敢于直言不讳,才能真正解决问题,推动工作的顺利进行。同时,积极鼓励员工在团队中大胆发言,尽情分享自己的观点和见解。管理者应该全力创造一个安全、包容的沟通环境,让员工切实感受到自己的声音被高度重视。

(二)"忘了说"的本质及应对策略

1. 本质

"忘了说"现象实际上是一种认知偏差,它源于"知识的诅咒"。当管理者对某件事情非常了解时,他们可能会不自觉地转变表达方式,使得原本清晰的信息变得难以理解。这种情况下,管理者可能会误以为员工已经了解相关信息,而实际上员工可能并不清楚。就好像管理者站在一座知识的高山上,俯瞰着一切,却忘记了员工还在山脚下,对很多事情并不了解。

2. 应对策略

(1)主动确认信息传达:管理者在传达重要信息后,应主动与员工确认是否理解清楚。可以通过提问、复述或要求员工反馈等方式来检验信息的传达效果。这样可以及时发现问题,避免误解的产生。

(2)定期沟通与交流:除了日常的工作沟通外,管理者还应定期与员工进行深入的交流和沟通。通过了解员工对工作的理解和看法,及时发现并纠正可能存在的误解和偏差。同时,这也有助于增强员工对工作的认同感和归属感,提升团队的凝聚力和战斗力。

(三)正面沟通的技巧

图 6.8　正面沟通的技巧

1. 积极的语言表达

使用积极的语言是正面沟通的核心技巧之一。尽量选择正面、鼓励性的话语,而避免使用消极或带有批评意味的语言。例如,使用"我们可以一起找到解决办法"代替"你不应该这样做"。积极的语言能够传递正能量,激发对方的积极性和创造力,让沟通更加顺畅。

2. 明确和简洁

正面沟通要求信息表达要明确、简洁。避免模棱两可或过于复杂的表述,确保对方能够准确理解你的意思。清晰的表达能够减少误解,提高沟通效率。就像在黑暗中点亮一盏明灯,让对方能够清晰地看到前进的道路。

3. 肯定与反馈结合

在进行反馈时,先肯定对方的努力和成果,再提出改进建议。这种"夹心式"反馈可以让对方更容易接受批评,并保持积极的心态。例如:"你在这个项目上投入了很多心血,效果很好。如果我们能再优化一下流程,结果可能会更好。"肯定对方的努力和成果,能够让对方感受到自己的价值被认可,从而更加愿意接受改进建议。

4. 关注情绪

正面沟通不仅仅是传递信息,还要关注对方的情绪。通过细致的观察,了解对方的情绪状态,并适时调整沟通方式。例如,如果对方情绪低落,可以先表示理解和支持,再进行深入沟通。关注对方的情绪,能够让对方感受到被关心和尊重,增强沟通的效果。

5. 运用非语言沟通

非语言沟通如面部表情、肢体语言、眼神接触等在正面沟通中非常重要。保持开放的姿态、微笑和适度的眼神接触,可以传达友好和支持的信息,增强沟通的效果。非语言沟通往往比语言沟通更能传达真实的情感,它能够让对方感受到你的真诚和善意。

6. 聆听与回应

正面沟通不仅包括表达,还包括有效的倾听。在对方表达时,给予充分的关注,保持耐心,并在适当的时候回应。这种互动可以让对方感到被尊重,增强信任感。倾听是沟通的桥梁,只有当我们认真倾听对方的声音,才能更好地理解对方的需求和想法。

7. 构建共同目标

在沟通过程中,强调双方的共同目标,避免对立的立场。通过强调合作和共同利益,能够使沟通更加顺畅,并促进团队协作。共同的目标就像一面旗帜,引领着大家朝着同一个方向前进,让团队更加团结和有凝聚力。

8. 持续鼓励

正面沟通的一个重要技巧是持续给予鼓励,无论是对于完成的任务还是正在进行中的工作。持续的鼓励可以保持对方的积极性和动力,促使他们更好地完成工作。鼓励就像阳光和雨露,能够让花朵绽放得更加美丽,让人们在工作中充满激情和活力。

在企业的沟通管理工作中,正面沟通至关重要。我们要放下"不好意思说"的心理负担,避免"忘了说"的自以为是,真正打开工作伙伴间的沟通视窗,避免不必要的误解和失误。同时,掌握正面沟通的技巧,能够更好地促进团队成员之间的交流与合作,提高工作效率和质量,推动企业的持续发展。

第九节 用心倾听,建立员工的情感账户

智慧在于听,甚至在于聆听那些我们不愿听的意见。

——(英国)温斯顿·丘吉尔

一、案例导读

刘邦和项羽乃是楚汉争霸的两位核心主角,刘邦出身低微,仅仅是个亭长,社会地位低下;而项羽则是贵族出身,身为将门之后,力拔山兮气盖世,武艺超群,还熟读兵书,号称"西楚霸王"。由于兵力对比悬殊,项羽与刘邦在交战之时,大多以刘邦的失败而告终。然而,楚汉相争的最终结局,却是刘邦击败了项羽,成功建立了大汉王朝。

当时,刘邦派遣韩信攻打齐国。韩信善于作战,没用多长时间就顺利收复了齐国。恰在此时,刘邦被楚军围困,他给韩信写信,期望韩信能够帮他解围。然而,韩信让使者送来的回信中写道,齐国人狡诈多变、反复无常,齐国南面的边境与楚国交界,如果不设立一个暂时代理的王来镇抚局势,一定不能稳定齐国。为了当前的局势考虑,希望您能允许我暂时代理齐王。刘邦看了信后,勃然大怒,自己被困在此处,指望韩信发兵相救,可此时此刻韩信却想要自立为王,这岂不是落井下石?想到这里,刘邦破口大骂。此时,侍立在刘邦身旁的张良和陈平,凑近刘邦的耳朵轻声说道,目前我们处境不利,怎么能禁止韩信称王呢?不如趁机册立他为王,让他镇守齐国,如若不然,很有可能会发生变乱。刘邦立即醒悟过来,于是急中生智,故意当着韩信使者的面骂道,大丈夫平定了诸侯,就做个真王好了,何必做个暂时的代理王呢?刘邦随即派张良前往韩信军中,册立韩信为齐王,征调他的军队攻打楚军。

从一个小小亭长到一国之主,刘邦的成功,绝不能仅仅用"运气"二字简单带过,更为重要的是,他非常善于在关键时刻控制自己的情绪,能够用心倾听别人的劝告,因此才笑到了最后,成就了大汉基业。

(资料来源:袁枢.通鉴记事本末[M].北京:中华书局,2018.)

思考:

1. 刘邦成功的关键因素是什么?

2. 在现代企业中,善于倾听为什么重要?

3. 如何通过倾听建立员工的情感账户?

二、案例延伸

倾听不仅是沟通的基础,更是管理者与员工之间建立信任的坚固桥梁。善于倾听的管理者,能够更好地理解员工的需求,有效解决问题,并为团队的成功奠定坚实基础。[①]

(一) 刘邦成功的启示

1. 控制情绪,用心倾听

刘邦在面对韩信的要求时,虽然勃然大怒,但在张良和陈平的及时提醒下,能够迅速控制住自己的情绪,用心倾听他们的劝告。这充分表明,在关键时刻,控制好情绪并倾听

---

① 薛志娟. 做个会带人、会管人、会帮人的中层领导[M]. 成都:成都时代出版社,2016.

他人的意见,能够帮助我们做出更为明智的决策。

2. 善于纳谏,成就大业

刘邦善于倾听不同的声音,从一个小小的亭长逐步发展成为一国之主。在企业管理中,管理者也应该善于纳谏,虚心听取员工的意见和建议,不断改进管理方法,从而实现企业的发展壮大。

(二)员工情感账号的概念

所谓"情感账户",指的是管理者通过与员工的互动和沟通,不断积累起来的信任和情感储备。每一次真诚的倾听,都是往员工的情感账户中存入一笔宝贵的资金,而每一次忽视或轻视,都会从这个账户中支取。随着情感账户的余额不断增加,员工对管理者的信任和忠诚度也会随之逐步提升。

(三)如何存入"资金"到员工情感账户

1. 倾听与理解

(1)积极倾听:当员工表达意见、建议或反馈时,管理者要认真专注地倾听,不打断他们的发言,不预设结论,展示出真正的兴趣与关心。这种倾听能够让员工深切感受到被尊重和重视,极大地增加他们对公司的归属感。

(2)反馈回应:在倾听完员工的话语之后,管理者应及时给出回应,表示理解和支持,或者提供实际的帮助与指导。积极的反馈不仅让员工感到被重视,还能有效增强他们的信任感。

图 6.9 用心倾听能增强员工的信任感

2. 及时表扬与认可

(1)公开表扬:在团队会议或公司集会中,对表现突出的员工进行公开表扬,充分认可他们的贡献。公开的赞扬能够极大地提升员工的自豪感和成就感,充实他们的情感账户。

(2)个性化的感谢:管理者可以在日常工作中通过邮件、便签或当面表达对员工努力的感谢。这种个性化的认可能够让员工感受到自己在团队中的独特价值。

3. 支持与帮助

(1) 工作支持：当员工面临工作挑战或困难时，管理者可以提供必要的资源、时间和技术支持，帮助员工克服困难。这种支持不仅能提升员工的工作效率，还能让他们感受到公司的关怀。

(2) 个人关怀：关心员工的个人生活，尤其是在他们面临个人问题或困难时。管理者的关心可以表现为灵活的工作安排、心理支持等，帮助员工顺利渡过难关。

4. 透明与开放的沟通

(1) 定期沟通：与员工保持定期的沟通，无论是正式的会议还是非正式的交流，都能够让员工感受到他们的声音被听到。透明的沟通能够减少不必要的猜疑和误解，增强员工的信任感。

(2) 接受反馈：鼓励员工对公司的政策、管理方式提出意见，并认真对待这些反馈，做出合理的改进。让员工知道他们的意见对公司有价值，这有助于增强他们的参与感和责任感。

5. 职业发展与成长

(1) 培训与发展：提供学习与发展的机会，如培训、晋升通道等，帮助员工提升自己的职业技能和职业生涯。这不仅能够增强员工的能力，还能让他们感受到公司对其未来的重视。

(2) 导师支持：为新员工或表现突出的员工提供导师支持，帮助他们更快适应工作环境或进一步发展。导师的指导能够让员工在职业道路上感到更有信心。

6. 信任与授权

(1) 赋予责任：通过授权，让员工承担更多的责任和决策权，展示对他们能力的信任。被赋予更多责任的员工通常会更加努力，并对公司有更强的归属感。

(2) 尊重决策：在团队中，尊重员工的专业判断和决策，即使在出现失误时，也应以建设性的方式处理。这种信任感的培养能够帮助员工在工作中更加自信，并感受到公司对他们的尊重。

7. 营造积极的工作氛围

(1) 团队建设活动：定期组织团队建设活动，如公司聚餐、团队旅行等，增强员工之间的关系，并改善团队合作氛围。积极的工作氛围能够提升员工的情感账户余额。

(2) 创造包容性环境：鼓励员工表达多样的意见和观点，建立包容的工作环境，让每个员工感受到他们的声音和存在是被尊重的。

(四) 如何避免从员工情感账户中"取款"

1. 避免批评过度

批评员工时要注意方式方法，避免过度批评或指责，以免伤害员工的感情，从情感账户中"取款"。

2. 遵守承诺

对员工做出的承诺要尽力兑现，否则会失去员工的信任，从情感账户中大量"取款"。

3. 公平公正对待员工

在分配任务、给予奖励等方面要做到公平公正,避免偏袒,否则也会影响员工情感账户的余额。

用心倾听是建立员工情感账户的关键所在,也是成为一名优秀管理者的必备素质。在现代企业管理中,管理者应该学会倾听员工的声音,尊重员工的意见和建议,通过实际行动解决员工的问题,建立起良好的情感账户。只有这样,才能提高员工的满意度和忠诚度,促进团队的合作和发展,实现企业的长期稳定发展。

第十节 警惕"推理阶梯",避免误解和伤害

判断他人容易,正确判断却是智慧的体现。

——(法国)弗朗索瓦·拉罗什富科

一、案例导读

某日清晨,上海沪西供电分公司水城中心站的带班监护人和操作人员正在进行一项例行的停电操作。操作人员在完成初步检查后,便爬上梯子准备挂接地线。然而,由于监护人自认为这是一项常规操作,未能及时纠正操作人员未经放电的违章行为,结果导致操作人员在接触电缆时,因电缆残留电荷而发生了触电事故。这一事故的根源在于监护人的错误推理,他过度依赖以往的经验,却忽视了实际情况的变化。

(资料来源:电力生产典型事故案例分析,豆丁网,2018年11月18日,https://www.docin.com/p-2151101496.html)

思考:

1. 案例中的监护人犯了什么错误?

2. "推理阶梯"对管理者有哪些危害?

3. 管理者如何避免被"推理阶梯"左右？

二、案例延伸

在企业管理中，推理是我们难以避免的思维过程，但它往往容易受到主观因素的影响，进而导致错误的判断。这种基于不完整信息的推理，不仅可能引发工作失误，还会对团队氛围产生负面效应。管理者应当警惕自己的推理过程，确保在做出决策之前，能够全面了解事实，避免误解和伤害的发生。

（一）推理阶梯的概念

"推理阶梯"是指人们在信息有限的情况下，容易快速做出不准确的推理，导致错误判断。管理者应当通过充分的信息收集和沟通避免这种偏差。[①]

（二）"推理阶梯"的本质：选择性接收

"推理阶梯"往往是基于个人的主观认识而非客观事实。每个人每天都会接收大量的信息，但我们会选择性地接收数据，并赋予这些数据特定的意义，进而得出结论并采取行动。然而，这种结论很可能与实际情况不符，从而产生误会或错误。大脑在处理信息时具有"选择性接收"的固有本能。在实际生活中，我们也会因为各种因素选择性地接收信息，导致我们很难客观、全面地看待一个问题。

图 6.10　警惕"推理阶梯"的危害

（三）"推理阶梯"的危害

1. 产生误解

管理者容易根据自己的主观推理对员工做出错误的判断，从而产生误解。这会极大地影响管理者与员工之间的关系，降低员工的工作积极性和忠诚度。

2. 伤害员工

错误的推理可能会对员工造成无形的伤害，让员工感到不被尊重和信任。员工可能会带着不良情绪工作，出错的可能性也会随之增加，进而陷入恶性循环。

3. 影响工作氛围

"推理阶梯"还会影响团队的整体工作氛围。当员工感到被误解和不公正对待时，团队的合作精神和凝聚力会受到影响，工作效率也会大幅下降。

（四）管理者避免被"推理阶梯"左右的方法

1. 培养自我觉察能力

（1）定期反思：管理者可以定期回顾自己的决策和判断过程，思考是否存在基于主观

---

① 樊登.可复制的领导力[M].北京：中信出版社，2017.

推理而非客观事实的情况。例如,每周安排一段时间进行自我反思,回顾本周内与员工的互动以及重要决策,分析自己是否有被"推理阶梯"影响的迹象。

(2)记录决策过程:在做出重要决策时,记录下自己的思考过程和依据的信息。这样在后续回顾时,可以更清晰地看到自己是否受到了主观因素的影响。比如,在决定员工的晋升或奖励时,写下自己考虑的因素和理由,以便日后检查其是否合理。

2. 强化信息收集和分析

(1)多角度收集信息:不要仅仅依赖于单一的信息来源或个人观察,而是要从多个角度收集信息。可以与员工的同事、下属、客户等进行交流,了解员工的工作表现和行为背后的原因。例如,在评估员工的工作绩效时,不仅参考自己的观察,同时询问其他相关人员的意见,以获得更全面的了解。

(2)客观分析信息:在收集到信息后,要进行客观的分析,避免主观偏见的影响。可以采用数据分析、对比等方法,确保对员工的评价基于客观事实。比如,通过统计员工的工作成果数据,与团队平均水平进行对比,来客观评估员工的绩效。

3. 建立开放的沟通机制

(1)鼓励员工反馈:管理者要鼓励员工主动反馈自己的想法和感受,让员工有机会解释自己的行为和决策。可以定期组织员工沟通会,或者设立匿名反馈渠道,让员工能够畅所欲言。例如,每月组织一次团队沟通会,让员工分享自己的工作进展和遇到的问题,同时也可以对管理者的决策提出疑问和建议。

(2)积极倾听:在与员工沟通时,管理者要真正做到积极倾听,不打断员工的发言,理解员工的观点和感受。通过倾听,管理者可以更好地了解员工的动机和意图,避免基于错误的推理做出判断。比如,当员工向管理者汇报工作时,管理者要专注地倾听,不要急于发表自己的意见,等员工说完后再进行提问和讨论。

4. 培养同理心

(1)站在员工角度思考:管理者要尝试站在员工的角度去思考问题,理解员工的处境和感受。这样可以减少主观偏见,更客观地看待员工的行为。例如,当员工犯错误时,管理者不要急于批评,而是先想一想如果自己处在员工的位置,会怎么做,为什么会犯这个错误。

(2)关注员工需求:了解员工的需求和期望,有助于管理者更好地理解员工的行为动机。管理者可以通过与员工进行一对一沟通、问卷调查等方式,了解员工的职业发展需求、工作满意度等方面的情况。比如,定期与员工进行职业发展规划的讨论,了解员工的职业目标和需求,以便更好地支持员工的成长。

5. 持续学习和成长

(1)学习沟通技巧:管理者可以通过参加培训、阅读相关书籍等方式,学习有效的沟通技巧和管理方法,提高自己的管理水平。例如,学习如何进行建设性的反馈、如何解决冲突等技巧,以更好地与员工沟通和合作。

（2）接受他人反馈：管理者要勇于接受他人的反馈，包括上级、同事和员工的反馈。通过他人的反馈，管理者可以发现自己的不足之处，及时调整自己的管理方式。比如，定期向上级领导和同事征求意见，了解自己在管理方面的优点和需要改进的地方。

判断他人是容易的，但做出正确的判断是最不容易的。在管理过程中，推理是我们做出判断的常见方式，但它并不总是准确的。通过收集全面信息、客观分析问题、鼓励反馈和反思推理过程，管理者可以减少因推理错误带来的误解和伤害，建立更加高效、信任的团队氛围。

第七章

员 工 管 理 篇

第一节 塑造"职业化"员工的四个方向

把每一件简单的事做好就是不简单,把每一件平凡的事做好就是不平凡。

——(中国)张瑞敏

一、案例导读

某电力公司班组班长周工是个热心肠的人,班组里谁家有个大事小情,他都能照顾得十分周到。他还时常带些美味的食物来与大家分享。在与同事朋友相处的过程中,他从不计较个人得失,总是干活冲在前头,而面对荣誉和奖金却退居在后。从人品方面来看,班长周工无疑是个大好人。然而,在工作上,周工对领导言听计从。自己从来没有任何独特的想法。一旦大家提出异议,他马上就会说:"领导说了,就照执行。你照吩咐做了,出了错领导不会怪你,你如果不照做,出了问题你得自己担着。"大家听了就不再多说什么。即使有不明白的地方,大家也不再询问他,而是直接请示队长,因为大家都知道"跟他说了也没用",他还得去请示领导。令周工苦恼的是,他发现班组里有个别人不再服从他的管理。有什么事情也不跟他商量,直接去找队长,以至于其他原本听话的下属也开始不把他当回事了。

(资料来源:如何提升班组长的管理能力,淘豆网,2021 年 4 月 13 日,https://www.taodocs.com/p-486253571.html)

思考:

1. 周工的问题出在哪里?

2. 什么是职业化员工?

3. 如何塑造职业化员工?

二、案例延伸

在现代企业中,职业化不仅仅是具备技能,还需要责任感、自主性、创新精神等。周工的困境正是因为他缺乏职业化员工应有的思维和行为方式,未能在团队中树立起领导者应有的威信和权威。要改变这一现状,企业需要在职业化管理上下足功夫,培养员工的职业素养和领导能力,确保他们不仅能够胜任工作,还能在工作中不断实现自我提升。周工虽然人品极佳,热心助人,但在工作中却严重缺乏主见,仅仅充当上级的传话筒,没有充分发挥出班长应有的作用。他没有自己的想法和思路,无法为下属提供有效的指导和支持,从而导致下属对他失去信任,不再服从他的管理。

(一) 职业化员工的定义

"职业化员工"是那些拥有卓越专业素养、精湛技能、高度责任感以及诚信度的职场精英。他们不仅精通本职工作,能够高效地完成任务,更能在复杂的环境中提供创新的解决方案。同时,这些员工展现出卓越的沟通能力和学习能力,能够清晰地表达自己的观点,尊重并倾听他人的意见,促进团队和谐,并持续进行自我提升以跟上企业发展的步伐。

(二) 塑造职业化员工的四个方向

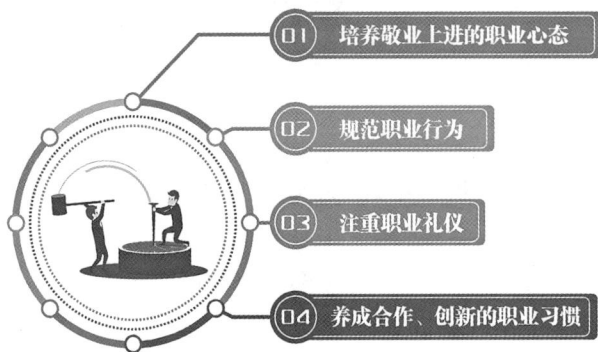

图 7.1 塑造职业化员工的四个方向

1. 培养敬业上进的职业心态

引导员工形成务实的职业态度,包括勤奋工作、业务熟练、忠于职守、爱岗敬业,诚实守信、公平公正,顾全大局、谦虚谨慎、认真专注等。让员工明白责任比职责更为重要,拥有职业信誉,并能够积极进行自我开发,不断提高自己的职业能力。培养员工苦中作乐的心态,保持对工作的热情,持之以恒地做好本职工作。

2. 规范职业行为

有效管理自我情绪,善于与他人沟通,懂得换位思考和赞扬他人。让员工从思想深处将企业的命运与自身命运紧密相连,规范自己的言行和工作态度,更好地代表个人和企业的形象。建立统一的行为准则和思维方式,提高团队沟通和协作的效率,促进企业目标的实现。

3. 注重职业礼仪

职业化可以体现在员工的衣着、礼仪等细节之处,培养温文尔雅的面部表情、极富表现力的手势动作等。制作精良的与个人及企业身份相匹配的名片,强化职业特征和外在魅力。完备现代职业礼仪,充分尊重他人和顾客,仪表优雅大方,行为举止规范,谈吐健康得体,清晰地展现职业身份。

4. 养成合作、创新的职业习惯

培养员工合作的职业习惯,在现代企业中,许多工作是以团队为单位完成的,一个人需要与他人合作才能顺利完成工作。鼓励员工不断进行自我创新,在职场中,创新是吸引企业的重要因素,企业需要具有创新能力的员工。

(三) 如何培养职业化的员工

1. 职业心态培养

1) 培训内容

敬业精神与责任感:详细讲解敬业的重要性,传授如何培养责任感,通过实际案例分析让员工深刻认识到敬业和责任对个人以及企业的重大影响。

积极心态与自我激励:教授保持积极心态的有效方法,如感恩、正向思考等,以及如何进行自我激励,克服工作中的困难和挫折。

职业发展规划:引导员工科学地制定个人职业发展规划,明确职业目标和发展路径。

2) 培养方式

课堂讲授:邀请专业的讲师进行理论讲解。

案例分析:分享真实的实际案例,组织员工进行讨论分析。

小组活动:开展小组讨论和分享活动,让员工互相启发。

2. 职业行为规范

1) 培训内容

时间管理:教授时间管理的技巧,如制定计划、优先排序、避免拖延等,以提高工作效率。

沟通技巧:包括有效倾听、清晰表达、非暴力沟通等,提升沟通效果。

团队协作:强调团队合作的重要性,培养团队意识和协作能力。

职业道德:讲解职业道德规范,如诚实守信、保守机密、廉洁自律等。

2) 培训方式

角色扮演:模拟工作场景,让员工练习沟通和协作技巧。

情景模拟:设置各种工作情景,考验员工的职业道德和行为规范。

视频教学：播放相关视频，引导员工分析和反思。

3. 职业礼仪培训

1）培训内容

仪表礼仪：明确着装规范、仪容仪表要求。

社交礼仪：涵盖见面礼仪、接待礼仪、电话礼仪等。

商务礼仪：包括商务谈判礼仪、会议礼仪、宴请礼仪等。

2）培训方式

示范讲解：由专业的礼仪培训师进行示范和讲解。

实操演练：员工进行实际操作练习，互相点评。

案例分享：分享礼仪不当导致不良后果的案例。

4. 职业习惯养成

1）培训内容

合作习惯：培养员工的合作意识，教授如何与不同性格的人合作，传授团队合作的方法和技巧。

创新思维：激发员工的创新思维，介绍创新方法和工具，鼓励员工在工作中提出创新想法。

学习习惯：强调持续学习的重要性，提供学习方法和资源，鼓励员工不断提升自己。

2）培训方式

头脑风暴：组织员工进行头脑风暴，激发创新思维。

经验分享：邀请优秀员工分享合作和创新的经验。

学习小组：成立学习小组，定期组织学习活动。

企业的持续发展依赖于一支职业化的员工队伍。正如彼得·德鲁克所言："只有真正理解工作的意义，才能全身心地投入，并不断创新。"通过培养员工的职业化思维和行为，企业能够打造一支高效、合作、创新的团队，为企业的发展注入源源不断的动力。因此，管理者应当高度注重员工的职业化培养，通过各种有效的管理措施和培养计划，提升员工的职业素养，助力企业实现长远发展。

第二节　要学会"指导"而非"指挥"下属

老板不再是有责任监督工作细节的监督者，而应是教练、支持者、可信赖的帮助者和朋友。

——（美国）约翰·哈维琼斯

一、案例导读

张三和李四同时受雇于一家店铺，拿着同样的薪水。一段时间后，张三青云直上，李四却依旧原地踏步。李四满心困惑，想不通为何老板如此厚此薄彼。老板听说了李四的疑惑后，便叫李四过来。老板说："李四，你现在到集市去，看看今天早上有卖土豆的吗？"一会儿，李四回来汇报："只有一个农民拉了一车土豆在卖。""有多少？"老板又问。李四因为没问过，于是赶紧又跑回集市，然后告诉老板："一共40袋。""价格呢？""您没有叫我打听价格。"李四委屈地说道。老板笑了笑，又把张三叫来："张三，你现在到集市，看看今天早上有卖土豆的吗？"张三很快从集市上回来了，他有条不紊地向老板汇报："今天集市上只有一个农民在卖土豆，一共40袋，价格是2毛5分钱一斤。我看了一下，这些土豆的质量不错，价格也便宜，于是顺便带回来一个让您看看。"张三边说边拿出土豆，"我想这么便宜的土豆一定可以赚钱，根据我们以往的销量，40袋土豆在一个星期左右就可以全部卖掉。而且咱们全部买下还可以再适当优惠。所以，我把那个农民带来了，他现在正在外面等您回话呢……"看到这一幕，李四默默低下了头。

（资料来源：樊登.可复制的领导力：樊登的9堂商业课[M].北京：中信出版社，2017.）

思考：

1. 如果老板一开始就指导李四需要完成的具体任务，李四能高效完成吗？
2. 在企业管理中，"指挥"与"指导"有区别吗？
3. 企业管理者如何有效"指导"下属？

二、案例延伸

在职场中，指导和指挥员工的方式直接影响团队的执行力和工作效果。张三和李四的故事深刻揭示了管理者在指导下属时的重要性。如果老板在最初就对李四进行有效的指导,而不仅仅是下达指令,李四的表现或许会截然不同。这也引发了我们对"指导"与"指挥"之间区别的深入深思。

(一) 张三与李四的工作方式

李四在接到老板任务后,只是机械地执行,完全没有主动思考的意识,也没有进一步了解任务的深层次需求。他纯粹按照老板的指挥行动,一趟趟地忙碌,却做了很多无用功,最终也没有达到理想的工作效果。比如,当老板询问有没有卖土豆的,李四只是简单地去确认了有一个农民在卖土豆,却没有进一步了解土豆的数量和价格等关键信息。当老板再次询问这些信息时,他只能又跑回集市去打听,浪费了大量的时间和精力。

而张三则截然不同,他在接到任务后,主动思考,全面了解情况。他不仅完成了老板交代的任务,还为老板提供了更多的信息和建议,展现了更高的执行力和工作绩效。张三在去集市的过程中,充分发挥了自己的主观能动性,他不仅仅确认了有农民在卖土豆,还主动了解了土豆的数量、价格、质量等关键信息。并且,他还根据以往的销量进行了分析,认为这些便宜的土豆可以赚钱,同时还把农民带来让老板直接沟通,为后续的交易争取了更多的机会和优势。

(二) "指导"与"指挥"的差异

指导是一种启发式的领导风格,强调帮助员工理解任务的本质,并提供必要的支持和资源,促使他们自主解决问题。指导下属重在启发和支持,而非简单的指令,能激发员工的主动性。在指导的过程中,管理者更像是一个导师,引导员工去思考问题、寻找解决方案。例如,当老板给员工布置任务时,可以先和员工一起分析任务的目标、重要性以及可能遇到的问题,然后提供一些解决问题的思路和方法,让员工自己去尝试解决问题。

指挥则是一种命令式的管理方式,侧重于给员工明确的指示和要求,期望他们按照既定的步骤执行任务。在指挥的模式下,管理者更像是一个指挥官,直接下达命令,员工只需按照命令执行即可。比如,老板直接告诉员工去做什么,怎么做,没有给员工任何思考和发挥的空间。

指导更注重员工的成长和发展,通过引导员工自主解决问题,培养他们的思考能力、解决问题的能力和创新能力。而指挥则主要关注任务的完成,往往忽视了员工的个人成长和发展。

(三) 有效指导的策略

1. 根据员工特点选择指导方式

管理者需要根据员工的个性、能力和经验选择适合的指导方式。例如,对于有经验的员工,可以给他们更多的自主空间,让他们自己去探索和解决问题。因为有经验的员工通常具备一定的专业知识和技能,他们能够独立思考和解决问题,过多的干预可能会限制他们的发挥。而对于新手,则需要更详细的指导和支持。新手员工由于缺乏经验,对工作流程和任务要求可能不太熟悉，需要管理者给予更多的指导和帮助，让他们逐步熟悉工作环境和任务要求。

2. 注重指导的深度和彻底性

管理者在指导时应确保员工对任务有全面的理解，而不仅仅是表面上的掌握。深度的指导有助于员工真正理解任务的目的和方法，从而提高工作效率。比如，当布置一项任务时，管理者不仅要告诉员工具体的任务内容，还要和员工

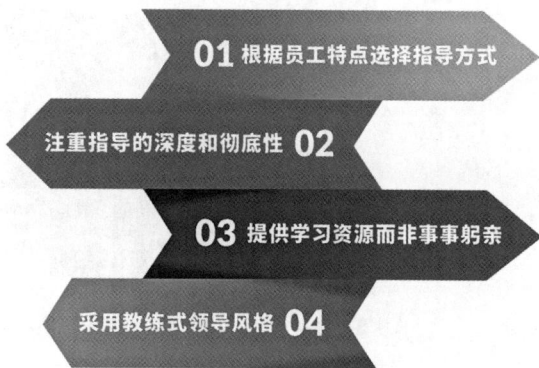

图 7.2 有效"指导"的策略

一起分析任务的背景、目标、重要性以及可能遇到的问题和解决方案。这样，员工才能更好地理解任务的本质，从而更加高效地完成任务。

3. 提供学习资源而非事事躬亲

管理者不可能掌握所有的知识与技能，因此在遇到专业问题时，可以为员工提供学习资源或外部支持者，帮助他们更好地完成任务。例如，当员工遇到一个技术难题时，管理者可以推荐一些相关的书籍、文章、培训课程或者专家，让员工自己去学习和解决问题。这样不仅可以提高员工的解决问题的能力，还可以减轻管理者的工作负担。

4. 采用教练式领导风格

通过提问和探讨，帮助员工自己找到解决问题的办法，而不是直接给出答案，这种方式不仅可以提升员工的解决问题能力，还能增强他们的自主性和责任感。比如，当员工遇到问题时，管理者可以通过提问的方式引导员工思考问题的本质、可能的解决方案以及每种方案的优缺点。然后，让员工自己选择最合适的解决方案，并付诸实践。在这个过程中，员工会感受到自己的自主性和责任感，从而更加积极地投入到工作中。

有效的指导不仅能够提高员工的工作效率，还能增强团队的凝聚力和创造力。管理者应成为员工的教练和支持者，而非仅仅是监督者。管理者应摒弃传统的指挥式管理，转而采取教练式领导风格，通过启发和支持，帮助员工在工作中不断成长。只有这样，团队才能在高效的工作氛围中，共同实现既定的工作目标。

第三节　强化"知识型员工"的自我管理

未来的文盲将不再是不识字的人，而是没有学会怎样学习的人。

——（美国）约翰·哈维琼斯

一、案例导读

小王是国内名牌大学毕业的研究生，凭借着卓越的专业知识和出色的综合素质，毕业后轻松通过了 A 公司的面试，从事某自动化系统开发工作。由于其专业知识扎实深厚、岗位人才极度紧缺，小王所获得的岗位待遇极为优厚，这让很多同事乃至老员工都羡慕不已。然而，令人意想不到的是，工作还不到 2 个月，小王就以"无法获得成就感"为由，毅然提出了辞职申请，转而跳槽到了另外一家单位。小王的突然离职，给 A 公司的项目开发计划进度带来了极大的影响，项目的推进不得不面临诸多挑战和困难。

小王是知识型人才的典型代表之一，这类人才通常接受过专业的高等教育，具有创新性强、注重实现自身价值的特点，他们追求来自工作本身的满足感和成就感。一旦其需求无法得到满足，便很容易造成人才的流失，给企业带来不可估量的损失。

(资料来源：孟华兴，李永斌，杨莉虹. 知识型员工管理[M]. 北京：中国经济出版社，2017.)

思考：

1. 知识型员工有哪些特点？

2. 为什么要强化知识型员工的自我管理？

3. 知识型员工自我管理包括哪些方面？

二、案例延伸

知识型员工的管理不仅仅依赖于企业的外部激励，更需要关注他们的内在动机和自我管理能力。随着知识经济时代的到来，知识型员工的自我管理已成为他们职业生涯中的关键因素。正如培根所言，知识的真正力量在于其应用，而这种应用能力的提升，很大程度上依赖于员工自身的管理和发展。

（一）知识型员工的自我管理概念

知识型员工是那些掌握和运用知识或信息进行工作的人员，如研发人员、高级管理者等。他们往往具备高学历、高技能和强烈的自我实现需求。因此,自我管理对于知识型员工来说尤为重要。自我管理指的是员工在明确个人职业目标的前提下,进行自我认识、自我规划、自我组织、自我控制和自我监督的一系列活动,以提升自身的职业竞争力。自我管理能力是知识型员工的核心竞争力,企业应给予相应支持。

(二)知识型员工的特点

1. 高素质和创新能力

知识型员工通常接受过高等教育,具备较高的专业知识和技能。他们在知识的积累和运用方面有着深厚的底蕴,能够将所学知识灵活地应用到实际工作中,为企业带来新的思路和方法。他们具有较强的创新能力,能够在面对复杂问题时,运用独特的思维方式和创新的解决方案,为企业的发展注入新的活力。

2. 强烈的成就欲望

他们注重自身价值的实现,追求来自工作本身的满足感和成就感。知识型员工渴望在工作中发挥自己的才能,通过完成具有挑战性的任务和取得显著的成果来证明自己的价值。他们对工作充满热情和投入,愿意为了实现自己的目标而付出努力。

3. 流动意识强

由于自身的专业能力和市场需求,知识型员工具有较强的流动意识。他们在职业发展过程中,更倾向于选择能够提供更好发展机会和待遇的企业。一旦现有企业无法满足他们的需求,他们就会毫不犹豫地选择跳槽,以寻求更广阔的发展空间。

4. 工作成果难以衡量

知识型员工的工作往往具有较高的专业性和创造性,工作成果难以用传统的量化指标来衡量。他们的工作可能涉及复杂的技术问题、创新的解决方案或者长期的项目规划,这些成果往往需要较长时间才能显现。同时,他们的绩效也难以准确评价,因为很多成果可能是团队合作的结果,难以明确区分个人的贡献。

5. 劳动过程难以监督

知识型员工的工作主要依赖于他们的知识和思维能力,劳动过程很难进行严格的监督。他们需要更多的自主性和灵活性,以发挥自己的创造力。与传统的体力劳动者不同,知识型员工的工作往往没有固定的工作时间和地点,他们可能需要在不同的环境中进行思考和创作。

(三)知识型员工自我管理的六个方向

1. 自我目标管理

在服从企业大目标的前提下,知识型员工应有自我发展目标。他们需要认清所处的环境,深入分析自身的优势和劣势,明确自己的职业发展方向和目标。然后,根据这些目标制定相应的计划,合理安排时间和资源,逐步实现自己的职业理想。

2. 自我角色认知管理

知识型员工要摆正自己在企业中的位置,将自己的知识特长与企业的具体情况结合

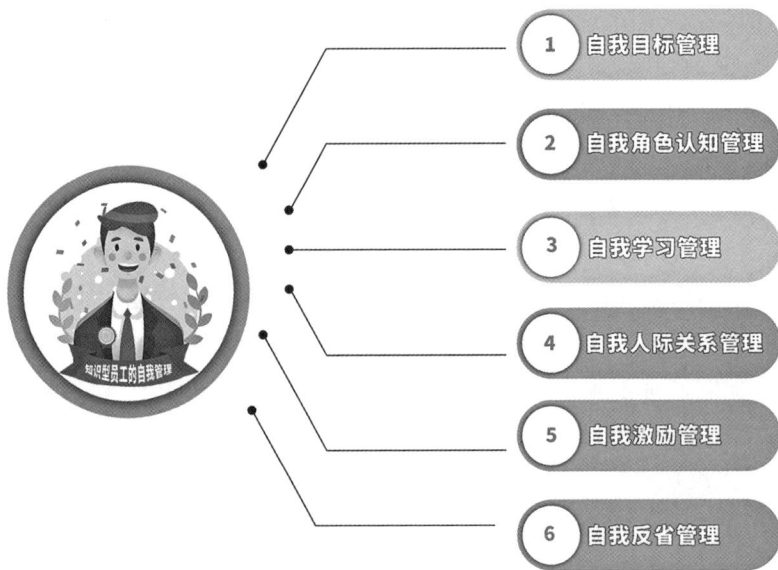

图 7.3　知识型员工自我管理的六个方向

起来。他们需要深入了解企业的文化、价值观和战略目标,明确自己在企业中的角色和职责。处理好个人专业与企业需要的关系,全身心地投入到工作中,充分体现自身价值。

3. 自我学习管理

知识型员工的资本是知识,在知识快速更新的时代,只有不断学习、不断积累,才能立于不败之地。他们应加强自我学习管理,保持学习的热情和动力。制定科学的学习计划,选择适合自己的学习方式和资源,不断提升自己的专业知识和技能水平。

4. 自我人际关系管理

知识型员工往往专注于专业,容易忽视人际关系。但良好的人际关系对于工作的顺利开展至关重要。他们应加强自我人际关系管理,提高与领导和同事的沟通协作能力。学会倾听他人的意见和建议,尊重他人的观点和感受,积极参与团队合作,共同实现企业的目标。

5. 自我激励管理

自我激励是知识型员工事业成功的推动力。他们应建立在对自己的认识、评价、判断的基础上,不断进行自我激励。设定明确的目标和奖励机制,当自己取得一定的成绩时,及时给予自己奖励和肯定。保持前进的动力,克服困难和挫折,不断挑战自我,实现更高的目标。

6. 自我反省管理

反省是成功的加速器,知识型员工应理性认识自己,对事物有清晰的判断。他们需要定期进行自我反省,回顾自己的工作和生活,总结经验教训。通过自我反省改正过失,不断完善自己,提高自己的综合素质和能力水平。

（四）企业如何支持知识型员工的自我管理

1. 提供明确的发展路径

企业应为知识型员工提供清晰的职业发展路径，并给予相应的资源支持，帮助他们实现职业目标。制定科学的人才培养计划，为员工提供晋升机会和职业发展空间。同时，提供必要的培训和学习资源，支持员工不断提升自己的专业能力和综合素质。

2. 建立有效的沟通机制

通过定期的沟通和反馈，企业可以帮助知识型员工及时调整职业规划，确保他们的个人目标与企业目标保持一致。建立开放的沟通渠道，鼓励员工提出自己的意见和建议。定期进行绩效评估和职业发展规划讨论，为员工提供个性化的发展建议和支持。

3. 提供多样化的激励措施

企业可以通过物质奖励、职业晋升、荣誉表彰等多种方式，激发知识型员工的工作热情，增强他们的归属感。制定合理的薪酬体系，根据员工的绩效和贡献给予相应的奖励。提供职业晋升机会，让员工看到自己的发展前景。同时，通过荣誉表彰等方式，肯定员工的成绩和贡献，提高员工的荣誉感和成就感。

在知识经济时代，知识型员工的自我管理不仅是个人职业发展的关键，更是企业保持竞争力的重要因素。企业在加强知识型员工管理的同时，必须引导和支持他们进行有效的自我管理，帮助他们在实现个人职业目标的同时，为企业创造更大的价值。唯有如此，企业才能真正留住、用好、发挥好知识型人才。

第四节　刺猬法则：与员工保持"适度距离"

如果你想走得快，就一个人走；如果你想走得远，就和大家一起走。但记得保持适当距离。

——非洲谚语

一、案例导读

生物学家为了研究刺猬在寒冷冬天的生活习性，进行了一个实验：把十几只刺猬放置到户外的空地上。这些刺猬被冻得浑身颤抖,为了取暖,它们只好紧紧地靠在一起。然而,相互靠拢后,又因忍受不了彼此身上的长刺,很快就分开了。由于天气实在太过寒冷,它们再次靠在一起取暖,可靠在一起时的刺痛又使它们再度分开。就这样反反复复地分了又聚,聚了又分,不断在受冻与刺痛之间苦苦挣扎。最后,刺猬们终于找到了一个适中的距离,既能够相互取暖,又不至于被彼此刺伤。

(资料来源:阮松丽,程璞. 刺猬法则[M].北京:中国纺织出版社,2024.)

思考:

1. 刺猬法则在管理中有何启示?

2. 为什么管理者要与员工保持适当的"心理距离"?

3. 如何把握与员工保持恰当的"心理距离"?

二、案例延伸

在管理过程中,保持与员工的适度距离,不仅仅是为了避免冲突,更是为了在亲密与疏离之间寻找到一种平衡。这种平衡能够使管理者既可以有效地发挥领导作用,又能与员工建立起健康的工作关系。正如稻盛和夫所言,管理的艺术就在于与人保持适度的距离,这不仅适用于刺猬,也同样适用于企业中的人际关系。

(一) 刺猬法则的管理启示

刺猬法则强调管理者与员工保持适当的心理距离,有利于维持团队和谐。[①] 在管理实践中,管理者应当与下属保持一种亲密关系,但这是一种"亲密有间"的关系,也就是不远不近的恰当合作关系。一个优秀的管理者要做到"疏者密之,密者疏之",给予双方绝对舒适的距离,这才是成功的管理之道。法国总统戴高乐就是一个很会运用刺猬法则的人。他有一个座右铭:"保持一定的距离!"这也深刻地影响了他和顾问、智囊和参谋们的关系。

通用电气公司的前总裁斯通在工作中就身体力行"刺猬法则"理论。在对待中高层管理者时,在工作场合和待遇上给予关爱有加,但在工作之余从不邀请管理人员到家做客,也不接受他们的邀请。这种保持适度距离的管理方式,使得通用的各项业务蒸蒸日上。与员工保持一定的距离,既不会使你高高在上,也不会使你与员工互相混淆身份。这是管理的一种最佳状态。距离的保持靠一定的原则来维持,这种原则对所有人都一视同仁:既可以约束领导者自己,也可

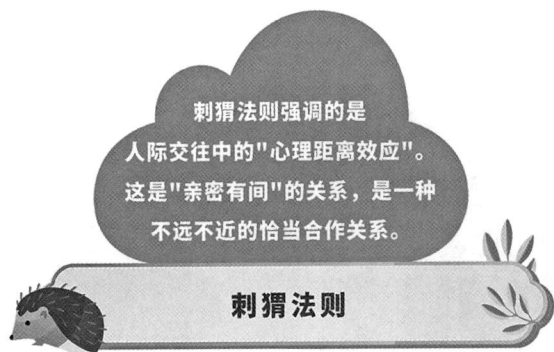

刺猬法则强调的是
人际交往中的"心理距离效应"。
这是"亲密有间"的关系,是一种
不远不近的恰当合作关系。

刺猬法则

图 7.4 刺猬法则的主要内容

---

① 刘磊. 刺猬法则:人际交往中的"心理距离效应"[M].北京:红旗出版社,2019.

以约束员工。掌握了这个原则,也就掌握了成功管理的秘诀。

(二)保持适当心理距离的重要性

1. 维护专业边界

当管理者与员工的关系过于亲近时,很可能会模糊工作与个人生活的界限,从而导致管理者在决策时受到个人情感的影响,无法做到客观公正。

2. 保持权威与尊重

管理者需要一定的权威来确保团队遵守规则并达成目标。如果与员工过于亲密,可能会削弱这种权威,使得员工在必要时难以接受指导和批评。

3. 防止利益冲突

过分亲近的关系可能会导致利益冲突,特别是在涉及绩效评估、晋升和奖励分配等敏感问题时,管理者需要保持中立,避免偏袒。

4. 促进公平感

员工感受到管理者与每个人都保持同等的距离,有助于增强团队的公平感。如果管理者与某些员工关系特别亲近,可能会引起其他员工的不满和猜疑。

5. 避免过度依赖

员工如果感觉到与管理者关系过于疏远,可能会产生不安全感,从而过度依赖管理者的意见和认可,这会限制他们的自主性和创造力。

6. 增强团队凝聚力

适当的心理距离有助于建立基于相互尊重和信任的工作关系,这是团队凝聚力和协作精神的基础。

(三)把握与员工保持恰当"心理距离"的要领

1. 自律与高尚的情操

管理者应具备高尚的道德情操,并始终保持自律,这不仅是管理者个人修养的重要体现,也是有效管理的基础。当管理者与下属的关系过于亲近时,容易因为感情因素而影响工作决策,导致管理失去公正性和原则性。高尚的情操和自律能力能够帮助管理者在面对下属的接近时,自然地产生一种心理"抗体",使其能够理性地保持适当的距离。这种距离感既不会让管理者显得冷漠无情,也不会让下属觉得可以随意突破管理界限,从而使管理者在工作中既能维持亲和力,又能保持必要的权威。

2. 定期"点检"和自省

管理者在与下属互动的过程中,定期进行"点检"和自省是非常必要的。所谓"点检",即定期对自己与员工的关系进行检查,确保没有过度亲密或过度疏离的倾向。在管理实践中,随着时间的推移,管理者与下属的关系可能会发生微妙的变化,管理者应定期反思自己在与下属的交往中是否保持了应有的距离,是否因为情感上的因素而影响了工作决策。这种自省不仅能够帮助管理者及时调整与下属的关系,还可以避免因为情感偏差而做出错误的管理决策,从而保持管理工作的高效性和公正性。

3. 实践中的检验

在实际的管理工作中,管理者需要通过日常工作来检验与下属的心理距离是否恰当。管理者的责任不仅是要确保工作目标的实现,还要在过程中维持团队的凝聚力和工作效率。如果管理者与下属关系过密,可能会导致下属对管理者产生依赖心理,从而削弱其自主工作的能力,甚至在关键时刻因为过度依赖而影响团队的整体表现。反之,如果管理者与下属关系过于疏远,则可能导致下属缺乏对管理者的信任和认同,影响团队的士气和工作积极性。因此,管理者应在工作中不断检验和调整与下属的距离,以确保这种距离既能保持团队的协作精神,又能维持必要的纪律和秩序。

管理者与下属之间的距离感既不能太近,也不能太远。通过运用刺猬法则,管理者能够在工作中找到一种既不疏远又不失威信的管理方式。这不仅有助于提升管理效率,还能在团队中营造一种健康的工作氛围,最终实现企业和员工的双赢。在现代管理中,学会与下属保持适度的距离,是管理者走向卓越的必修课。

第五节　用行为科学理论提高员工积极性

人是管理的核心,激励是推动人前进的动力。

——(美国)彼得·德鲁克

激励是推动人前进的动力

一、案例导读

某公司有一位普通的清洁工,在公司财务室被盗窃时,与小偷进行殊死搏斗。事后有人问她为何这样做,她的答案出人意料:公司总经理每次从她身旁经过时,总会夸奖她"你扫的地真干净"。就这么一句简单的话,让这位员工深受感动,并不惜用生命捍卫公司的利益。由此可见,培养员工的行为动机至关重要。

(资料来源:托德·亨利.工作动机心理学[M].北京:中国人民出版社,2024.)

思考：

1. 行为科学理论如何提高员工积极性？

2. 人的工作表现由哪些因素决定？

3. 如何根据行为科学理论改进企业员工工作状态？

二、案例延伸

员工乃是企业发展的基石，他们的积极性与工作动力直接影响着组织的绩效以及竞争力。通过深入研究并应用行为科学理论，管理者能够更好地理解员工的心理与行为模式，进而采取具有针对性的激励措施，充分挖掘员工的潜力与创造力。

（一）行为科学理论

行为科学理论是自 20 世纪 30 年代开始逐渐形成的一门专门研究人类行为的综合性学科。它通过对人的心理活动进行深入研究，从而掌握人们行为的规律，并从中探寻对待员工的新方法以及提高劳动效率的有效途径。

（二）理解员工需求与动机

依据行为科学理论，员工的行为受到其内在需求与动机的驱使。管理者只有深入了解这些因素，才能够采取行之有效的激励措施。

根据心理学家亚伯拉罕·马斯洛提出的人类需求层次理论，将人的需求划分为五个层次：生理需求、安全需求、归属需求、尊重需求、自我实现需求。

在案例中，总经理的一句赞美满足了清洁工的尊重需求，让她感受到了被认可与重视，从而激发出了极为强烈的工作动力。

员工动机是指激发员工积极参与工作的内在或外在因素，主要包括内在动机和外在动机。内在动机：指员工对工作的兴趣、热爱以及自我成长的需要；外在动机：主要源于外部奖励和惩罚。

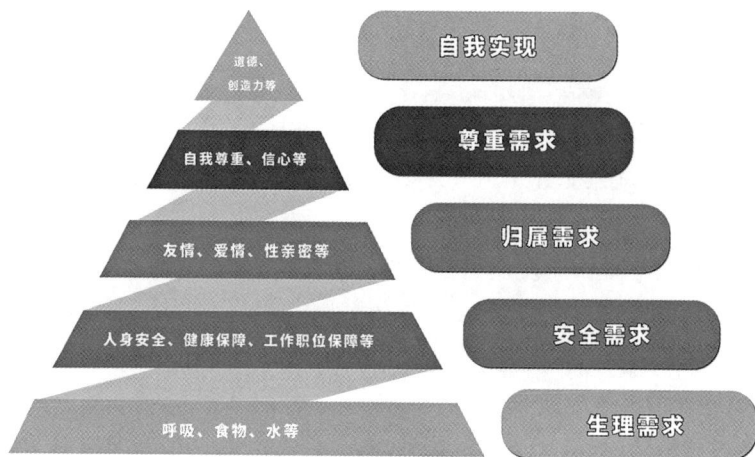

图 7.5　马斯洛需求层次理论

（三）行为科学管理理论的特点

1. 以人为中心

（1）强调人性关怀：行为科学管理理论将管理的焦点从单纯的任务完成转向对人的深切关怀，认为员工绝非仅仅是完成任务的工具，而是具有丰富情感、各种需求以及期望的个体。

（2）重视个体差异：该理论充分认识到每个员工都有着其独特的背景、能力以及动机，因此管理者需要依据员工的个体差异来制定相应的管理策略。

（3）关注员工发展：行为科学管理理论鼓励管理者高度关注员工的职业发展与个人成长，通过培训、激励以及职业规划等手段来提升员工的满意度与忠诚度。

2. 多维度需求满足

（1）需求层次论：借鉴马斯洛需求层次理论，行为科学管理理论认识到员工的需求是多层次、多样化的，涵盖生理、安全、社交、尊重以及自我实现等多个方面。

（2）动机激发：通过准确识别并满足员工的不同需求，来激发其内在动机，进而提高工作积极性与创造力。

（3）激励机制设计：精心设计合理的薪酬、福利、晋升机会等激励机制，以满足员工的不同需求，促进其工作绩效的显著提升。

3. 多学科融合

（1）跨学科视角：行为科学管理理论综合运用了心理学、社会学、经济学等多学科的理论与方法，从多个角度深入分析员工的行为与动机。

（2）理论与实践结合：通过多学科的知识积累，为管理者提供了丰富的理论工具与实践指导，帮助其更好地理解并应对员工的各种行为问题。

（3）持续优化管理策略：依据多学科的研究成果，不断调整与优化管理策略，以适应不断变化的员工需求与组织环境。

4. 重视沟通与反馈

（1）信息流通：行为科学管理理论强调组织内部的信息流通与共享，确保员工能够及时获取所需的信息与资源。

（2）建立反馈机制：通过定期的员工满意度调查、绩效评估等方式，广泛收集员工的意见与建议，及时反馈给管理者并作出相应的调整与改进。

（3）鼓励参与式管理：鼓励员工积极参与组织的决策与管理过程，提高员工的归属感与责任感，促进组织内部的协作与沟通。

（四）运用行为科学理论激发员工积极性的方法

1. 确立员工的主体地位

（1）尊重和认可：管理者应当真诚地尊重和认可员工的努力与贡献，及时给予正面反馈，满足员工的尊重与自我实现需求。

（2）参与式管理：鼓励员工参与决策和管理过程，增加工作的透明度，让员工感受到自身的价值以及对组织的影响力，从而增强责任感与归属感。

2. 设定清晰且有挑战性的目标

（1）目标激励：为员工设定明确且可实现的目标，结合短期和长期目标，激发员工的奋斗精神与成就感。

（2）及时反馈与支持：在员工追求目标的过程中，提供持续的指导与支持，及时反馈工作成果，增强员工的信心与动力。

3. 提供良好的工作环境和发展机会

（1）优化工作环境：营造安全、舒适以及友好的工作环境，满足员工的生理和安全需求，提高工作满意度。

（2）职业发展规划：为员工提供培训和晋升机会，帮助他们提升技能并实现职业目标，满足自我实现需求，增强员工的忠诚度。

4. 合理运用奖励和惩罚机制

（1）多元化奖励：结合物质和精神奖励，针对不同员工的需求和偏好，设计多样化的激励措施，提升激励效果。

（2）公平公正的惩罚：建立明确的规章制度，对不良行为进行适当惩罚，保持组织的纪律性，同时在惩罚中注重教育和改进。

人是管理的核心，激励是推动人前进的动力。员工是企业最为宝贵的资源，激发员工的积极性和潜力，乃是实现组织目标与持续发展的关键。通过深入理解并应用行为科学理论，管理者可以更有效地满足员工的多样化需求，增强员工的归属感与责任感，营造积极向上的工作氛围。只有真正做到以人为本，才能够激发出员工的最大潜能，推动企业迈向更高的辉煌。

第六节 让"处罚"成为"激励"

批评是为了更好的进步，处罚也可以成为激励的力量。

——佚名

一、案例导读

李洋是某公司的一名技术员。一次,因操作失误被项目经理王刚发现。与一般的责罚方式不同,王刚并未立刻对李洋进行惩罚,而是通过详细分析操作记录,逐条指出李洋的错误之处。随后,王刚安排了为期一周的专项培训,并邀请资深技术员李明担任导师。在此期间,王刚多次与李洋进行沟通,强调错误是成长的机会,并鼓励李洋继续努力。几个月后,李洋凭借自身努力,成为团队中的技术骨干,并积极帮助新员工熟悉工作流程。这一切,皆源自那次看似严厉的处罚背后所蕴含的正向激励与支持。

(资料来源:薛志娟. 做个会带人、会管人、会帮人的中层领导[M]. 成都:成都时代出版社,2016.)

思考:

1. 如何将处罚转化为激励?

2. 处罚与激励如何平衡?

3. 怎样有效发挥处罚的正向激励作用?

二、案例延伸

在企业管理中,处罚与激励乃是不可或缺的管理手段。如何将这两者巧妙地结合起来,使处罚不仅具有惩戒作用,更能激发员工的潜力,乃是管理者面临的一大严峻挑战。通过科学的管理方法,处罚不再是单纯的负面行为,而是推动员工成长的重要工具。

(一) 正向激励的强大力量

1. 激发积极性

员工在工作中渴望得到认可与鼓励。当他们感受到积极的激励时,会更加全身心地投入工作,主动承担更多的责任。例如,在一个项目中,员工提出了创新的解决方案,管理者及时给予肯定和表扬,这会让员工感到自己的努力得到了高度重视,从而在后续的工作中更加积极主动地发挥创造力。

2. 提升创造力

正向激励为员工创造了一个宽松、支持性的工作环境,鼓励他们敢于尝试新方法、新思路。倘若在罚单上加上"纠错是为了更好的前行"这样的话语,员工便会明白处罚不是目的,而是为了帮助他们成长。这种认知会减少员工对处罚的抵触情绪,促使他们从失败中吸取教训,积极思考如何改进工作方法,进而提升创造力。比如,一位员工在工作中出现了失误,但管理者通过鼓励他分析问题根源并提出改进措施,激发了他的创造力,最终找到了更高效的工作方式。

3. 从失败中学习

失败是成功之母,但只有在正确的引导下,员工才能从失败中真正学到东西,在面对失败时保持积极的心态,勇于面对问题并寻找解决方案。例如,当员工的项目失败后,管理者不是一味地批评,而是与员工一起分析失败的原因,给予他们改进的建议和支持,帮助他们在失败中积累经验,提升个人能力。

4.提升团队绩效

当员工个体受到正向激励时,他们的积极性和创造力会在团队中产生积极的影响。一个充满积极氛围的团队,成员之间会相互鼓励、支持和学习,共同为实现团队目标而努力。这种团队合作和积极进取的精神会极大地提升团队绩效。比如,在一个销售团队中,管理者对业绩突出的员工进行奖励,同时鼓励其他员工向他学习,整个团队的销售业绩会得到显著提升。

(二)处罚与激励的和谐平衡

在企业管理中,处罚和激励需要保持平衡,方能达到最佳的管理效果。合理的处罚可以通过激励和支持转化为员工成长的契机。[1]

1.处罚非唯一手段

单纯依靠处罚来管理员工会导致员工产生恐惧和抵触情绪,影响工作积极性和团队氛围。管理者应该认识到,处罚只是一种手段,目的是为了纠正员工的错误行为,而不是惩罚本身。

2.留住人心

管理者在处罚员工时,要考虑到员工的感受和需求,以留住人、留住心为前提。如果处罚过于严厉,可能会导致员工流失,给企业带来损失。

3.根本解决问题

被动改正错误往往只是表面上的解决方法,可能会留下后遗症。管理者应该在处罚中寻找激励机会,帮助员工认识错误的本质,从根本上解决问题。

(三)处罚与激励的相得益彰

处罚和激励在企业管理中具有互补性,共同发挥作用可以更好地维护组织秩序和效率。

1.功能互补

处罚通过负面刺激减少不良行为,如对违反规章制度的员工进行罚款、警告等处罚,可以让员工认识到错误的严重性,避免再次犯错。奖励则通过正面激励增加积极行为,如对表现优秀的员工进行表彰、晋升等奖励,可以激发员工的积极性和创造力。

2.形成有效激励机制

在企业管理中,处罚和奖励应该结合使用,根据员工的表现进行合理的奖惩。这样可以让员工清楚地知道什么行为是正确的,什么行为是错误的,从而更好地规范自己的行为。

---

[1]　杨超.激励的艺术[M].北京:时事出版社,2021.

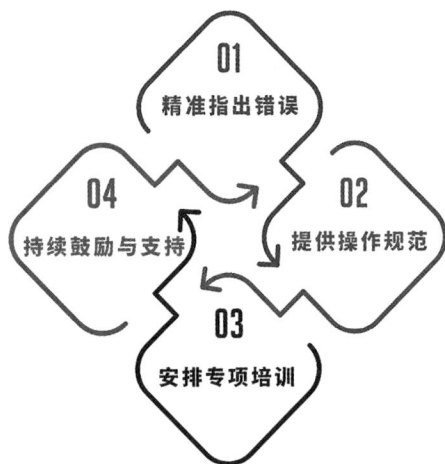

01 精准指出错误

04 持续鼓励与支持

02 提供操作规范

03 安排专项培训

图 7.6 将处罚转化为激励的具体策略

（四）将处罚转化为激励的具体策略

1. 精准指出错误

在企业管理中，将处罚转化为激励的首要步骤是精准指出错误。这要求管理者避免模糊不清的批评，而是具体指出员工在哪些方面出现了失误。通过情境重现，如回放监控或操作记录，员工可以清楚地看到错误的发生过程。坚持以事实为基础，用事实说话，避免情绪化的指责，这有助于减少员工的抵触情绪，并促进他们理解和接受所犯的错误。

2. 提供操作规范

管理者应提供详细的操作规范文档，使员工能够随时查阅和学习。通过讲解或演示，帮助员工理解规范的重要性和执行的正确方法。同时，确保规范文档简洁明了，避免使用过度复杂或技术性的语言，以确保员工易于理解。

3. 安排专项培训

根据员工的具体错误和需求，安排专项技能培训，以确保他们能够获得必要的指导。邀请经验丰富的讲师或资深员工，分享他们的知识和技巧，这不仅有助于传递专业技能，还能增强团队间的交流与合作。重要的是，培训应结合实践，通过模拟系统或实际操作，让员工有机会练习并掌握正确的操作流程。

4. 持续鼓励与支持

在员工改正错误和取得进步时，给予及时的正面反馈，这有助于增强他们的自信心和动力。通过谈话和沟通，为员工提供心理支持，帮助他们重建自信。此外，鼓励员工设定个人目标，并为他们的职业发展提供指导和帮助，这不仅能促进员工的个人成长，也有助于提高他们对企业的忠诚度和投入度。

在现代企业管理中，处罚不再是单纯的负面手段，而是一种可以转化为激励的有效工具。通过科学合理的管理方法，管理者能够将处罚与激励相结合，激发员工的潜力，提升团队的凝聚力和工作效率。

第七节　员工"多样性"管理

力量源于差异，而不是相似。

——（美国）斯蒂芬·R·柯维

一、案例导读

在一家全球知名的科技公司中,其团队成员来自世界各地,他们有着截然不同的国家背景、丰富多彩的文化底蕴以及千差万别的职业经历。随着团队规模的持续壮大,这种令人瞩目的多样性在为企业带来诸多机遇的同时,也不可避免地带来了一系列严峻的挑战。

有一次,在一场至关重要的新产品开发会议上,来自不同背景的成员们在设计方案上产生了极为激烈的分歧。工程团队坚定不移地倾向于选择成熟可靠的技术,他们认为这样能够最大限度地确保产品的稳定性和可靠性。在他们看来,经过时间检验的技术能够降低风险,为产品的顺利推出和后续的市场表现提供坚实的保障。而市场团队则主张采用大胆创新的设计,他们觉得只有这样才能更好地迎合瞬息万变的市场需求,在竞争激烈的市场中脱颖而出。由于双方缺乏有效的沟通,会议很快就陷入了僵局。

最终,项目经理果断决定组织小组讨论,让各个团队分别陈述自己的观点和理由,寻找彼此之间的共同点。通过这种积极有效的方式,团队不仅成功地解决了设计方案的分歧,还顺势形成了一种能够融合不同意见的独特团队文化。这种团队文化鼓励成员们各抒己见,充分发挥各自的优势,共同为实现企业的目标而努力奋斗。

(资料来源:马修·萨伊德.企业管理:多样性团队[M].天津:天津人民出版社,2010.)

思考:

1. 员工多样性带来了哪些挑战?

2. 员工多样性有哪些优势?

3. 如何进行有效的员工多样性管理?

二、案例延伸

在现代企业中,随着全球化进程的不断加速,员工多样性已成为一种不可阻挡的趋势。多样性管理不仅关乎平等公正地对待每一位员工,更关乎如何将这种多样性巧妙地转化为企业的强大优势。只有通过科学有效的管理,才能避免因差异而带来的冲突,进而促进团队的创新和企业的蓬勃发展。

(一) 多样性管理的概念

员工多样性管理是指企业通过充分尊重和包容员工在文化、性别、年龄、背景、经验等诸多方面的差异,精心营造一个多元、包容的工作环境。在这样的环境中,能够最大限度地激发员工的潜力,显著提高企业的创新能力和核心竞争力。这种管理方式不仅仅关注多样性的客观存在,更聚焦于如何将这种多样性转化为企业发展的强大动力。多样性管理能够促进创新,但也需要有效的沟通机制和公平的管理策略。

（二）员工"多样性"类型

1. 种族和民族多样性

员工来自不同的种族、民族或拥有独特的文化背景,这为企业带来了丰富多彩的多元文化视角。这种多元视角能够促进跨文化的深入理解,增强企业在全球市场中的竞争力。不同种族和民族的员工带来了各自独特的价值观、思维方式和工作习惯,他们的融合能够为企业带来更多的创新思路和解决方案。

2. 年龄层多样性

团队中包含不同年龄层的员工,将年轻人的无限创意与老员工的丰富经验完美结合,有力地推动企业的创新与传承。年轻人充满活力和创新精神,他们对新事物的接受能力强,能够为企业带来新颖的想法和大胆的尝试。而老员工则拥有深厚的经验和沉稳的处事能力,他们可以为年轻人提供宝贵的指导和建议,确保企业在创新的同时保持稳定。

3. 职业经验多样性

不同职业和行业背景的员工为企业提供了独特的视角,能够帮助企业更好地应对复杂多变的市场环境,显著增强企业的竞争力。具有不同职业经验的员工在面对问题时会从不同的角度出发,提出多样化的解决方案,为企业的发展提供更多的可能性。

4. 个性与思维方式多样性

员工的个性特质和思维方式差异明显,这促进了团队的创新和灵活性,进一步增强了企业的竞争优势。不同个性的员工在团队中能够发挥不同的作用,如外向型员工善于沟通和协调,内向型员工则擅长深入思考和分析问题。多元化的思维方式能够让团队在面对挑战时更加从容不迫。

5. 文化与宗教多样性

员工的文化背景和宗教信仰各不相同,这为团队增添了浓厚的包容性,极大地提升了企业的全球沟通与合作的能力。不同文化和宗教背景的员工能够带来不同的价值观和行为准则,通过相互理解和尊重,能够促进团队的和谐共处,为企业在全球范围内的业务拓展奠定坚实的基础。

（三）多样性管理的挑战

1. 文化差异带来的沟通障碍

在多样化的团队中,员工可能因文化背景、语言习惯和沟通方式的不同而产生误解和冲突。这些问题如果得不到及时有效的解决,可能会严重影响团队合作和项目进展。不同文化背景的员工在沟通时可能会存在语言障碍、价值观差异和行为习惯不同等问题,需要企业通过培训和建立沟通机制来加以解决。

2. 如何平衡多样性与公平性

在推行多样性管理时,企业需要确保在尊重多样性的同时,保持公平性,避免因特殊照顾某一群体而引发其他员工的不满和不平衡感。企业应该建立公平公正的评价体系和激励机制,确保每一位员工都能在公平的环境中发挥自己的才能。

3. 管理者的领导能力

多样性管理对管理者提出了更高的要求。管理者需要具备敏锐的文化意识和出色的沟通能力,能够识别并调解因多样性引发的潜在冲突,有力地推动团队的有效合作。管理者还需要具备开放的心态和包容的胸怀,积极倾听不同员工的内心声音,为团队的和谐发展创造良好的条件。

(四)有效的员工多样性管理策略

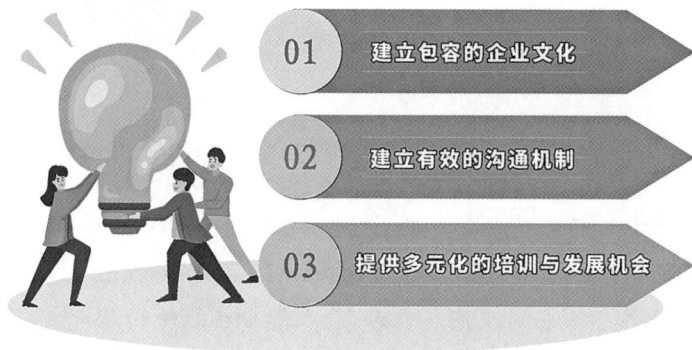

图7.7 员工多样性管理的策略

1. 建立包容的企业文化

营造一个尊重和包容不同背景、观点和价值观的企业文化。通过培训、宣传等方式,让员工深入了解多样性的重要性,大力倡导相互尊重和合作。例如,组织文化多样性培训课程,分享不同文化的特点和优势,促进员工之间的相互理解和欣赏。

2. 建立有效的沟通机制

建立开放、透明的沟通机制,促进不同背景员工之间的交流和合作。可以采用多种沟通方式,如团队会议、在线沟通平台等,确保信息的畅通和共享。例如,设立定期的团队沟通会议,鼓励员工分享自己的观点和经验,促进团队成员之间的相互学习和启发。

3. 提供多元化的培训与发展机会

根据员工的不同需求和背景,提供多样化的培训和发展机会。这不仅可以帮助员工提升技能,同时也能促进员工之间的交流和理解。比如,开展跨文化交流培训、领导力发展项目等,让员工在学习和成长的过程中更好地适应多元化的工作环境。

总之,通过科学有效的多样性管理,企业可以充分发挥多元团队的优势,提升创新能力和市场竞争力。在企业管理实践中,尊重和包容多样性,营造平等的工作环境,不仅有助于企业的持续发展,更能够推动社会的和谐进步。

第八节 巧用"激将法"

真正的智慧不在于永不失败,而在于从失败中汲取力量,继续前行。

——(美国)史蒂夫·乔布斯

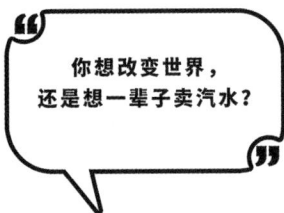

你想改变世界,
还是想一辈子卖汽水?

史蒂夫·乔布斯与约翰·斯卡利

一、案例导读

为了给企业寻觅一位卓越的管理者,苹果公司创始人之一的史蒂夫·乔布斯展开了苦苦的寻觅。他看中的对象是约翰·斯卡利——当时的可口可乐公司副总裁。然而,约翰·斯卡利对苹果公司毫无兴致,并且曾多次拒绝了"苹果"的盛情邀请。

某天,乔布斯与斯卡利在街道偶然碰面,两人漫步在纽约的大街上,谈论起了电脑业的未来。等到话题渐趋成熟之际,乔布斯极为严肃地对斯卡利说道:"你想改变世界,还是想一辈子卖汽水?"很快,斯卡利在不顾众人的竭力挽留下,毅然决然地跳槽到了苹果公司,担任首席执行官一职。

斯卡利原本所处的职位相当优渥,要让他轻易"跳槽"绝非易事。所以,求贤若渴的乔布斯选择了耐心等待,在时机成熟之机说出了这句颇具挑衅性、刺激性的话语。"改变世界"与"卖汽水",二者并置一处形成了强烈的反差与对比,对斯卡利产生了无法抗拒的巨大魔力。此时,满怀抱负的斯卡利只有一个选择:改变世界。就这样,一句激将的话语促成了斯卡利的"跳槽"。

案例中,乔布斯巧妙地运用了"激将法",成功地达成了自己的目标。

(资料来源:沃尔特·艾萨克森.史蒂夫·乔布斯传[M].北京:中信出版社,2023.)

思考:

1. 乔布斯的激将法为何能成功?

2. 激将法在企业管理中有哪些风险?

3. 企业管理中如何正确巧用激将法?

二、案例延伸

在企业管理中,激将法作为一种心理激励手段,常常被用来激发员工的潜能。然而,如何巧妙地运用激将法,以既能激励员工,又不至于伤害其自尊心,是每位管理者需要慎重考虑的问题。

(一)激将法的核心作用

激将法是一种通过刺激或挑战个体的自尊心、斗志或荣誉感,从而激发其内在动力的心理战术。案例中,乔布斯对斯卡利的挑战让他在两个极端之间做出选择,从而激发了他的内在动力。管理者在实际操作中,可以设定具有挑战性的目标或任务,通过让员工感受到挑战,促使他们努力工作,超越自我。

(二)激将法在企业管理中的风险

1. 员工压力过大

自信且具有高度自我驱动力的员工可能对激将法有积极的反应,但缺乏自信或安全感的员工可能会感到压力和焦虑。如果使用不当或过度使用激将法,可能导致员工压力过大,进而影响其工作效率和身心健康。

2. 破坏团队凝聚力

不恰当的激将法可能破坏团队凝聚力,引发员工之间的矛盾。例如,过度批评表现不佳的员工可能会让他们感到被孤立,影响团队合作。此外,激将法可能导致员工之间的竞争过于激烈,破坏团队和谐的氛围。

3. 伤害员工感情

激将法使用不当可能伤害员工的感情,导致员工对管理者产生不满和抵触情绪。比如,人身攻击和过度指责会让员工感到被侮辱,降低其工作积极性和对企业的忠诚度。

(三)巧用激将法

1. 明确目的与对象

(1)明确目的:首先要清楚使用激将法的具体目标是什么,是为了激励对方采取行动、提升自信心,还是为了获取更多信息。不同的目的可能需要不同的激将方式和策略。例如,如果目的是激励员工完成一项艰巨的任务,可以采用挑战式的激将法;如果目的是了解员工的真实想法,可以采用诱导式的激将法。

图 7.8　运用"激将法"的主要策略

(2)选择对象:不是所有人都适合使用激将法。对方应当是性格坚强、争强好胜、自尊心强的人。对于性格懦弱、自尊心弱的人,激将法可能会适得其反,导致对方产生挫败感或抵触情绪。此外,还要考虑对方的职业发展阶段和工作经验。对于新员工或处于职业发展初期的员工,激将法可能会让他们感到压力过大,而对于经验丰富的员工,激将法可能会激发他们的斗志。

2. 把握时机与程度

(1) 瞅准时机:使用激将法要把握好时机,既不能过早也不能过晚。过早使用可能无法激起对方的斗志,过晚则可能错失良机。需要根据具体情况,选择最合适的时机进行激将。

(2) 控制程度:激将的语言和方式要适度,不能过于激烈或过分。过分激将可能会伤害对方的自尊心,甚至引发对方的反感和报复心理。因此,在使用激将法时,要把握好分寸,确保既能激励对方又不至于造成负面影响。

3. 运用技巧与策略

(1) 暗激法:有意识地褒扬第三者,暗中贬低对方,激发其压倒、超过第三者的心理。这种方法可以巧妙地利用对比效应,激发对方的竞争心理。

(2) 导激法:用明确或诱导性的语言把对方的热情激起来,并引导其将热情转移到目标行为上。这种方法可以通过提出具体的要求或建议,引导对方朝着期望的方向努力。

(3) 情感共鸣:在激将的同时,可以适当地表达自己的期待和信任,让对方感受到自己的真诚和关心。这样可以增强对方的认同感和归属感,提高激将法的成功率。

4. 注意关系与反馈

(1) 考虑关系:使用激将法时要考虑自己与对方的关系。如果关系良好,可以适度使用激将法来激励对方;如果关系一般或紧张,则需要谨慎使用或避免使用激将法。此外,还要考虑对方的文化背景和价值观。不同的文化背景和价值观可能对激将法有不同的理解和反应。

(2) 关注反馈:在使用激将法后,要密切关注对方的反应和反馈。如果对方表现出积极的变化和行动,说明激将法起到了作用;如果对方反应冷淡或产生抵触情绪,则需要及时调整策略或停止使用激将法。此外,还要根据对方的反馈及时给予肯定和鼓励,增强对方的信心和动力。

5. 总结与反思

(1) 总结经验:在使用激将法后,要及时总结经验教训,分析成功或失败的原因,以便在今后更好地运用激将法。

(2) 反思改进:如果激将法没有达到预期效果,要反思自己的策略和方法是否存在问题,并寻找改进的途径。同时,也要尊重对方的感受和选择,避免过度干预或强求对方接受自己的观点。

激将法是一种双刃剑,它可以激发员工的潜力,也可能带来压力和不安。管理者在使用激将法时,需要具备敏锐的洞察力和细腻的情感智慧,确保这一策略能够发挥正面作用,同时避免潜在的负面影响,推动企业向着更高的目标前进。

第九节　批评下属的"四个技巧"

批评若不以真诚为基础,便一文不值。

——(美国) 本杰明·富兰克林

一、案例导读

两名保龄球教练在训练队员。双方队员都是打倒了 7 只瓶。教练甲说:"很好!打倒7 只。"队员听后很受鼓舞,信心倍增,在后续的训练中更加积极投入,力求取得更好的成绩。教练乙则对队员说:"怎么搞的! 还有 3 只没打倒。"队员听了指责之后,心里很不服气,情绪也变得低落,对自己的能力产生了怀疑。结果,甲队成绩持续上升,乙队成绩不断下滑。美国著名经理人查尔斯·史考伯说:"在被赞许的情况下,远比在被批评的情况下工作成绩更佳、更卖力气。"

(资料来源:领导者批评下属的 20 个经典套路,搜狐网,2018 年 11 月 23 日,https://www.sohu.com/a/277516336_100017100)

思考:

1. 为什么不同的批评方式会产生不同的效果?

2. 批评下属有哪些关键技巧?

3. 批评时应避免哪些常见错误?

二、案例延伸

批评是一种管理艺术,不仅需要指出员工的错误,还需要注意方式和技巧,以避免引发员工的抵触情绪或丧失自信。通过掌握批评的四个技巧,管理者可以有效传达信息,促使员工改正错误,同时保持积极的工作态度。

（一）不同的批评方式的效果

1. 公开批评

公开批评通常在团队会议或公共场合进行。这种方式有助于明确责任,促进团队责任感,但是,不恰当的公开批评也可能导致被批评的员工感到羞辱和尴尬,从而产生抵触情绪,甚至引发团队内部的矛盾和不满。虽然在某些情况下可以起到震慑作用,但更容易让员工丧失信心和积极性。例如,在团队会议上公开批评某一位员工的工作失误,可能会让该员工在众人面前下不来台,感到无地自容。此后,该员工可能会在工作中变得小心翼翼,不敢大胆尝试新的方法和思路,从而影响工作效率和创新能力。

2. 私下批评

私下批评是一种更加温和且尊重员工的方式。管理者与员工单独沟通,可以避免在公开场合给员工带来不必要的压力。这种方式通常更能让员工冷静地反思并接受批评,进而改正错误,同时不会影响团队的整体氛围。比如,管理者将员工叫到办公室,关起门来进行一对一的沟通,员工会感受到管理者对自己的尊重和关心,更容易敞开心扉,接受批评并积极寻求改进的方法。但是,私下批评也是一把双刃剑,过度采用私下批评的方式,很容易助长不良风气,不利于解决问题。

3. 建设性批评

建设性批评注重指出错误的同时,提供具体的改进建议。这种批评方式不仅帮助员工意识到问题所在,还能为他们指明改进的方向。员工往往会感受到管理者的支持和期望,从而更愿意改进工作表现,并提升对团队和企业的认同感。例如,管理者在指出员工工作中的错误后,接着提出一些具体的改进措施,如"你在这个项目中的报告中数据出现了一些错误,下次在提交报告之前,可以多检查几遍数据的准确性。同时,可以参考一些行业内的标准报告格式,让你的报告更加专业和规范。"这样的批评方式能够让员工明确自己的问题以及如何去改进。

4. 笼统的批评

笼统的批评缺乏具体性,往往会让员工感到迷惑,不知道自己错在哪里,也不知道如何改正。这样的批评方式容易让员工产生挫败感和无助感,最终影响他们的工作积极性和自信心。

5. 带有鼓励的批评

这种批评方式通常会在指出错误之前或之后,肯定员工的优点或取得的成绩。通过鼓励性的语言,可以减少批评带来的负面影响,增强员工的自尊心和信心,使他们更愿意接受批评并改正错误。

6. 讽刺性的批评

讽刺性的批评往往带有攻击性,容易引发员工的反感和防御心理。长期使用这种方式,可能导致员工对管理者产生敌意,破坏管理者与员工之间的信任关系,甚至引发员工的离职。

7. 激将性的批评

激将性的批评通过挑战员工的自尊心或能力,试图激发他们的斗志。对于自尊心强、渴望表现的员工,这种方式可能会起到激励作用。但对于自信心不足或情绪敏感的员工,这种批评方式可能会增加他们的焦虑感,反而降低工作效率。

(二)批评下属的四个关键技巧

图 7.9　批评下属的四个关键技巧

1. 面对面,一对一沟通

批评应当是一对一、面对面的交流。在没有第三者在场的环境中,下属更容易保持理性,正视自己的错误,并感受到管理者的尊重与诚意。这种沟通方式避免了公开批评可能带来的尴尬和自尊心受损,有助于建立更加信任和开放的关系。例如,管理者可以选择在安静的会议室或自己的办公室与下属进行沟通,营造出一个相对私密的空间,让下属能够放松心情,坦诚地面对自己的问题。

2. 先扬后抑,肯定成绩

在批评之前,先对下属的成绩和优点给予肯定,营造出积极的沟通氛围。这种"先礼后兵"的方式能够减轻下属的心理防御,使其更容易接受后续的批评。同时,批评后的再次肯定,则能鼓励下属从错误中学习,继续努力。比如,管理者可以说"你在这个项目中的某些方面做得非常出色,比如你的团队协作能力和解决问题的能力都很强。但是,在时间管理上还有一些需要改进的地方。我相信你在今后的工作中一定能够做得更好。"这样的表达方式能够让下属感受到管理者对自己的认可,从而更容易接受批评。

3. 充满诚意,避免人身攻击

批评的目的是帮助下属成长,而非打击其自尊心或制造对立情绪。因此,任何形式的人身攻击都是不可取的。管理者应换位思考,理解下属的感受,批评时保持真诚和尊重,避免使用贬低或攻击性的言辞,以建设性的方式指出问题所在。

4. 具体明确，提供解决方案

批评应具体、有针对性，明确指出下属的错误所在，并就事论事，避免泛泛而谈或夸大其词。同时，管理者还应提供切实可行的解决方案或建议，帮助下属明确改进方向。这种"指出问题＋提供方法"的批评方式，既能让下属认识到自己的错误，又能激发其改正错误的积极性和行动力。

(三) 确保批评达到积极效果的方法

1. 个性化批评策略

管理者应根据每位下属的独特性格与情境，灵活调整批评的方式，确保既有效又尊重个体。对敏感自尊的下属，采用温和间接的方法；而对直率或粗心者，则可直接明了地指出问题。

2. 敏锐捕捉反馈

在批评交流时，保持对下属情绪变化的敏锐观察，一旦发现抵触或误解迹象，立即调整沟通策略与语气，促进开放对话，避免负面情绪的累积。

3. 给予改进机会

批评之后，重要的是为下属铺设明确的改进路径，并持续关注其进展。面对挑战时，主动伸出援手，提供必要的资源、指导或鼓励，助力其从错误中学习并成长。

批评是一门艺术，管理者掌握批评下属的四个技巧，讲究分寸、把握尺度，能让批评听起来中听。即使被批评者心里难过，也会感谢管理者的善意。一个好的管理者具备这样的技巧，才能得人心，在工作中更加顺利。同时，管理者要不断提升自己的批评艺术，以更好地促进下属的成长和团队的发展。

第十节 关键时刻要学会"冷处理"

冲突中，冷静比热情更重要。

——（古希腊）亚里士多德

一、案例导读

曾有一家研究所所长准备增加一名副所长来协助自己工作,他打算从下面科室的主任中进行抽调,设置了一年的考察期。其中有一个科室,有一正一副两个主任,这两人一个是双学位的大学本科毕业生,另一个是硕士毕业生,两人工作能力皆很强,研究成果也颇为丰硕。为了能够担任研究所副所长这一职位,两人竞争得可谓是"水深火热"。竞争本是极为正常之事,然而双方争着争着便开始互相指责,各自揭短。发展至最后,两人表面上看似相安无事,但实际上已是一触即发。

而就在此时,另一个科室的候选人认为这是自己的大好时机,于是向研究所所长做了一份详细的报告,声称自己比这两个人都更有资格担任副所长一职。但是,所长其实更倾向于那两个正副主任,不过他并没有明说,而是表现出对另一个科室的候选人原来一正一副两个主任十分感兴趣的样子,连续好几天都主动找那个候选人谈话。看到这种情况的,马上领悟过来,最终达成了共识,和好如初。结果主任凭借出色的表现,成功当上了副所长,而副主任也并没有因此而抱怨。

(资料来源:窦典梓.沟通管理[M].青岛:中国海洋大学出版社,2022.)

思考:

1. 如何在关键时刻采用"冷处理"的策略?
2. 管理者在处理冲突时使用了哪些冷处理方法?
3. 管理者如何正确运用冷处理解决员工冲突?

二、案例延伸

管理者在面对员工之间的矛盾时,常常会陷入两难的境地。直接介入可能会加剧冲突,置之不理又可能会使问题进一步恶化。这时,冷处理作为一种策略性的管理方式,能够有效缓解矛盾,使双方在冷静的环境下反思问题,达成和解。"冷处理"是化解冲突的有效管理方法,能给员工时间冷静反思,达成共识。

(一) 冷处理的核心价值

1. 情绪缓冲

当冲突发生时,双方的情绪往往会十分激动,冷处理为双方提供了情绪缓冲的时间,避免了冲动行为的发生。例如,在激烈的争论中,双方可能会因为情绪激动而说出一些伤人的话,做出一些不理智的行为。而冷处理可以让双方在情绪激动过后,有时间冷静下来,重新审视自己的言行,避免冲突的进一步升级。

2. 自我反思

在冷静期,冲突双方有机会进行自我反思,重新审视问题,有助于从更客观、理性的角度看待矛盾。在冲突发生时,双方往往会站在自己的立场上看待问题,很难客观地分析问题的本质。而冷处理可以让双方在冷静下来后,从对方的角度去思考问题,理解对方的立场和感受,从而更好地解决矛盾。

3. 维护关系

直接介入冲突往往容易加剧矛盾,而冷处理则能在保护双方颜面的同时,为和解创造可能。在冲突发生时,如果管理者直接介入,可能会让双方感到尴尬和难堪,甚至会觉得管理者偏袒一方。而冷处理可以让双方在没有外界压力的情况下,自行解决问题,既保护了双方的颜面,又为和解创造了条件。

(二) 实施冷处理的具体方法

1. 引导双方自行判断

(1) 制造外部影响:管理者可以通过一些特定的行为或事件来引发冲突双方的思考,而不是直接干预他们的争论。例如,在案例中研究所所长对另一位候选人表现出兴趣,让竞争副所长职位的两位主任意识到他们的过度竞争可能会失去机会,从而促使他们自行调整态度,重新审视彼此的关系。

(2) 给予时间和空间:不要急于要求双方立刻解决冲突,而是给他们一定的时间和空间去冷静思考。在这段时间里,双方可能会更加理性地分析问题,认识到冲突的不良后果,从而主动寻求和解的途径。例如,管理者可以告诉双方,在接下来的几天里,让他们各自思考一下问题的解决方案,然后再进行沟通。

图 7.10　实施冷处理的具体方法

2. 单独接见

(1) 倾听双方陈述:将矛盾双方分别单独叫到面前,让他们心平气和地叙述事情的经过。管理者在这个过程中要保持专注倾听,不随意插话打断,也不急于作出评判。这样可以让双方充分表达自己的观点和感受,释放情绪,同时也能让他们感受到被尊重。

(2) 私下调查判断:在听取双方陈述后,管理者要进行私下调查,了解事情的全貌和细节,对冲突的情况作出准确判断。但不要公开宣布谁是谁非,以免进一步伤害双方的感情或影响他们的形象。例如,管理者可以与其他员工进行沟通,了解他们对冲突的看法,或者查看相关的工作记录和文件,以获取更多的信息。

(3)强调大局和合作:以大局为重,提醒双方从整体利益出发,不计前嫌,共同努力。如果冲突是因私事引起的,明确要求不能把私事带到工作中,强调在工作中合作的重要性,让双方认识到他们的共同目标是为了实现组织的利益。例如,管理者可以组织一次团队会议,强调团队合作的重要性,让双方在会议上发表自己的看法和建议,共同探讨如何更好地完成工作任务。

3. 保持理性与公正

(1)克制自身情绪:当冲突发生时,尤其是面对上下级冲突,管理者首先要克制自己的情绪,避免在冲动的情况下做出不恰当的反应。保持冷静可以让自己更好地分析问题,找到解决冲突的最佳方法。例如,在听到下属的顶撞时,管理者不要立刻发火,而是要深呼吸几次,让自己冷静下来,然后再与下属进行沟通。

(2)分析冲突原因:认真分析下属顶撞或员工发生冲突的原因,可能是工作分配不合理、沟通不畅、个人性格差异等。只有准确找到原因,才能有针对性地采取解决措施。例如,管理者可以与双方进行深入的沟通,了解他们对工作分配、沟通方式等方面的看法和建议,然后根据实际情况进行调整。

(3)选择适当时机方法:根据冲突的具体情况,选择适当的时机和方法来解决问题。例如,在双方情绪稍微缓和后进行沟通,或者采用间接的方式引导双方解决问题,避免在冲突激烈时强行介入。例如,管理者可以通过发送邮件、短信等方式,与双方进行沟通,或者安排一位中立的第三方来进行调解。

4. 树立公正权威形象

(1)不偏袒任何一方:在处理员工冲突时,管理者要保持公正的姿态,不偏袒冲突中的任何一方。公平地对待每一位员工,让他们感受到管理者的公正无私,从而更容易接受解决冲突的方案。

(2)给予体面台阶:顾及双方的颜面与感受,给彼此一个体面的台阶下。可以通过巧妙的语言或行动,让双方有机会缓解紧张气氛,主动化解矛盾。

(3)显示权威性:通过合理地处理冲突,展示管理者的权威性和解决问题的能力。让员工认识到管理者不仅能够公正地处理问题,还能有效地维护团队的和谐与稳定,从而赢得下属的尊重。

5. 对症下药解决问题

(1)搞清冲突起因:在解决员工冲突之前,一定要先搞清楚矛盾与冲突是由什么引起的。可以通过与双方沟通、询问其他员工、观察工作环境等方式,全面了解冲突的背景和原因。

(2)采取有效措施:根据冲突的起因,采取针对性的解决措施。如果是工作分配问题,可以重新调整工作任务;如果是沟通不畅,可以组织沟通培训或建立更好的沟通机制;如果是个人矛盾,可以通过调解或心理辅导等方式帮助双方解决问题。

　　总之,"冷处理"不仅是一种解决冲突的技巧,更体现了管理者的智慧和胸怀。通过冷静的态度和公正的处事原则,管理者能够有效地协调矛盾双方,化解冲突。冲突中冷静比热情更重要,管理者在关键时刻的"冷处理",能够帮助团队保持和谐,促进工作的顺利进行。

第八章

领导力提升篇

第一节 "赞美式"激励法的应用

赞美是照在人心灵上的阳光。没有阳光,我们就不能生长。

——(英国)莎士比亚

一、案例导读

玫琳凯公司创始人玫琳凯·艾施(Mary Kay Ash)一直以来都怀揣着宏大的愿景,致力于建立一个"全球女性共享的事业"。她凭借着卓越的管理才能,成功带领公司在激烈的市场竞争中披荆斩棘,获得了巨大的成功。在企业内部,她始终坚定不移地奉行"赞美员工"的原则,高度注重在恰当的时机对员工进行真诚而由衷的称赞。

例如,当员工首次成功卖出 100 美元的化妆品时,她会慷慨地奖励一条精美的缎带,这条缎带不仅仅是一个物品,更是对员工努力的一种认可和激励。每年,她都会从庞大的销售团队中精选两万人作为代表,邀请他们参加企业的"玫琳凯年度讨论会"。在这个盛会上,员工们可以分享经验、交流心得,共同为企业的发展出谋划策。而对于那些表现格外出色的员工,更是有机会穿上象征着最高荣誉的

图8.1 玫琳凯公司创始人玫琳凯·艾施

"红夹克"上台演讲,并且还能获得镶有璀璨钻石的别针或价值高昂的貂皮大衣等令人艳美的奖励。

有一次,一位美容师在连续两次展销会上都遭遇了失败,一无所获。直到第三次,她才艰难地卖出 35 美元的化妆品。深感沮丧的她开始对自己的能力产生了怀疑,甚至动了转行的念头。然而,她的上司海伦却独具慧眼,看到了她的努力和潜力。海伦不仅没有责备她,反而对她成功卖出 35 美元的业绩进行了及时且温暖的赞扬。这一鼓励犹如黑暗中的一盏明灯,瞬间重新燃起了美容师内心深处的信心之火。在这股信心的推动下,这位美容师奋发图强,最终取得了更为辉煌的成功。

(资料来源:吉姆·安德伍德.卓越背后的力量:玫琳凯公司 9 大领导要诀[M].北京:中信出版社,2004.)

思考:

1. 赞美对员工有哪些重要作用?

2. 管理者如何正确运用"赞美式"激励法?

3. 赞美下属时需要注意什么?

二、案例延伸

在企业管理中,适时的赞美能有效增强员工自信心,激发工作热情,并提升团队士气。管理者应学会使用真诚、及时、具体的赞美,提升员工的工作积极性。因为恰如其分的赞美不仅能够极大地增强员工的自信心,让他们在工作中更加坚定地相信自己的能力,还能如同一把熊熊烈火,瞬间点燃他们的工作热情,促使他们以更加饱满的精神状态投入到工作中去。进一步而言,赞美还可以有效提升团队的士气,在公开场合对员工进行赞美,不仅能够为其他员工树立起光辉的榜样,激励他们向优秀者看齐,还能在整个团队中营造出一种积极向上、充满活力的工作氛围。管理大师卡耐基曾经明确表示,赞美和鼓励能够最大限度地激发员工的潜力,让他们充分发挥自己的才能,为企业创造更大的价值。相反,批评则可能会抹杀员工的积极性,让他们陷入自我怀疑和沮丧之中,从而对工作产生抵触情绪。

(一)赞美的核心价值

1. 增强自信心

通过赞美,员工能够深切地感受到自己的价值得到了认可和肯定。这种认可如同一股强大的心理动力,能够增强他们的自信心,使他们在面对工作中的各种挑战时更加从容不迫。

2. 激发工作热情

赞美不仅仅是一种简单的认可,更是一种能够激发员工工作热情的强大力量。当员工听到上级对自己的赞美时,他们会感到自己的付出得到了回报,这种回报不仅仅是物质上的奖励,更是一种精神上的满足。这种满足感会激发他们内心深处的热情,使他们更加热爱自己的工作,愿意为企业贡献更多的力量。

3. 提升团队士气

在公开场合对员工进行赞美,具有多重积极意义。一方面,它能够树立榜样,让其他员工看到优秀者的表现和成就,从而激发他们的竞争意识和上进心。另一方面,公开赞美还能提升整个团队的士气,让大家感受到企业对员工的重视和认可,增强团队的凝聚力和向心力。

(二) 运用赞美式激励法的技巧

1. 及时且具体的赞美

(1) 及时性:在员工取得成就或进步的第一时间,管理者就应该及时给予赞美。时间是关键,因为及时的赞美能够让员工感受到自己的努力被实时关注和认可,这种即时的反馈会让他们更加珍惜自己的成果,也会激励他们在未来的工作中继续保持积极的状态。

(2) 具体性:赞美时要具体指出员工的哪些行为或成果值得称赞,而不是泛泛而谈。只有具体的赞美才能让员工真正明白自己的优势所在,从而更好地发挥自己的特长。

2. 真诚的赞赏

(1) 真诚性:赞美必须发自内心,真诚地表达对员工工作的欣赏和尊重。虚假的赞美会显得虚伪和不可信,不仅无法激励员工,反而可能让他们感到被轻视或欺骗。管理者在赞美员工时,要真正看到员工的努力和成果,从内心深处产生敬佩之情,然后用真诚的语言表达出来。

(2) 表现出关心:在赞美时,可以适当表达对员工的关心和支持,让他们感受到来自上级的温暖和关怀。

3. 多样化的赞美方式

(1) 一对一赞美:在私下场合,对员工进行一对一的赞美,让他们感受到自己的独特性和重要性。这种方式能够让员工更加放松地接受赞美,也能让他们感受到管理者对自己的关注和重视。

(2) 公众表扬:在团队会议或公司活动中,对表现突出的员工进行公开表扬,树立榜样,激励其他员工。公开表扬能够让员工获得更大的成就感和荣誉感,也能在团队中营造出积极向上的竞争氛围。

(3) 背对背赞美:通过第三方传递赞美信息,增加赞美的可信度和影响力。例如,在与其他同事或领导交流时,提及某员工的优秀表现。这种方式能够让员工感受到自己的努力得到了广泛的认可,也能增强他们的自信心和工作动力。

(三) 赞美的禁忌

1. 赞美不分对象

赞美具有针对性,不同年龄段、职业和文化背景的人对赞美的接受方式和偏好可能有所不同。在赞美前,先了解对方的背景和喜好,选择恰当的赞美内容和方式。

2. 虚假赞美

赞美应该是真诚和基于事实的,虚假的赞美会显得虚伪和不可信,反而可能让对方感到被轻视或侮辱。在赞美时,要确保自己的话语有据可依,避免夸大其词或编造事实。

3. 浮夸无实处的赞美

在赞美时,要具体指出对方的优点和成就,并给出具体的例子或细节来支持自己的赞美。仅仅使用空洞的大话或套话进行赞美,如"你真好""你真棒"等,缺乏具体性和针对性,难以让对方感受到真正的认可和鼓励。

赞美是一种强大的激励工具,管理者应当学会在恰当的时机给予员工适当的赞美,并且态度要真诚、言之有物。只有这样,才能真正发挥赞美的激励作用,帮助员工在工作中不断进步,推动企业的持续发展。

第二节　管理者的"四项基本修炼"

管理的本质不在于知,而在于行。

——(法国)亨利·法约尔

一、案例导读

电工刘工是某地电力公司的技术骨干,为人老实厚道,多次在公司电工技术比赛中名列前茅。鉴于此,公司领导任命刘工为电工班主管。刘工在电工技术方面极具造诣,担任主管后,他依旧任劳任怨,每日忙于电气设备的检修以及运行线路的维护,片刻不得闲。然而,刘工有个显著特点,那就是不太爱说话。他平时与上级领导以及同事们交流甚少,在部门会议上也极少发言,就连班前会也只是简短地说几句话来布置任务。私下里,他几乎没有与领导和班组成员进行深入交流,甚至对班组成员的情绪波动和家庭状况都有所忽视。在刘工看来,主管的职责主要是以身作则,带头完成各项工作任务,而不应该把精力浪费在人际关系上。那么,刘工是个称职的主管吗?

(资料来源:班组管理案例集锦,豆丁网,2024 年 2 月 27 日,https://www.docin.com/p-4612813755.html)

思考:

1. 合格的管理者应具备哪些基本修炼?

2. 管理者如何把握自己的角色与定位?

3. 如何通过基本修炼提升管理能力?

二、案例延伸

案例中,尽管刘工在技术层面堪称佼佼者,勤勉尽责,但他作为主管的角色定位上却存在着显著的不足。作为团队的核心引领者,他未能充分发挥其管理潜能,他急需调整工作重心,从单纯的技术执行者转变为全面的管理者,以更好地推动团队发展,实现整体目标。作为管理者,仅仅具备专业技术能力是远远不够的,还需要承担起组织、计划、沟通与授权等多方面的职责。管理者的角色要求他们能够有效地带领团队,实现组织目标,这就需要管理者具备"四项基本修炼"。

(一) 管理者的"四项基本修炼"

图 8.2　管理者的"四项基本修炼"

1. 角色与定位

(1) 管理者是规划者:清晰地了解企业整体战略,牢牢记住部门工作目标。管理者需要深入研究企业的长期发展规划,明确部门在其中的定位和作用,为部门制定切实可行的工作目标和计划。

(2) 管理者是执行者:准确地传递企业决策层的管理理念和战略规划给基层员工。管理者不仅要理解企业的战略规划,还要将其转化为具体的行动指南,传达给团队成员,确保每个人都清楚自己的工作目标和方向。

（3）管理者是危机或问题的解决者：妥善处理日常工作中的问题，而非等待上级来处理。管理者应具备敏锐的问题洞察力和高效的解决问题能力，能够在问题出现时迅速采取措施，避免问题扩大化。

（4）管理者是模范者：做好自我管理，为下属树立榜样，使个人成长跟上企业发展速度。管理者的言行举止对下属有着重要的影响，因此要严格要求自己，在工作态度、职业道德、专业技能等方面成为下属的楷模。

（5）管理者是监督/控制者：通过科学的预测、正确的决策、严格的管理和有效的监督，确保企业成功。管理者要对企业的各项工作进行全面监督，及时发现问题并采取措施加以纠正，确保企业的运营符合战略规划和目标要求。

2. 组织与计划

（1）组织：整合企业中的人、财、物等资源要素和业务、职能、技术等责任主体，为整体计划和目标服务。

（2）计划：根据企业内外部环境分析，提出未来一段时间的企业目标及实现目标的方法途径。计划包括目标和目标管理两大范畴，明确企业在特定时空维度下的目标，如营收目标下各部门的具体工作计划。计划工作要求管理者对企业的内外部环境进行深入分析，了解市场需求、竞争对手、技术发展等因素，制定符合企业实际情况的目标和计划。同时，管理者还要对计划的执行情况进行跟踪和评估，及时调整和优化计划。

3. 决策与控制

（1）决策：依靠决策者的能力和水平，针对全局性、复杂性、难度大的工作制定决策，为各系统和人员提供方向。决策是管理者的重要职责之一，管理者需要在面对复杂问题时，凭借自己的经验、知识和判断力，做出正确的决策。在决策过程中，管理者要充分考虑各种因素，如风险、成本、效益等，确保决策的科学性和可行性。

（2）控制：建立约束体系，防止人在推进工作时按照既有思维惯性破坏组织整体性。通过控制系统保证各个体系按照既定方向前进，目标一致，动力充足，不走弯路。控制工作包括建立健全的管理制度和流程，对企业的各项工作进行监督和检查，及时发现问题并采取措施加以纠正。

4. 沟通与授权

（1）沟通：管理者要建立沟通汇报机制，授权者按要求在规定时间内主动汇报授权任务。管理者也应对授权进行定期评估与盘点。沟通是管理的重要手段之一，管理者需要与上级领导、下属员工、同事以及外部客户等进行有效的沟通。沟通工作包括倾听、表达、反馈等方面，管理者要学会倾听他人的意见和建议，清晰地表达自己的想法和要求，及时给予他人反馈和指导。

（2）授权：管理者进行责任授权并明确时效性，赋予授权者相应权利，权利与责任通常对等。授权后要对授权进行跟踪和监督。授权是管理者提高工作效率和培养下属能力的重要方式,管理者要根据下属员工的能力和经验,合理地进行授权,让他们承担更多的责任和工作任务。授权过程中,管理者要明确授权的范围和期限,给予授权者相应的权利和资源,同时要对授权进行跟踪和监督,确保授权任务的顺利完成。

（二）精进四大核心能力的策略

1. 深化角色认知与定位

（1）深入洞悉企业战略:积极参加企业战略研讨会、培训课程等,深入了解企业的长期发展规划和短期目标。通过与企业高层领导和其他部门负责人的交流,拓宽自己的视野,加深对企业战略的理解。

（2）强化执行力构建:制定详细的行动计划,将企业决策层的规划分解为具体的任务和步骤,明确责任人和时间节点。行动计划要具有可操作性和可衡量性,确保每个任务都能够按时完成。

（3）精进问题解决艺术:学习问题解决的方法和工具,如六西格玛、PDCA 循环等,提高分析问题和解决问题的效率。问题解决方法和工具的学习要结合实际工作,通过案例分析、实践操作等方式,加深对方法和工具的理解和应用。

2. 优化组织计划能力的路径

（1）增强组织能力:学习项目管理知识,掌握团队组建、资源分配、任务协调等方面的技巧。项目管理知识的学习要结合实际工作,通过参与项目管理、组织团队活动等方式,提高自己的组织能力。

建立跨部门合作机制,加强与其他部门的沟通和协作,提高企业整体的运营效率。跨部门合作机制要包括沟通渠道、协调机制、合作协议等方面,确保各部门之间的工作能够顺利衔接。

培养团队建设能力,营造良好的团队氛围,提高团队的凝聚力和战斗力。团队建设能力的培养要通过团队活动、培训课程、激励机制等方式,增强团队成员之间的信任和合作。

（2）精细化计划制定:进行全面的市场调研和分析,了解行业动态和竞争对手情况,为计划制定提供依据。市场调研和分析要包括客户需求、市场趋势、竞争对手策略等方面,确保计划的针对性和有效性。

采用科学的计划制定方法,确保计划的可行性和有效性。计划制定方法的学习要结合实际工作,通过案例分析、实践操作等方式,提高自己的计划制定能力。

定期对计划进行评估和调整,根据实际情况及时修正计划中的不足之处。计划的评估和调整要包括定期检查、数据分析、反馈机制等方面,确保计划的适应性和灵活性。

3. 升级决策与掌控力的方法

（1）智慧决策力提升:收集充分的信息,进行全面的分析和评估,避免盲目决策。信息收集要包括内部信息和外部信息,通过市场调研、数据分析、专家咨询等方式,确保信息的准确性和完整性。

学习决策理论和方法,如决策树、层次分析法等,提高决策的科学性和准确性。决策理论和方法的学习要结合实际工作,通过案例分析、模拟决策等方式,提高自己的决策能力。

培养风险意识,在决策过程中充分考虑各种风险因素,制定相应的风险应对策略。风险意识的培养要通过风险评估、应急预案制定等方式,提高自己的风险防范能力。

(2)强化内部控制:建立完善的内部控制体系,明确各部门和岗位的职责和权限,确保工作流程的规范和有序。内部控制体系要包括内部审计、风险管理、合规管理等方面,确保企业的运营合法合规。

采用有效的控制手段,如预算控制、绩效评估等,及时发现和纠正工作中的偏差。控制手段的选择要根据企业的实际情况和管理需求,确保控制的有效性和针对性。

4. 精进沟通与授权艺术的实践

(1)沟通艺术的精进:学习沟通技巧和方法,如倾听技巧、表达技巧、反馈技巧等,提高沟通的效果。沟通技巧和方法的学习要结合实际工作,通过案例分析、模拟沟通等方式,提高自己的沟通能力。

建立良好的沟通渠道,如定期召开会议、开展团队活动等,促进信息的流通和共享。沟通渠道的建立要根据企业的实际情况和管理需求,确保信息的及时传递和反馈。

培养跨文化沟通能力,适应不同文化背景下的沟通需求,提高企业的国际化水平。跨文化沟通能力的培养要通过文化培训、国际交流等方式,增强自己的文化敏感度和适应能力。

(2)合理授权:明确授权的原则和范围,根据员工的能力和经验进行合理授权,避免过度授权或授权不足。授权原则和范围的确定要根据企业的管理需求和员工的实际情况,确保授权的合理性和有效性。

建立授权后的跟踪和监督机制,及时了解授权任务的进展情况,提供必要的支持和指导。跟踪和监督机制要包括定期汇报、绩效考核、反馈机制等方面,确保授权任务的顺利完成。

对授权效果进行评估和反馈,总结经验教训,不断优化授权管理。授权效果的评估和反馈要包括目标达成情况、员工满意度、工作效率等方面,确保授权管理的持续改进。

管理既是一门科学也是一门艺术,需要管理者在实践中不断学习和改进。通过修炼角色与定位、组织与计划、决策与控制、沟通与授权等能力,管理者可以更好地引导团队,发挥团队的潜力,推动企业的发展。正如亨利·法约尔所言,管理的本质在于行动。管理者应将这些修炼内化于心、外化于行,以实现个人与组织的共同成长。

第三节　管理者的时间规划管理

时间是最公平的资源,每个人一天都只有 24 小时,但如何使用这 24 小时,决定了人与人之间的巨大差异。

——（美国）吉米·罗恩

一、案例导读

张明是一家大型科技公司的项目经理,负责推进多个关键项目。然而,尽管他每日都在忙碌地工作,却始终觉得时间不够用。他每天要处理无数邮件,频繁参加会议,还要应对各种突发问题,以至于总是感到疲惫不堪,难以专注于真正重要的任务。有一次,在一个重要项目的评审会上,张明因没有及时完成进度而被上级批评。这一事件让他意识到自己在时间管理方面存在严重问题。

经过反思,张明决定采取措施来改善自己的时间规划。他开始通过记录每天的时间花费情况,分析自己在哪些地方浪费了时间,进而逐步调整自己的日程安排。经过一段时间的实践,张明不仅能够更有效地利用时间,还学会了如何在关键时刻集中精力处理最重要的任务。他的项目管理能力得到了显著提升,团队的工作效率也随之提高。

(资料来源:项目进度与时间管理,豆丁网,2024 年 5 月 26 日,https://www.docin.com/p-4664760308.html)

思考:

1. 时间管理不善会带来哪些问题?

2. 管理者如何进行有效的时间规划?

3. 怎样确保时间规划得到有效执行?

二、案例延伸

在现代企业管理中,时间管理的重要性不言而喻。案例中的张明虽然具备出色的技术能力,但由于缺乏有效的时间管理,导致了工作效率低下和项目进度延误。管理者如何通过合理规划和有效利用时间,不仅影响个人的工作表现,也直接关系到团队的整体效率和企业的发展。

（一）时间管理不善带来的负面影响

1. 工作效率低下

管理者如果没有合理安排时间，就容易陷入琐事之中，导致重要任务被拖延，从而工作效率低下。

2. 决策延误

缺乏时间规划可能会导致管理者在面对重要决策时没有足够的时间进行思考和分析，从而做出错误的决策。

3. 团队管理混乱

时间管理不善的管理者可能无法及时与团队成员沟通和协调，导致团队工作进度不一致，任务分配不合理，进而影响团队的凝聚力和战斗力。

（二）管理者如何规划时间

管理者应合理规划时间，设定优先级，避免时间浪费，并通过有效的授权和专注管理任务来提高工作效率。[①]

图 8.3　时间规划管理的策略

1. 设定优先级

（1）识别关键任务：管理者需要仔细分析自己的工作职责，识别出哪些任务对组织目标的实现至关重要。这些任务可能涉及战略规划、关键决策、重要客户关系维护等。

（2）评估任务的重要性与紧急性：在识别出关键任务后，管理者需进一步评估每项任务的重要性和紧急性。通过四象限法（重要且紧急、重要不紧急、紧急不重要、不重要不紧急）等工具，将任务分类，优先处理重要且紧急的任务，同时合理规划重要不紧急的任务。

（3）制定优先级清单：根据评估结果，制定一份清晰的优先级清单。这份清单应明确列出各项任务的优先级，以便管理者能够一目了然地知道自己在有限时间内应该优先哪些任务。

2. 避免时间浪费

（1）定期审查日程安排：管理者应定期（如每周或每月）审查自己的日程安排，找出并减少那些不必要或低效的会议、报告和其他活动。对于可以合并或取消的会议，应果断采

---

① 刘志则，白杨. 时间管理[M].北京：台海出版社,2019.

取措施。

（2）设定会议规则：为了提高会议效率，管理者可以设定明确的会议规则，如会议开始和结束时间、议程设置、决策机制等。同时，鼓励会议参与者提前准备，确保会议能够高效进行。

（3）简化报告流程：对于报告和文件审批等流程，管理者应寻求简化方法，如采用电子审批系统、减少审批层级等，以减少时间浪费。

3. 有效授权

（1）识别可授权任务：管理者需要仔细分析自己的工作任务，识别出哪些任务可以授权给下属完成。这些任务通常具有明确的操作流程和标准，不需要管理者亲自处理。

（2）选择合适的授权对象：在选择授权对象时，管理者应考虑下属的能力、兴趣和经验等因素，确保授权任务能够得到妥善完成。

（3）明确授权范围和责任：在授权时，管理者应明确告知下属授权的范围、责任和期望成果，确保双方对授权任务有清晰的认识。

（4）提供必要的支持和监督：在授权后，管理者应提供必要的支持和监督，以确保授权任务能够顺利进行。同时，管理者应定期检查授权任务的完成情况，并根据需要给予指导或调整授权范围。

4. 定期评估和调整

（1）定期评估时间管理效果：管理者应定期（如每季度或每半年）评估自己的时间管理效果，检查是否达到了预期的目标和效果。评估可以包括任务完成情况、时间利用效率、团队协作等方面。

（2）收集反馈意见：管理者可以向团队成员或上级收集关于自己时间管理的反馈意见。这些反馈意见可以帮助管理者了解自己在时间管理方面的优点和不足，为改进提供方向。

（3）调整和优化时间管理策略：根据评估结果和反馈意见，管理者应及时调整和优化自己的时间管理策略。例如，重新设定优先级、调整授权范围、改进工作流程等。

有效的时间规划管理是管理者提升工作效率、实现工作与生活平衡的关键。通过明确目标、制定计划、优化流程、合理拒绝、使用工具和定期回顾，管理者可以更好地掌控时间，提高个人与团队的生产力。时间管理不仅关乎工作效率，更是实现个人成长和组织目标的重要手段。

第四节　情境领导与决策艺术

领导者应对下属的特征给予更多的关注和重视，根据下属的具体特征确定适宜的领导风格。

——（美国）保罗·赫塞

一、案例导读

蒂姆·库克是苹果公司的现任首席执行官,他在公司中采取了不同的领导风格和行为,根据情境的不同灵活调整自己的领导方式。

对于公司的高层管理人员,蒂姆·库克采取的是"愿景式"的领导方式。他与高层管理人员共同讨论公司的愿景和战略目标,鼓励他们提出创新的想法和解决方案。这种领导方式强调对未来的远见卓识,激发管理人员的创造力和热情。

对于公司的中层管理人员,蒂姆·库克采取的是"辅导式"的领导方式。他与中层管理人员定期进行一对一的交流,了解他们的工作进展和困难,提供指导和支持。这种领导方式注重员工的个人发展和成长,帮助他们提高能力和绩效。

对于公司的基层员工,蒂姆·库克采取的是"支持式"的领导方式。他关注员工的日常工作和生活,倾听他们的需求和意见,提供支持和帮助。这种领导方式强调对员工的关心和支持,增强员工的归属感和忠诚度。

(资料来源:情境领导理论-以苹果公司为例,百家号,2023 年 11 月 27 日,https://baijiahao. baidu. com/s?id=1783717575055925526&wfr=spider&for=pc)

思考:

1. 蒂姆·库克的领导方式为何要因不同层级而变化?

2. 情境领导的核心概念是什么?

3. 如何运用情境领导提升管理效果?

二、案例延伸

在企业管理中,领导者面对的团队成员各不相同,工作任务和情境也千变万化。如何在复杂多变的环境中有效地领导团队,是每一位管理者需要思考的问题。蒂姆·库克的例子为我们展示了情境领导的应用,那么在实践中,情境领导与决策艺术究竟该如何结合?

（一）什么是情境领导

情境领导（Situational Leadership）是由行为学家保罗·赫塞（Paul Hersey）和肯尼思·布兰查德（Ken Blanchard）提出的一种领导理论，强调领导者应根据下属的成熟度（包括能力和意愿）来调整自己的领导风格。领导风格可以分为指导（Telling）、教练（Coaching）、支持（Supporting）和授权（Delegating）四种类型。[①]

保罗·赫塞　　　　　肯尼思·布兰查德

图 8.4　保罗·赫塞和肯尼思·布兰查德

（二）四种领导风格

1. 指导型

领导者对任务和目标提供详细的指导和监督，适用于能力低、意愿高的下属。

2. 教练型

领导者在提供指导的同时，鼓励下属提出建议和参与决策，适用于能力中等、意愿高的下属。

3. 支持型

领导者更多地提供情感支持和激励，减少对具体任务的监督，适用于能力高、意愿中等的下属。

4. 授权型

领导者将任务和决策权下放给下属，适用于能力高、意愿高的下属。

（三）如何选择适当的领导风格？

1. 员工状态 R1 与领导模式 S1（指导模式）

员工状态 R1：缺乏能力与意愿。

常见表现：对新任务感到困惑，缺乏方向，容易陷入低效或错误。

领导模式 S1：教练模式。

---

① 赫塞.情境领导者［M］.北京：中国财经出版社，2003.

特点：高工作行为,低关系行为。

领导方式：

详细指导：提供具体的指示和步骤,明确任务和目标。

紧密监督：密切跟踪工作进展,及时纠正错误和偏差。

单向沟通：领导者更多地给予指令,而非与下属互动交流。

2. 员工状态 R2 与领导模式 S2(教练模式)

员工状态 R2：缺乏能力但有工作意愿。

常见表现：积极参与工作,但可能会因为缺乏技能和经验而遇到困难。

领导模式 S2：教练模式。

特点：高工作行为,高关系行为。

领导方式：

指导与支持并重：在提供详细任务指导的同时,给予情感上的支持和鼓励。

双向沟通：鼓励员工表达自己的想法和疑问,参与决策过程。

持续反馈：定期提供建设性反馈,帮助员工改进。

3. 员工状态 R3 与领导模式 S3(支持模式)

员工状态 R3：有能力但缺乏意愿。

常见表现：尽管有能力完成任务,但由于缺乏动机,工作表现不稳定。

领导模式 S3：支持模式。

特点：低工作行为,高关系行为。

领导方式：

情感支持为主：更多地关注员工的情感需求,通过激励和认可提升他们的工作意愿。

鼓励参与：鼓励员工参与决策和问题解决,增强他们的责任感和成就感。

减少监督：减少具体任务的监督,给予员工更多的自主权。

4. 员工状态 R4 与领导模式 S4(授权模式)

员工状态 R4：有能力并自信。

常见表现：工作积极主动,能够自我驱动,高效完成任务。

领导模式 S4：授权模式。

特点：低工作行为,低关系行为。

领导方式：

完全授权：将任务和决策权下放给员工,给予他们高度的自主权。

结果导向：关注任务结果,而非具体过程。

支持资源：在需要时提供必要的资源和支持,但不过多干预。

(四) 情境领导与决策的融合

1. 决策与情境判断

在做决策时,领导者需要考虑团队成员的能力和意愿,选择适当的领导风格。

2. 灵活调整领导方式

情境是动态的,员工的状态也会随着时间和环境变化而变化。领导者需要不断评估员工的能力和意愿,并及时调整自己的领导风格,以确保团队的高效运行。

3. 决策过程中的参与与授权

领导者应根据团队成员的成熟度,决定是否参与或授权。在某些情况下,领导者需要亲自参与决策以确保方向的正确性;而在其他情况下,可以将决策权下放,激发员工的自主性和创新性。

情境领导与决策艺术是现代管理的重要组成部分。领导者通过理解并运用情境领导的四种风格,能够更有效地激发团队成员的创造力和热情,提高工作绩效和满意度。正如彼得·德鲁克所言,领导的艺术在于适应变化多端的情境。通过情境领导,领导者能够在不断变化的管理环境中,做出明智的决策,引领团队走向成功。

第五节　管理者要学会"深度工作"

深度工作能力是一种稀缺和有价值的技能,它能够为你在职场上创造出超越常人的成果。

——(美国)卡尔·纽波特

一、案例导读

李华是一家大型科技公司的中层管理者,每日都忙碌于无数的会议以及琐碎的工作之间。他常常感觉自己被日常事务紧紧围困,虽然每天都在不停地忙碌奔波,但总觉得自己并没有真正完成什么具有重大意义的工作。他发现,在处理那些需要深度思考和进行复杂决策的任务时,常常因为各种事务的打扰而无法集中注意力,这就导致了工作效率低下、效果也不尽如人意。

经过一番深刻的反思,李华意识到自己迫切需要改变当前的工作方式。于是,他决定采用"深度工作"的方法,将时间高度集中在少数至关重要的任务上,远离各种干扰源,全神贯注地投入到高价值的工作内容之中。他每天早晨特意安排出两小时的无干扰时间,果断地关掉手机和邮件提醒,全神贯注地处理那些需要深入思考和细致分析的工作。几周之后,他惊喜地发现,自己不仅工作效率大幅提高,而且在战略规划和复杂项目上的表现也得到了公司高层的高度认可。

(资料来源:埃米·惠特克.深度工作 7 步法[M].北京:北京联合出版有限公司,2018.)

思考:

1. 什么是深度工作?

2. 为什么管理者需要深度工作?

3. 如何实现深度工作?

二、案例延伸

在现代职场之中,管理者常常面对着大量的琐碎事务以及频繁的打扰感到自己分身乏术、力不从心。然而,正如案例中李华的经历那样,只有通过深度工作,管理者才能够真正地专注于那些最为重要的任务,从而显著提升工作成果。那么,究竟什么是"深度工作",管理者又该如何有效地应用这一方法呢?

(一) 深度工作的定义

深度工作的概念由卡尔·纽波特提出,它强烈要求我们在一种高度专注的状态下进行工作,以此来最大化地提升工作效率和激发创造力。[①] 深度工作的核心思想是:决定工

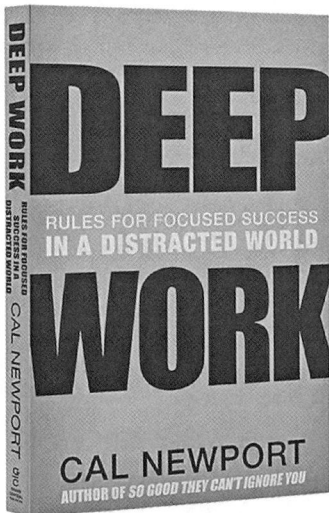

图 8.5　卡尔·纽波特与其著作《深度工作》

---

① 纽波特.深度工作:如何有效使用每一点脑力[M].南昌:江西人民出版社,2017.

作价值的,不是那些琐碎肤浅的表象,而在于"水面"之下真正的"深度",也就是深度工作。深度工作指在没有干扰下专注地进行工作,它可以把你的认知能力推向极限,最终得到具有创造性和高价值的工作结果。

（二）管理者为何需要深度工作

1. 提升战略思维和决策质量

在现代企业环境中,管理者不仅需要应对繁杂的日常事务,还需要进行长期的战略规划和关键决策。通过深度工作,管理者可以更深入地分析复杂问题,全面考虑各种可能性,从而做出更加精准和可持续的决策。这种深度的思考能够帮助管理者清晰地看清市场趋势、准确地预见风险并制定出有效的应对策略。例如,在决定公司的未来发展方向时,管理者需要深入研究市场动态、竞争对手的策略以及行业的发展趋势,这就需要进行深度工作,以便做出明智的决策。

2. 增强创新能力

创新往往需要管理者在已知的框架之外进行思考,通过深度工作,管理者能够打破日常思维的限制,积极探索新的思路和解决方案。深度工作的环境有助于激发创造力,使管理者能够从不同的角度审视问题,从而提出具有前瞻性和创新性的战略。例如,苹果公司的管理者在设计新产品时,需要进行深度思考和创新,以推出具有革命性的产品。

3. 提高个人和团队效率

当管理者能够有效地进行深度工作时,往往会惊喜地发现自己在短时间内能够完成更多高价值的任务。这不仅极大地提高了个人的工作效率,也树立了良好的榜样,鼓励团队成员模仿这种高效的工作方式,进而提升整个团队的效率和工作成果。例如,一位团队领导在进行深度工作时,能够高效地完成重要的项目任务,这会激励团队成员更加努力地工作,提高整个团队的绩效。

（三）如何实施深度工作

1. 时间审计与自我反省

管理者可以通过进行时间审计来全面了解自己每天的时间分配情况,精准识别出哪些任务是浅层工作的干扰,并通过深刻的自我反省来调整时间管理策略,确保将更多的时间用于深度工作。例如,管理者可以记录自己每天的工作时间和任务,分析哪些任务是真正重要的,哪些任务可以被减少或委托给他人。

2. SMART 目标设定

在规划深度工作时,管理者应应用 SMART 原则（具体、可测量、可达成、相关、时限）来设定明确的工作目标。这有助于集中精力,避免在深度工作期间分心。例如,管理者可以设定一个具体的目标,如在一周内完成一份详细的市场调研报告,并为这个目标设定明确的时间限制和可测量的指标。

3. 优先级矩阵应用

使用艾森豪威尔矩阵,将任务根据紧急和重要性进行分类。深度工作应集中在那些重要但不紧急的任务上,这些任务通常是长期战略规划和复杂问题解决。例如,管理者可以将任务分为重要且紧急、重要不紧急、紧急不重要、不重要不紧急四个类别,优先处理重要且紧急的任务,同时合理安排时间处理重要不紧急的任务。

4. 优化工作环境

深度工作需要一个安静且无干扰的环境。管理者可以在办公室或家庭中设立一个专门的深度工作区域,确保这一环境能够有力地支持高效的思考和工作。例如,这个区域可以配备舒适的座椅、良好的照明和隔音设备,以减少外界的干扰。

5. 技术工具的运用

现代管理者可以利用任务管理软件、时间跟踪工具来规划和监控深度工作时间。这些工具能够帮助管理者更好地安排工作,减少时间浪费。例如,管理者可以使用番茄工作法软件,将工作时间划分为若干个时间段,每个时间段专注于一项任务,提高工作效率。

6. 学会拒绝和委托

拒绝那些不重要的任务和请求,避免分散注意力,将一些非核心任务委托给他人,专注于自己的核心工作。例如,管理者可以拒绝一些无关紧要的会议邀请,将一些简单的任务委托给下属,以便有更多的时间进行深度工作。

7. 培养深度工作的习惯

定期进行深度工作训练,逐渐提高自己的专注能力,将深度工作纳入日常工作安排,形成习惯。例如,管理者可以每天安排一段时间进行深度工作,逐渐增加深度工作的时间,提高自己的专注能力。

(四) 如何平衡深度工作与其他职责

1. 合理分配工作时间

管理者在进行深度工作时,仍需兼顾其他职责。因此,合理的时间分配至关重要。管理者可以将深度工作安排在一天中精力最旺盛的时间段,而将处理琐碎事务和会议安排在精力较低的时间。例如,管理者可以在早晨进行深度工作,下午处理邮件和参加会议。

2. 团队协作的规划

管理者不仅需要专注于个人的深度工作,还要确保团队的协作效率。通过合理的时间规划,管理者可以安排固定的团队会议时间,确保在关键时间段内不被打扰。例如,管理者可以每周安排一次团队会议,在会议上讨论重要的问题,协调团队工作。

3. 授权与任务委派

深度工作并不意味着管理者需要承担所有复杂任务。相反,通过有效的授权和任务委派,管理者可以将一些次要任务交给团队成员处理,从而腾出更多时间进行深度工作。例如,管理者可以将一些项目任务委托给有能力的下属,并给予他们足够的自主权和资源,让他们负责完成任务。

4. 反思与持续改进

定期反思深度工作的效果,了解哪些策略有效,哪些需要调整。通过持续改进,管理者可以不断优化自己的深度工作方法,使之更好地适应工作需求。例如,管理者可以每月对自己的深度工作进行一次反思,总结经验教训,调整工作方法。

深度工作是管理者提升工作质量和效率的重要手段。通过深度工作,管理者可以更好地应对复杂问题,做出明智的决策,并激发创新思维。正如卡尔·纽波特所指出的,深度工作能够唤醒我们的生产力。因此,管理者应该学会并实践深度工作,以提升个人和团队的整体表现。

第六节　领导力的转型:新时代的管理策略

领导力不在于头衔,而在于影响力。

——(美国)约翰·C·马克斯韦尔

一、案例导读

特斯拉(Tesla)作为一家全球知名的电动汽车制造商,以其创新的技术和领导力在汽车行业取得了巨大的成功。特斯拉成立于 2003 年,由埃隆·马斯克(Elon Musk)创立。公司以研发和生产电动汽车和可再生能源存储解决方案而闻名,旨在推动世界过渡到可持续能源。特斯拉的创新领导力在电动汽车行业产生了深远的影响。

作为特斯拉的创始人和首席执行官,埃隆·马斯克以其极为"硬核"的工作观念展现了一种独特的领导方式。他常常设定几乎难以完成的最后期限,进而鞭策团队成员全力以赴去实现目标。马斯克的管理策略之一便是快速推进,即便将试验品炸掉也在所不惜,然后重复这一过程,直至最终做出可用的产品。例如,他在 SpaceX 采用了迭代式的设计方法,迅速制成火箭和发动机原型,接着进行测试,而后根据测试结果不断进行修改和迭代。

他对员工要求严格,但同时也给予了员工足够的自由度。马斯克注重员工的工作绩效,但同时也关注员工的成长和发展。他不仅仅是一个领导者,更是一个鼓励和激励团队的合作者。特斯拉注重团队建设和激励机制。公司通过团队的合作和协同来实现创新和进步。特斯拉鼓励团队成员之间的相互支持和帮助,鼓励他们在项目中扮演不同的角色和发挥各自的优势。特斯拉凭借其创新的领导力和积极开放的公司文化,在电动汽车行业树立了标杆,并取得了巨大的成功。

(资料来源:管理学案例分析特斯拉的创新领导力,百度文库,2024年1月17日,https://wenku.baidu.com/view/a354984aa900b52acfc789eb172ded630a1c9878.html)

思考:

1. 新时代对领导力提出了哪些新要求?

2. 领导力转型的关键因素有哪些?

3. 如何实现领导力的成功转型?

二、案例延伸

随着科技的飞速进步以及全球化的深入推进,企业所处的商业环境发生了极为深刻的变化。传统的权威性领导风格逐渐暴露出其局限性,难以有效应对复杂多变的市场需求。领导力的转型不仅是应对这些变化的必要举措,更是企业在新时代保持强大竞争力的重要保障。

图8.6 领导者应具备的技能

(一)领导者应具备的技能

1. 技术技能(Technical Skills)

这些是领导者在专业领域内执行具体任务的能力,比如编程、财务分析、工程设计等。对于主管层和中层管理而言,技术技能尤为关键,因为他们需要深入理解团队所从事的工作,并能够提供专业的指导。虽然高管层不需要精通每一个技术细节,但也需要有足够的理解以便做出明智的战略决策。

2. 沟通技能(Human Skills)

包括与他人进行有效沟通、激发团队成员的积极性、解决冲突、建立良好关系以及领导团队的能力。所有层级的领导者都需要强大的人际沟通技能来激励团队,促进协作,并建立起深厚的信任。特别是对于主管层和中层管理来说,这些技能对于日常的团队互动以及维护积极的工作环境至关重要。

3. 思维技能(Conceptual Skills)

涉及领导者对复杂情况进行深入分析、准确诊断以及进行战略规划的能力。高管层和中层管理特别需要这些技能来制定长远的计划和组织目标。思维技能还包括能够理解组织内部和外部环境的宏观视角，以及识别潜在问题和机会的能力。

4. 执行技能（Executive Skills）

这是领导者在战略制定和执行方面的能力，确保组织目标得以顺利实现。高管层尤其需要这些技能来引导组织的发展方向，进行关键决策，并监督整个组织的运作。

5. 监督技能（Supervisory Skills）

监督技能主要涉及对下属的直接监督，包括任务分配、工作指导和绩效评估。对于主管层来说，掌握监督技能至关重要，它可以确保团队成员的工作与组织目标保持一致。

（二）领导力转型路径

1. 从权威型到赋能型领导

传统视角：传统领导力往往强调权威与等级制度，领导者通过命令与控制来推动组织目标的实现。

转型方向：新时代呼唤赋能型领导，他们相信并大力培养团队成员的能力，通过授权、信任和支持，充分激发每个人的潜能，共同创造价值。赋能型领导注重建立开放、包容的组织文化，积极鼓励创新思维和试错精神。

例如，一家创新型企业的领导者采用赋能型领导方式，给予团队成员更多的自主权和决策权，鼓励他们大胆尝试新的业务模式和技术创新，从而推动企业的快速发展。

2. 从单一技能到全面素养

传统要求：过去，领导力往往侧重于某一领域的专业技能或管理能力。

转型需求：新时代要求领导者具备全面的素养，包括战略思维、人际沟通、情绪智力、数字素养及全球视野等。领导者需不断学习，紧跟时代步伐，成为跨领域的复合型人才。

比如，一位现代企业的领导者不仅要具备卓越的管理能力，还需要具备良好的数字素养，能够运用数据分析和人工智能等技术手段提升企业的决策效率和竞争力。

3. 从线性管理到敏捷响应

传统模式：传统管理倾向于遵循既定的计划和流程，强调稳定性和可预测性。

转型趋势：面对快速变化的市场环境，敏捷管理成为新趋势。领导者需要具备快速决策、灵活调整的能力，以应对不确定性。通过建立敏捷团队和流程，加速创新周期，提高组织响应速度。

例如，在互联网行业，企业领导者需要采用敏捷管理方式，快速响应市场变化和用户需求，不断推出新的产品和服务，以保持竞争优势。

4. 从内部驱动到生态合作

传统观念：企业往往倾向于内部资源的优化配置和效率提升。

转型策略：在新时代，单打独斗已难以应对复杂挑战。领导者应树立生态合作的理念，积极寻求与产业链上下游、跨界伙伴及创新机构的合作，构建开放共赢的生态系统。通过资源共享、优势互补，实现协同创新和可持续发展。

比如,一家汽车企业的领导者与科技公司、能源企业等建立合作关系,共同研发新能源汽车和智能交通解决方案,实现产业升级和可持续发展。

5. 从结果导向到价值共创

传统目标:传统管理往往以达成既定目标为唯一导向,关注短期业绩。

转型方向:新时代强调价值共创,即领导者与员工、客户、合作伙伴乃至整个社会共同创造价值。通过深入了解并满足各方需求,建立长期互信关系,实现共赢发展。价值共创不仅关注经济效益,更重视社会责任和可持续发展。

领导力的转型是新时代管理策略的核心,管理者必须不断学习、适应和创新,以引领组织走向成功。正如约翰·C·马克斯韦尔所强调的,真正的领导力超越了职位和权力,它关乎影响力和激励他人的能力。通过转型,领导者可以更好地应对当下的挑战,把握未来的机遇,推动组织和社会的持续进步。

第七节　企业管理中的"三种领导力"

领导力就像美,它难以定义,但当你看到时,你就知道。

——(美国)沃伦·本尼斯

一、案例导读

张经理是某电网公司的大客户经理,主要负责华南区的营销工作。凭借多年的行业经验以及出色的业务能力,他在销售岗位上屡创佳绩,从未遭遇过失败。也正因如此,公司领导决定提拔他,并安排他在多个岗位上进行轮岗,为其日后担任营销总监做好充分的准备。

张经理首先被调任为事业部的地区经理,负责管理一个占公司营业额40%的核心部门。新岗位要求他管理3名项目经理和近20名销售人员,并且要与100多家企业客户保持紧密的联系。然而,随着工作的逐步展开,张经理发现自己面临着诸多严峻的挑战,即需要协调的事务变得极为繁多,与客户的关系也不如以往那般紧密,甚至团队的业绩在他上任后的三个月内竟然下降了20%。

（资料来源：电力行业管理者的挑战，搜狐网，2023年10月9日，https://www.sohu.com/a/847059780-1218157?scm=1019.20001.html）

思考：

1. 为何岗位变化会带来管理挑战？
2. 企业管理中的三种领导力具体是什么？
3. 如何提升这三种领导力？

二、案例延伸

案例中，张经理的困境绝非个例，随着职位的不断提升，领导者所面临的不仅仅是工作职责的变化，更为重要的是如何调整自己的领导风格以及提升相应的领导能力。在现代企业管理中，领导力不仅仅体现在决策的正确性上，还包括如何有效地执行这些决策并管理好团队成员，这就需要领导者在执行力、管理力和决策力三方面进行全面的提升，以从容应对复杂的管理挑战。

（一）领导力的定义

"领导力就是将想象转变成现实的能力。"这是领导力大师沃伦·本尼斯的经典名言。领导力主要基于个人魅力、愿景和专业知识，是一种通过激励和赢得信任来影响他人的能力，强调自愿跟随和内在动机的激发。领导力在领导系统中是一个根本性、战略性的范畴，是保持组织卓越成长和可持续发展的重要驱动力。

沃伦·本尼斯
(Warren G.Bennis)
领导力之父，组织发展理论先驱。

图8.7 "领导力之父"沃伦·本尼斯

（二）领导与管理的区别

1. 定义与关注点不同

领导主要关注的是愿景、方向和激励。领导者通过设定远大的目标和愿景，激发员工的内在动力，引导团队朝着共同的目标奋勇前进。领导强调的是创新、变革和人际关系，高度重视激发员工的潜能和创造力。

管理则更注重计划、组织和控制。管理者通过制定详细的计划、合理分配资源、严格监督执行,以确保日常运营能够顺利进行。管理强调的是效率、稳定和过程控制,重视维持系统的正常运作和达成短期目标。

2. 时间维度不同

领导通常具有长期性,领导者关注的是长远的战略目标和未来的愿景,倾向于引领团队迈向变革和创新。领导者会着眼于未来,为团队规划长远的发展方向,鼓励团队勇于尝试新的方法和理念,以适应不断变化的市场环境。

管理更多关注的是短期性,管理者致力于日常事务的管理和现有计划的执行,确保短期内的任务和目标能够被有效实现。管理者会聚焦于当下的工作任务,通过合理的安排和监督,确保各项工作按时完成,以满足短期的业务需求。

3. 人际关系不同

领导更多涉及的是影响力和激励,领导者通过个人魅力、愿景和激励手段影响团队成员的行为和态度。领导者会以自己的人格魅力和领导风范赢得员工的尊重和信任,通过激励机制激发员工的工作积极性和创造力,从而引导员工朝着共同的目标努力奋斗。

管理则更强调权威和结构,管理者通过组织架构、规则和流程来管理团队的行为和工作。管理者会依靠组织的层级结构和规章制度来规范员工的行为,确保团队的工作能够有序进行,以实现组织的目标。

(三) 提升三种领导力的方法

1. 提高执行能力

执行力是领导力的关键所在。一个领导者不仅需要制定战略,还必须确保这些战略能够有效落地。提高执行力的策略包括:

文化建设:营造一个高效执行的企业文化,激励员工以雷厉风行的态度完成任务。企业可以通过开展执行力培训、树立执行力榜样等方式,强化员工的执行意识和执行能力。

责任制落实:通过明确的工作计划和岗位职责,形成一套有效的执行落实体系,确保每个团队成员都知道自己在整体战略中的角色。企业可以制定详细的工作计划和岗位职责说明书,明确每个岗位的工作任务、工作标准和考核指标,使员工清楚地知道自己的工作职责和工作目标。

团队协作:强化团队合作精神,杜绝推诿扯皮现象,确保每个任务都能在规定的时间内完成。企业可以通过开展团队建设活动、建立团队协作机制等方式,增强团队的凝聚力和协作能力。

2. 提高管理能力

管理力是提升领导力的核心。一个有效的管理者不仅要管理团队的日常运作,还必须监督关键流程,确保组织的各项工作按计划执行。提高管理力的策略包括:

监督机制:通过财务管理、业务监督和质量控制等机制,确保组织内的各项活动透明高效。企业可以建立健全的监督机制,加强对财务管理、业务流程和产品质量的监督和控制,确保组织的各项活动符合法律法规和企业的规章制度。

协作与整合:增强各部门之间的合作,形成管理合力,使管理过程更加顺畅。企业可以通过建立跨部门协作机制、开展部门间沟通交流活动等方式,加强各部门之间的合作和协调,提高管理效率。

服务与管理结合:通过服务提升管理效果,在服务中推进管理目标的实现,建立新型的管理服务体系。企业可以将服务理念融入管理过程中,通过为员工和客户提供优质的服务,提高管理的效果和满意度。

3. 提高决策能力

决策力是提升领导力的前提。科学决策能力要求领导者在做出决策前,进行深入的调研和广泛的意见征求。提高决策力,要求领导者必须深入基层,掌握第一手资料,确保决策的基础扎实可靠。企业可以通过开展市场调研、客户满意度调查等方式,收集和分析相关信息,为决策提供科学依据。

领导力是一个综合能力的体现,而执行力、管理力和决策力则是其三个关键组成部分。执行力确保战略的有效落地,管理力确保团队和流程的有序运作,决策力则为组织提供了正确的方向。三者相辅相成,决定了一个领导者在组织中的成败。作为领导者,必须全面提升这三种能力,才能带领团队走向成功,实现企业的长期发展目标。

第八节　适度"集权"与"分权"的艺术

权力是双刃剑,用得好能成就伟业,用得不好则可能毁掉一切。

——(古希腊)亚里士多德

一、案例导读

一大清早,宏大公司的张总办公室里便挤满了人,他们手中都拿着等待签字的各类文件和单据。自从张总在两年前上任以来,许多个早晨都是在大量的签字中度过的。

两年前的宏大公司可谓是"内忧外患",内部管理混乱不堪,效率极为低下,有能力的员工纷纷离去,另谋高就。张总来到公司之后,倾尽全力:从外部开拓市场,到内部制度建设,事无巨细都要亲自过问,可以说公司的每一个细节都在他的掌控之下。

然而,随着公司业务的逐步开展,张总越来越觉得力不从心了。日常事务占据了太多的时间,企业未来的发展、公司的企业架构以及人员等重要问题已经无暇顾及。

(资料来源:管理的艺术:集权与分权的平衡,MBA 智库,https://doc.mbalib.com/view/6eea5368c579589b87d2af429af6832.html)

思考:

1. 过度集权会带来哪些问题?

2. 分权有哪些优点和局限性?

3. 如何实现集权与分权的平衡?

二、案例延伸

集权和分权在企业管理中犹如两个极端,如何在二者之间寻找到平衡点,直接关系到企业的运作效率和发展潜力。过度集权可能会导致高层管理者的决策负担过重、下属的积极性低落以及信息沟通不畅等问题,而过度分权则可能引发决策失控、政策不统一等状况。因此,企业管理者必须学会依据实际情况进行适度的集权与分权,以确保企业能够高效运作。

图 8.8　集权与分权需要找到平衡点

(一) 过度集权的弊端

1. 不利于合理决策

在过度集权的管理体制下,随着企业规模的不断扩大,最高管理层难以迅速、准确地把握企业的具体情况并下达正确的命令,无法保证决策的合理性。

2. 压抑下属积极性

所有的决策权都集中在最高层,下层管理者沦为纯粹的执行者,他们的积极性和创造受到压抑,工作热情低下,对企业的关心程度也会减弱。

3. 助长官僚主义

过度集权需要制定繁琐的程序和规章制度以确保权力的实现,这极易助长官僚主义作风,使企业机关化、办事公式化。

（二）科学分权的优势

1. 提升决策效率与适应性

分权使得中基层管理者能够根据实际情况快速做出决策,提高了企业的反应速度和灵活性。同时,由于更接近市场和客户,中基层管理者能够更准确地把握市场脉搏,制定更符合市场需求的策略。

例如,在一家销售型企业中,区域经理被赋予一定的决策权,可以根据当地市场的特点和客户需求,迅速调整销售策略和促销活动,从而更好地满足市场需求,提高销售业绩。

2. 激发团队活力与创新

权力的下放激发了中基层管理者的积极性和创造性,他们更愿意主动承担责任、挑战自我、寻求创新。这种氛围促进了企业内部竞争与合作的良性循环,推动了企业的持续进步。

比如,在一家科技企业中,研发团队负责人被赋予更多的自主权,可以自主决定项目的研发方向和进度,这使得他们能够更加积极地投入到工作中,激发创新思维,提高研发效率。

3. 培养领导力与责任感

通过实践锻炼和承担责任,中基层管理者在分权过程中逐步成长为企业的中坚力量。他们不仅提升了自身的业务能力和管理能力,还增强了责任感和使命感,为企业的长远发展奠定了坚实的人才基础。

例如,在一家制造企业中,车间主任被赋予一定的生产管理决策权,可以根据生产实际情况调整生产计划和人员安排,这使得他们在实践中不断提升自己的管理能力和领导水平,为企业的发展贡献更多的力量。

（三）集分权平衡的艺术

集权和分权的平衡是企业管理中常见的问题,过度集权会导致决策效率低下,过度分权则可能引发决策失控。

1. 明确界限

企业应根据自身实际情况和发展阶段,明确哪些事项应集权管理(如财务、战略决策等核心领域),哪些应分权执行(如日常运营、市场策略等具体业务)。通过合理划分权责范围,确保企业管理的有序性和高效性。

例如,一家企业在财务方面实行集权管理,由总部统一制定财务政策和预算,确保资金的安全和合理使用;在市场推广方面实行分权管理,各区域销售团队可以根据当地市场情况制定具体的市场推广策略,提高市场反应速度和推广效果。

2. 建立制度保障

制定完善的集权与分权管理制度是保障权力有序运行的关键。企业应建立明确的决策流程、信息反馈机制、监督考核机制等制度框架,确保权力在制度约束下合理行使。

比如,企业可以建立严格的财务审批制度,明确各级管理者的审批权限和流程,确保财务决策的科学性和合理性;同时,建立健全的信息反馈机制,及时了解各部门的工作进展和问题,为决策提供准确的信息支持。

3. 培养管理人才

重视中基层管理者的选拔与培养是企业实现分权管理的重要前提。企业应通过培训、轮岗、晋升等多种方式提升中基层管理者的业务能力和管理能力,为分权实施提供坚实的人才保障。

例如,企业可以定期组织中基层管理者培训课程,邀请行业专家和内部优秀管理者分享经验和知识,提高他们的管理水平;同时,通过轮岗制度,让中基层管理者了解不同部门的工作流程和业务特点,拓宽他们的视野和思维方式。

4. 强化沟通与协作

建立畅通的沟通渠道是确保分权不分散、集权不过度的关键。企业应通过定期会议、信息共享平台等多种方式促进上下级之间的信息交流与共享,确保决策的科学性和准确性。同时,加强跨部门协作和团队建设也是提升企业管理效能的重要途径。

比如,企业可以每周召开一次部门经理会议,汇报工作进展和问题,共同商讨解决方案;同时,建立企业内部信息共享平台,方便各部门之间及时了解彼此的工作动态和需求,促进协作和配合。

总之,企业必须在集权和分权之间找到恰当的平衡,这种平衡需要考虑企业的环境、管理者的风格、员工的能力等多种因素。合理的集分权设计能够确保责权对等,激发员工的积极性,提高企业的决策效率和响应速度。正如亨利·法约尔所指出的,管理的核心在于决策,而适度的集权和有效的分权是实现良好决策的基石。通过这种平衡,企业能够更好地发挥管理的艺术性,促进企业的持续发展和成功。

第九节　切莫让"多头领导"影响组织管理的效率

在管理中,权责分明是效率的保障。

——(美国)彼得·德鲁克

一、案例导读

光大公司的一名员工在完成一项活动策划方案时,不得不反复向多位管理者请示意见。A管理者提出修改意见后,B管理者又提出不同的意见,致使该员工需要多次修改方案。这不仅极大地增加了员工的工作量,降低了工作效率,还使得策划方案的完成进度被严重拖延。最终,尽管策划方案勉强通过,但后续执行时间变得极为紧张,导致活动效果大打折扣。由于前期准备耗时过长,员工的自信心受到沉重打击,工作士气也随之大幅降低。随着时间的推移,这种疲于应付的状态让员工对公司逐渐失去信心,甚至最终选择离职。

(资料来源:组织管理中的多头领导现象,豆丁网,2022年5月11日,https://www.docin.com/p-799114372.html)

思考:

1. 多头领导为何会影响组织管理效率?

2. 解决多头领导有哪些有效方法?

3. 如何确保组织避免多头领导的危害?

二、案例延伸

多头领导现象普遍存在于组织管理中,它可能导致权责不清、责任分散、资源浪费,甚至影响员工的士气和忠诚度。解决这一问题,需要从组织结构和管理理念上进行改革。

(一)多头领导的定义

"多头领导"指的是一种由于组织结构设置不合理导致一个下级同时接受多个上级领导的现象。这种领导结构通常是由于组织结构复杂、部门划分不明确、职责重叠或者管理链条过长等原因造成的。

(二)多头领导问题的多维影响

多头领导常常导致权责混乱、效率低下。通过明确职责、推行单一责任主体制度和加强沟通机制可以有效解决这一问题。

1. 权责混乱,内耗加剧

意见分歧的困扰:在多头领导体系中,不同上级领导可能持有不同的观点和策略,导致员工在执行任务时面临多重指导,不清楚到底应遵循哪一方的意见,这种不确定性降低了工作效率,也挫伤了员工的积极性。

管理层矛盾升级:由于意见不合,管理层之间容易形成对立,不仅影响彼此间的信任和尊重,还可能导致组织内部的争斗,从而削弱团队的凝聚力。

团队协作的破坏:当员工感受到来自不同方向的压力和矛盾时,他们可能会选择保护自己,减少合作,这种"孤岛效应"极大地阻碍了团队整体效能的发挥。

2. 责任逃避,效率低下

"搭便车"现象的蔓延:在责任分散的环境中,个体可能认为自己的努力不会对结果产生显著影响,因此倾向于减少付出,寄希望于他人或等待问题自行解决。

推诿责任的风气:当问题出现时,由于责任界定不清,各方都可能试图将责任推给其他人,这种相互指责不仅无助于解决问题,还加剧了组织内部的紧张气氛。

工作效率的下降:由于决策过程冗长、反复修改指令以及员工积极性的下降,整体工作效率受到严重影响,项目延期、成本超支等现象频发。

3. 资源浪费,成本上升

重复劳动与无效努力:员工在应对多个领导的不同要求时,往往需要进行大量重复性工作,以满足各方的期望,这些工作往往缺乏明确的成效评估标准,造成时间和精力的浪费。

资源的非优化配置:多头领导可能导致资源配置的混乱和不合理,如人力、物力和财力在不同项目或部门间的分配不均,造成资源的浪费和效率低下。

成本增加的连锁反应:上述问题最终会反映在组织成本上,包括人工成本、时间成本、机会成本等,增加了组织的整体运营成本。

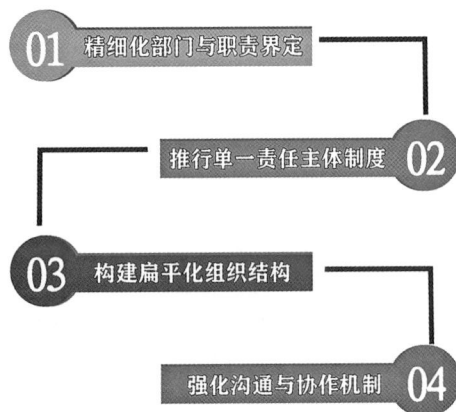

图 8.9　破解多头领导的策略

(三) 破解多头领导的策略

1. 精细化部门与职责界定

明确化的具体步骤:首先进行岗位分析,明确每个岗位的核心职责和关键任务;其次,制定详细的岗位职责说明书,确保内容具体、可操作;最后,通过培训和沟通,确保每位员工都清楚自己的职责范围。

分离化的考量因素:分析现有部门间的职能重叠和冲突点,考虑通过增设新部门、调整部门结构或重新分配职责等方式来解决问题。同时,要注意保持组织的整体协调性和流畅性。

2. 推行单一责任主体制度

直线管理的实施:明确每个部门或项目的唯一负责人,并确保其拥有足够的权力和资源来履行职责。所有决策和指令都应通过该负责人发出,减少决策冲突和混乱。

授权明确的重要性:高级管理层应明确授权给各部门负责人,避免越级指挥和多重管理现象的发生。同时,要建立有效的监督机制来确保授权的合理性和有效性。

3. 构建扁平化组织结构

精简层级的策略:通过合并管理层级、削减不必要的职位等方式来减少管理层级。这有助于缩短决策链条、加快信息传递速度并提高决策效率。

增强灵活性的实践:扁平化结构使得组织更加灵活和敏捷,能够快速响应市场变化和客户需求。为了进一步增强灵活性,可以鼓励跨部门合作和资源共享,打破传统部门壁垒。

4. 强化沟通与协作机制

定期会议的作用：设立跨部门沟通会议制度，定期召集相关部门负责人讨论工作进展、协调资源分配和解决问题。这有助于促进信息共享、减少误解和冲突。

建立共识的流程：对于重要决策和项目规划等事项，应鼓励多方参与讨论和协商。通过充分沟通和讨论达成共识后再执行可以避免执行过程中的反复调整和资源浪费。

多头领导问题的存在，反映了组织结构和管理理念上的不足。通过明确职责、实行单一式管理、采取扁平化结构、适度授权、优化信息流程、建立统一决策机制以及培养员工自主性，可以有效减少多头领导带来的负面影响，提高组织管理的效率。正如沃伦·本尼斯所言，组织结构应该服务于人，通过改革管理结构，我们可以创建一个更加高效、协调和人性化的工作环境。

第十节　以身作则，做执行的标杆

行动胜于言辞。

——（美国）本杰明·富兰克林

一、案例导读

吴某某是国家电网某下属公司五级专家，荣获全国劳动模范、浙江工匠等多项荣誉。吴某某扎根电力生产一线 30 年，先后干过检修、生产制造、营销等多个岗位。每到一个新岗位，他都善于发现问题、解决问题，钻研新设备、新方法、新工艺，并获得高级工程师职称和高级技师职业资格。例如，在日常工作中，他发现电力抢修很耗时，乡下路途远的话情况更严重，一般接到用户报修电话，电力抢修工人会根据故障用户的描述去准备需要的工具和材料。但用户不是专业工人,到了现场,准备的材料无法完成抢修,就得回去取。一来一回,本来10分钟就能修好的问题,可能需要2个小时甚至更多时间。同时,如果抢修中接到其他地方的报修,又得先回供电所领材料,才能赶到新的抢修地点,非常耽误时间。

以问题为导向,吴某某带领几位骨干,经过6个月努力,将电力抢修车车厢改造成了一个移动仓库,左侧是抢修备品备件,右边是抢修工器具,定置定位摆放,车上的工具和材料能够满足多个抢修任务,并且集应急照明、警示围栏等多功能于一体。特别是抢修车车顶的抢修梯,原来从车顶取下需要两个人,改造后,只要按一下遥控器,梯子从车顶自动升降,一个人轻松装卸。改造的抢修车应用后,故障抢修的折返率由原来的52.6%降到2.1%;城市平均故障修复时间缩短30分钟,山村平均故障修复时间缩短1小时,年均缩短抢修时间达1 080小时,减少了居民停电时间。

案例中,吴某某和他的团队成员展现出了高度的责任感与强大的执行力。他们的行动不仅保障了民生用电,也为国家电网赢得了良好的社会声誉。

(资料来源:劳模风采·全国劳模|吴某某:电力行业的"发明达人",中工网,2024年9月4日,https://www.workercn.c/2024-09-04/8343965.shtml)

思考:

1. 为何以身作则对提升执行力如此重要?

2. 管理者如何强化执行,树立标杆?

3. 管理者如何更好地"以身作则"?

二、案例延伸

在现代企业管理中,执行力乃是决定企业成败的关键因素。而管理者作为团队的核心,其以身作则的行为不仅能够提升个人的工作表现,更能够树立榜样,激发团队成员的潜能。那么,管理者究竟应如何通过自身的行动来提升团队的执行力并塑造良好的企业文化呢?

(一) 管理者的示范效应

管理者作为团队的领头羊,其行为和决策无疑会对团队成员产生深远的影响。在日常工作中,管理者的专业精神、工作态度、职业道德以及对待变化的适应能力,都会成为团队成员学习与模仿的榜样。当管理者展现出高度的责任感以及追求卓越的精神时,团队成员也会受到激励,进而提升自己的工作标准与职业素养。此外,管理者在决策过程中所体现出的公正性、透明性与合理性,能够帮助团队建立起对组织的信任感,从而增强团队的凝聚力与执行力。

(二) 自我提升,以身作则

1. 自我审视:深化自省,践行标准

管理者应定期进行自我反思,检查个人的工作习惯、决策过程以及日常行为是否完全

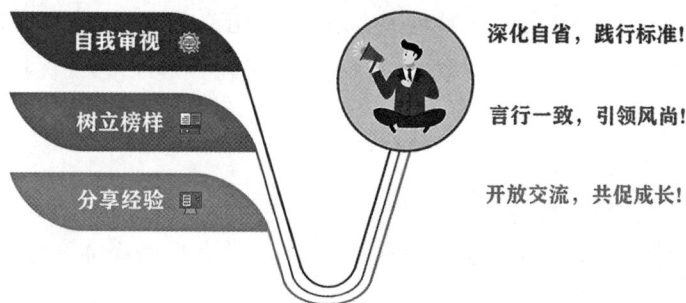

图 8.10　自我提升的几个重要方面

符合企业所倡导的价值观与行为准则。这包括但不限于诚信、责任感、团队合作、创新思维等方面。通过日记、反馈会议或专业辅导等方式,不断深化自我认知,确保自身成为企业标准的活生生例证。同时,勇于承认并改正自身不足,展现持续进步的态度。

2. 树立榜样:言行一致,引领风尚

在日常工作中,管理者需以实际行动展现高度的专业素养与执行力。这意味着不仅要按时完成任务,更要追求卓越,力求超越预期。通过积极承担责任、勇于面对挑战、有效解决难题,向团队传递正能量。同时,注重细节管理,如准时参加会议、高效沟通、关注团队成员成长等,都是树立良好榜样的重要方面。

3. 分享经验:开放交流,共促成长

管理者应主动分享自己的执行经验和成功案例,包括成功的策略、遇到的挑战及克服方法。这不仅有助于团队成员从中学习并借鉴,还能激发他们的学习欲望和创新能力。通过定期举办经验分享会、一对一辅导或内部知识库建设等形式,构建开放、共享的学习氛围,促进团队整体执行力的提升。

(三) 强化执行,树立标杆

1. 明确目标:共识导向,量化指标

与团队成员紧密合作,共同制定明确、具体且可衡量的执行目标。这些目标应与企业战略紧密相连,并细化到个人层面,确保每位成员都清楚自己的任务和责任。同时,采用SMART 原则(具体、可测量、可达成、相关性、时限性)来设定目标,以便更好地追踪进度和评估成果。

2. 优化流程:精简高效,创新驱动

对现有执行流程进行全面梳理,识别并消除冗余环节和瓶颈,提高流程效率。采用流程图、价值流图等工具进行可视化分析,直观展现流程现状和改进方向。同时,鼓励团队成员提出创新性的流程改进建议,如引入自动化工具、调整工作分配等,以科技和管理创新推动流程持续优化。

3. 过程监控:及时反馈,动态调整

建立有效的过程监控机制,通过定期报告、会议讨论或项目管理软件等方式,实时掌握执行进度和状态。一旦发现偏差或问题,立即组织相关人员进行分析并制定解决方案。同时,设立合理的考核标准和激励机制,对执行效果进行客观评价,确保执行过程可控、结果可预期。

(四) 塑造文化,凝聚力量

1. 明确价值观:深入人心,成为信仰

确立并清晰阐述企业的核心价值观和行为规范,使其成为企业文化的核心。通过内部宣传、培训教育等方式,加深员工对企业文化的理解和认同。同时,将价值观融入日常工作和决策过程中,使其成为指导员工行为的内在准则。

2. 强化培训:提升能力,塑造品格

定期对员工进行企业文化和执行力相关的培训和教育。这些培训不仅包括专业知识和技能的学习,还涵盖职业素养、团队协作、创新思维等方面的培养。通过案例分析、角色扮演、模拟演练等多种形式,提升员工的综合素质和执行能力。同时,组织团建活动增强员工之间的沟通与协作能力,促进团队精神的形成。

3. 激励机制:正向引导,激发潜能

建立科学的激励机制,对在执行力方面表现突出的员工和团队给予表彰和奖励。这些奖励可以包括物质奖励(如奖金、奖品)、精神奖励(如荣誉证书、晋升机会)以及发展机会(如参加培训、参与重大项目)等。通过正向激励激发员工的积极性和创造力,引导他们为实现企业目标而努力奋斗。同时,注重公平公正的原则,确保激励机制的有效性和可持续性。

领导力的核心在于榜样的力量,作为企业管理者,以身作则不仅是提升执行力的有效途径,更是塑造企业文化、激励团队成员的关键手段。在日常管理中,管理者应通过自己的实际行动,树立榜样,激励团队共同进步,为企业的持续发展奠定坚实的基础。以身作则,做执行的标杆,是每一位管理者应当牢记的职责与使命。

参 考 文 献

［1］埃德森.苹果产品设计之道：创建优秀产品、服务和用户体验的七个原则［M］.北京：机械工业出版社,2013.

［2］巴克.极简问题解决法-高效解决问题的思维、方法与行动［M］.北京：人民邮电出版社,2013.

［3］惠特克.深度工作 7 步法［M］.北京：北京联合出版有限公司,2018.

［4］德鲁克.21 世纪的管理挑战［M］.北京：机械工业出版社,2019.

［5］德鲁克.德鲁克管理思想精要［M］.北京：机械工业出版社,2019.

［6］德鲁克.管理的实践［M］.北京：机械工业出版社,2009.

［7］赫塞.情境领导者［M］.北京：中国财经出版社,2003.

［8］程东升,刘丽丽.华为经营管理智慧［M］.北京：当代中国出版社,2005.

［9］蔡践.执行力是干出来的：打造高效执行力的 77 个关键［M］.北京：中国纺织出版社,2021.

［10］查兰.领导梯队：全面打造领导力驱动型公司［M］.北京：机械工业出版社,2011.

［11］陈伟.阿里巴巴人力资源管理［M］.苏州：古吴轩出版社,2017.

［12］陈西川,杜贺亮,孙东坡.管理学经典案例［M］.北京：知识产权出版社,2010.

［13］崔雪梅.三分管人,七分做人［M］.吉林：吉林文史出版社,2023.

［14］陈永亮.团队执行力［M］.北京：北京大学出版社,2009.

［15］陈雨点.华为人才管理之道［M］.北京：人民邮电出版社,2020.

［16］窦典梓.沟通管理［M］.青岛：中国海洋大学出版社,2022.

［17］杜慕群.管理沟通案例［M］.北京：清华出版社,2013.

［18］大野耐一.丰田生产方式［M］.北京：中信出版集团,2024.

［19］樊登.可复制的领导力：樊登的 9 堂商业课［M］.北京：中信出版社,2017.

［20］方军.员工不是管出来的［M］.北京：中国华侨出版社,2005.

［21］房伟.卓越员工高效执行力［M］.北京：北京工业大学出版社,2013.

［22］郜军.目标管理：写给中层经理人的工作目标管理宝典［M］.北京：电子工业出版社,2019.

［23］化保力.管理,越管越轻松［M］.北京：北京大学出版社,2015.

［24］何飞.罗伯特议事规则实践指南：如何进行高效沟通和科学决策［M］.南昌：百花洲

文艺出版社,2018.

[25] 黄津孚.管理学精读文选与管理案例[M].北京：首都经济贸易大学出版社,2022.

[26] 亨利·罗伯特.罗伯特议事规则[M].上海：格致出版社,2015.

[27] 蒿淼.团队管理：如何带出高效团队[M].北京：化学工业出版社,2022.

[28] 鸿雁.团队沟通的艺术[M].长春：吉林文史出版社,2020.

[29] 黄志伟.华为管理法[M].苏州：古吴轩出版社,2023.

[30] IBM 商业价值研究院.IBM 商业价值报告－创新的范式[M].北京：东方出版社,2017.

[31] 吉姆·安德伍德.卓越背后的力量：玫琳凯公司9大领导要诀[M].北京：中信出版社,2004.

[32] 纪鹏.当代广告设计解读[M].北京：北京联合出版社,2015.

[33] 江上萧.横渡海峡的女人[J].环球人物,2019(19)：30.

[34] 卡尔·纽波特.深度工作：如何有效使用每一点脑力[M].南昌：江西人民出版社,2017.

[35] 克里斯·麦克切斯尼,肖恩·柯维,吉姆·霍林.高效能人士的执行4原则[M].北京：中国青年出版社,2013.

[36] 克里斯蒂娜·沃特克.OKR 工作法：谷歌、领英等公司的高绩效秘籍[M].北京：中信出版社,2017.

[37] 孔子.论语[M].北京：光明日报出版社,2013.

[38] 刘恒志,马杰.提高团队承受力的49条职业法则[M].北京：北京工业大学出版社,2014.

[39] 李劲.沟通陷阱[M].苏州：古吴轩出版社,2021.

[40] 刘磊.刺猬法则：人际交往中的"心理距离效应"[M].北京：红旗出版社,2019.

[41] 刘茗溪.高情商管理：图解管理学一本通[M].北京：中国华侨出版社,2016.

[42] 卢锐军.其实,绩效管理并不难[M].北京：中国石化出版社,2020.

[43] 刘爽.做个有执行力、领导力、承受力的中层领导[M].成都：成都时代出版社,2016.

[44] 刘勇军.字节跳动：从0到1的秘密[M].长沙：湖南文艺出版社,2021.

[45] 李志敏.跟大师学管理[M].北京：中国经济出版社,2004.

[46] 刘志则,白杨.时间管理[M].北京：台海出版社,2019.

[47] 孟华兴,李永斌,杨莉虹.知识型员工管理[M].北京：中国经济出版社,2017.

[48] 迈克尔·戴尔.戴尔战略[M].上海：上海远东出版社,2004.

[49] 马盛楠.高效时间管理术[M].北京：中国纺织出版社,2020.

[50] 马斯洛.动机与人格[M].北京：民主与建设出版社,2023.

[51] 马修·萨伊德.企业管理：多样性团队[M].天津：天津人民出版社,2010.

［52］庞庆华,张丽娜.科学决策方法及应用［M］.北京：北京大学出版社,2024.

［53］切斯特·巴纳德.组织与管理［M］.北京：中国人民出版社,2009.

［54］乔治·梅奥.霍桑实验［M］.上海：立信会计出版社,2017.

［55］阮松丽,程璞.刺猬法则［M］.北京：中国纺织出版社,2024.

［56］沈拓.重生领导力［M］.北京：人民邮电出版社,2015.

［57］斯坦利·米尔格拉姆.对权威的服从：一次逼近人性真相的心理学实验［M］.北京：新华出版社,2013.

［58］申望.中层领导实用全书［M］.北京：中国致公出版社,2007.

［59］托德·亨利.工作动机心理学［M］.北京：中国人民出版社,2024.

［60］唐文成.华为团队建设法［M］.广东：广东经济出版社,2023.

［61］谭小芳.超实用管理学［M］.北京：中国铁道出版社,2013.

［62］沃尔特·艾萨克森.史蒂夫·乔布斯传［M］.北京：中信出版社,2023.

［63］汪洪明.变配电设备典型事故或异常 100 例［M］.北京：中国电力出版社,2017.

［64］王慧梅.高情商管理：三分管人,七分做人［M］.成都：成都地图出版社,2018.

［65］威廉·安肯三世.别让猴子跳回背上［M］.杭州：浙江教育出版社,2022.

［66］威廉·戴蒙.目标感［M］.北京：国际文化出版公司,2022.

［67］翁亮然,刘晓飞.团队管理艺术［M］.北京：中国石化出版社,2010.

［68］维奇·维洛.OKR 落地指南［M］.北京：中国广播影视出版社,2023.

［69］汪廷云.华为绩效管理法［M］.广州：广东经济出版社,2017.

［70］薛志娟.做个会带人、会管人、会帮人的中层领导［M］.成都：成都时代出版社,2016.

［71］杨超.激励的艺术［M］.北京：时事出版社,2021.

［72］约翰·阿代尔.高效团队建设：打造一支常胜团队［M］.杭州：浙江人民出版社,2024.

［73］杨红书.如何提升个人的执行力［M］.北京：北京工业大学出版社,2012.

［74］友荣方略.SMART 目标管理法：明确目标 找准方向［M］.北京：人民邮电出版社,2022.

［75］袁枢.通鉴记事本末［M］.北京：中华书局,2018.

［76］陈清清,虞华君.金大伟,李登峰.管理与沟通智慧［M］.上海：上海交通大学出版社,2023.

［77］赵凡禹,裴向敏.团队精神大全集［M］.上海：立信会计出版社,2012.

［78］赵健.鲶鱼效应［M］.北京：中国纺织出版社,2006.

［79］赵丽荣.职场心理魔法书［M］.上海：上海科学普及出版社,2012.

［80］朱仁崎,李泽.组织行为学原理与实践［M］.长沙：湖南大学出版社,2018.

［81］赵伟.给你一个团队,你能怎么管［M］.江苏：江苏文艺出版社,2013.

后　　记

　　历经近两年的沉淀与打磨，《职场智慧管理实务》终于付梓。本书的诞生，源于对现代职场管理痛点的深刻洞察，也承载着为管理者提供系统性解决方案的初心。从目标管理到领导力提升，从团队优化到绩效驱动，我们试图在理论与实践的交叉点上，搭建一座助力职场人进阶的桥梁。

　　本书由国网浙江省电力有限公司培训中心陈清清老师与中国计量大学虞华君老师联袂完成，其中第一、六章由陈清清完成，第二、三、四、五、七、八章由虞华君完成，全文漫画及相关图片由冯占涛负责。回顾全书脉络，各章内容层层递进，旨在构建一个完整的管理知识体系。第一章"目标管理篇"以 SMART 原则为基石，强调"山高有攀头，路远有奔头"的务实精神，引导读者跨越目标置换的陷阱，将愿景转化为可落地的行动。第二章"管理提升篇"则聚焦科学决策与执行力打造，通过"奥卡姆剃刀定律""凯尔曼实验"等经典理论，揭示高效管理的底层逻辑。在第三章"高效团队篇"中，贝尔宾团队角色理论与"鲶鱼效应"的引入，为团队建设注入了动态活力；而第四章"人才管理篇"则提出"三有"人才标准与雷尼尔效应的实践策略，直击人才选育用留的核心命题。第五章"绩效飞轮"系统化拆解了绩效考核的闭环逻辑，强调"锁定责任才能锁定结果"的核心理念；第六章"'言值'担当篇"从沟通艺术切入，倡导"倾听也是一种权力"，助力管理者消弭沟通死角，构建信任纽带。第七章"员工管理篇"与第八章"领导力提升"则进一步深化管理者的角色认知——无论是"刺猬法则"中的距离把控，还是"情境领导"中的决策艺术，皆在传递一个真理：管理的本质是激发人的潜能，而非机械化的控制。本书的撰写过程中，我们始终秉持"知行合一"的原则。每一节内容均以实际案例为引，结合工具模型，力求让抽象理论"接地气"。例如，在探讨"目标执行四步法"时，我们摒弃了空洞的说教，转而以流程图与情景模拟还原真实管理场景；在解析"绩效飞轮"时，通过企业案例剖析，展现系统工具如何驱动利润增长。这种"从实践中来，到实践中去"的写作思路，旨在让读者既能掌握方法论，又能获得即学即用的信心。

　　成书之际，特别感谢诸多企业管理者的无私分享，他们的实战经验为本书注入了鲜活的生命力；同时，本书在编撰过程中得到国网浙江省电力有限公司培训中心的大力支持，其中，特别感谢陈敢峰、楼益旻、周秧、吴谨、陈桂芬等各级领导和老师提供的理论、案例及技术支持，大家对本书的出版均作出了特别关键的贡献，在此表示由衷的感谢！同时，本书的出版也得到了冯占涛老师的大力支持与帮助，提供了大量案例与资料支撑。此外，也要特别感谢上海交通大学出版社李旦老师、赵斌玮老师、校审老师及出版社领导的大力支持与关照,让本书得以最快速度与读者相见,一并致以最真挚的感谢!

编 者
2025 年 6 月